六朝松下
玄武湖畔

蒋建清 ▣ 著

大学之道，在明明德，在亲民，在止于至善
为天地立心，为生民立命，为往圣继绝学，为万世开太平
天下兴亡，匹夫有责

以人为本、特色引领、协调发展、追求卓越，
培养富有远大理想、科学素养、人文情怀、绿色担当、创新精神并
勇于实践的高素质专门人才

中国林业出版社
China Forestry Publishing House

图书在版编目(CIP)数据

六朝松下 玄武湖畔 / 蒋建清著. -- 北京：中国林业出版社, 2023.8

ISBN 978-7-5219-2316-2

Ⅰ.①六 Ⅱ.①蒋 Ⅲ.①高等教育－教育管理－研究－中国 Ⅳ.①G649.2

中国国家版本馆CIP数据核字(2023)第164912号

策　　划：邵权熙
责任编辑：于界芬

———————————————————————

出版发行：中国林业出版社
　　　　　（100009，北京市西城区刘海胡同7号，电话010-83143542）
电子邮箱：cfphzbs@163.com
网址：www.forestry.gov.cn/lycb.html
印刷：北京博海升彩色印刷有限公司
版次：2023年8月第1版
印次：2023年8月第1次印刷
开本：710mm×1000mm　1 / 16
印张：22
字数：248千字
定价：88.00元

中国林业出版社送来《六朝松下，玄武湖畔》书的大样，作者是蒋建清同志。蒋建清东南大学博士毕业后留校任教 18 年，曾任材料科学与工程学院院长、教务处处长，在"六朝松"下领略了"止于至善"的大学精神。45 岁调任南京信息工程大学，先后任副校长、党委副书记、纪委书记、校长，秉承了"明德格物，立已达人"大学文化。54 岁任南京林业大学党委书记，践行了"诚朴雄伟、树木树人"的大学精神。蒋建清同志 2022 年卸任南京林业大学党委书记，他带领班子多年来的工作卓有建树，备受师生称赞。我仔细阅读了《六朝松下，玄武湖畔》这本书的大样，有一种爱不释手之感。这本书让我看到一位行业高校领导者对办学、治校的实践和思考。这正是中国高等教育学会一直关注的事。

蔡元培先生说过，"教育者，养成人格之事业也。使仅仅灌注知识、练习技能之作用，而不贯之以理想，则是机械之教育，非所以施于人类也。"培养学生的社会责任感、使命感、荣誉感，一直是蒋建清同志办学理念和学校治理的核心要素，也是贯穿于全书的主题。蒋建清在东南大学任教务处处长时，他就向大家提出"上学的目的究竟是什么？"这一根本性的问题，并尝试从教育的本质视角对这个问题进行回答。他说，教育的本质不仅仅是上一个好学校，多学到一些知识就可以了，还应该包括提高我们的智慧和能力，提升我们的精神境界，成为道德高尚的人。蒋建清在南京信息工程大学任校长时，鲜明地亮出自己的观点："每个行业特色高校都有其独特的使命，为行业和国家培养合格建设者和可靠接班人是其共同的责任"。他认为，教书育人，重点在使命感、责任感、荣誉感教育，培养行业和国家急需的高素质人才，"三感教育"是重中之重。蒋建清同志进而又认为，教书育人要教育、培育、化育"三育"并举。教育是高校对学生进行以专业学科知识体系传授为主的行为；培育是高校营造人才成长良好生态，促进学生通过实践由学习知识向能力提升的转化，培养自我发展、自我学习、自我管理良好习惯的过程；化育是学校良好的校园文化氛围，把学校的文化基因、行业血脉和优秀传统文化融入学生灵魂深处的以文化人的铸魂工程。

师者，行为世范也。蒋建清同志既是"三感三育"的倡导者，也是实践者。他到南京林业大学第一天开始，就把南林当成自己的家，为更好感知南林，服务南林、贡献南林，他自掏腰包在南林校园里租了一套房子，住在南林，成了名符其实的南林人。他学习研究南林校史，从校史中吸取先贤思想。他深入思考在生态文明建设大局中，南林如何赓续历史，再铸辉煌。他与班子一起审视学校发展的时空维度，谋定了"十四五"发展的愿景。南京林业大学在第三方评价排名从 2017 年的 150 名，前进至 2022 年的 75 名，获得的国家科技进步奖位列全国高校前 50 位，7 个学科进入 ESI 全球前 1%。蒋建清同志坚持每年为入校新生上第一堂课，与大家重温南林先辈创业奋斗的历史，赓续中国务林人"赤地变青山，黄河流碧水"的志向，激励青年学生不辱使命，不负韶华，奋发有为，受到学生们热烈反响。近年来，学校新校区建设已见雏形，校党委重视人才队伍建设，教职员工干事创业捷报频传，引进优秀师资工作舒心，教学、科研、推广工作成绩斐然。2023 年春天，在樱花盛开的期间南林向社会开放校园，绿色校园成为市民、游人疫情后的"打卡地"。

深刻检视行业特色大学发展规律，不断推进学校内涵建设和特色发展，是蒋建清同志办学理念和学校治理的主要特征。行业特色高校是在中国特殊历史时期形成的一类大学，具有鲜明的行业背景。蒋建清同志深入研究行业高校办学规律，对行业特色学校理念、制度和目标进行审视、完善，很好地解决了行业高校发展要处理好特色引领与协调发展之间的关系。他提出了行业特色高校建设两条路径。一是要深刻认识当今经济社会发展趋势和各类科技创新组织的社会分工变革，找准学校角色定位，充分发挥好基础研究主力军作用，在强化基础学科支撑作用的同时，同步加强基础学科本身的建设，推动基础学科和相关学科交叉融合、转型升级，从而形成广阔而坚实的学科高原，积聚起支撑学校特色发展和强化基础学科自身发展相统一的磅礴力量，这是行业特色高校转型发展创建世界一流大学的必由之路。二是把握住新时代社会主义事业发展的大趋势，结合学校特色优势，同国家战略对接，在服务国家战略中做出新贡献、赢得新机遇、实现新发展。蒋建清同志结合南京林业大学的实际提出构建基于国家双碳行动计划的生态文明学科教育体系，促进人文社会科学、基础学科、应用学科、现代学科与新兴学科协同融合发展，大力推进"有特色的（林基）生态文明学科专业体系"建设。蒋建清同志关于行业特色大学办学理念的阐释、完善和落实，对于厘清行业特色大学脉络，深化行业特色高校治理，提升行业特色高校办学效能，增强行业特色高校办学综合实力有着重要意义。

　　坚持系统观念是蒋建清同志的办学治校和学校治理的重要方法。这本书中的内容涉及学生的全面发展、学科专业体系的构建、师资队伍建设、国际化战略、加强党的建设等诸多方面，形成了完整的办学理念。在担任南京信息工程大学校长时，蒋建清同志立足于本校的实际情况，放眼看世界，积极推动以国际化战略引领学校事业高质量内涵发展，提出大学只有博取百家之长，广求世界知识，才能使学生放宽眼界，开拓心胸，广纳人类无限的知识和智慧，实现"国际与国内平衡"理想。蒋建清同志认为，高校担负着为国家培养栋梁之材的重要使命，打造一流的师资团队，传播先进的科学知识，是建设一流高校的重要路径。他经常与青年教师交流交心，提倡老师练好"教学双基"和"科研双基"两项基本功，就是上好一门课、带好一名学生和写好一个本子、写好一篇论文。作为党委书记，他重视发挥学校管理部门作用，要求各部门、各学院树立"师生为本、服务至上"理念，紧紧围绕"双一流"建设做好科学化管理、人性化管理、规范化管理、精细化管理，切实为"双一流"建设提供组织保障和管理服务支撑。他倡导学校管理部门的同志发挥排头兵作用，提高政治站位，坚持身体力行，带头攻坚克难，以自身的模范作用凝聚师生力量。在加强党的建设方面，创建院部联席会议制度，促进党建与业务工作深度融合理念在学校落地生根。

"学高为师，身正为范"这是著名教育家陶行知先生的名言。高校的管理者，一定要胸怀国之大者，以责任和情怀引领学校高质量发展。大学的书记、校长作为高校教育工作的领头雁，要有政治家和教育家的追求与担当。读《六朝松下，玄武湖畔》，可以学习借鉴中国行业特色高校建设的探索之路。

是为序。

中国高等教育学会副会长、秘书长　姜恩来

2023 年 6 月

序　言

发展环境

发展理念

根本任务

队伍建设

2021 年 5 月 31 日，蒋建清同志为南京林业大学中国特色生态文明智库揭牌

发展环境

立足学校实际　找准学校坐标

生态文明建设是
中国式现代化的必然选择

　　生态文明是工业文明发展到一定阶段的产物，是反映人与自然和谐程度的新型文明形态，体现了人类文明发展理念的重大革新与进步。党的十八大报告指出，建设中国特色社会主义的总体布局是"五位一体"，即全面推进经济建设、政治建设、文化建设、社会建设、生态文明建设，实现以人为本、全面协调可持续的科学发展。党的十八大把生态文明建设纳入中国特色社会主义事业总体布局，融入经济建设、政治建设、文化建设、社会建设各方面和全过程，凸显了生态文明建设至关重大的战略地位和前所未有的战略高度。2018年5月，习近平总书记在全国生态环境保护大会上的讲话指出，随着经济社会发展和实践深入，从当年的"两个文明"到"三位一体""四位一体"，再到今天的"五位一体"，这是重大理论和实践创新，更带来了发展理念和发展方式的深刻转变。这一论断高度概括了中国特色社会主义现代化建设道路的显著特征。进而，在党的十九届五中全会上，习近平总书记专门论述了中国特色现代化的五大特征，生态文明是其中之一。因此，深刻认识中国式

本文为作者任南京林业大学党委书记时，结合林业高校职责使命，对于生态文明建设进行的深入思考，于2021—2022年间所作。

现代化之路与西方国家由传统工业化过程走向现代化之路的本质区别，对于我国加快形成人与自然和谐共生的新型文明形态、构建科学可持续的发展方式、全面推进中国特色社会主义现代化建设、坚定"四个自信"具有重要且深远的意义。

一、世界现有发达国家传统现代化道路的简要回顾与分析

迄今为止，全世界仅有涵盖不足 10 亿人口的不到 30 个国家进入了现代化发达国家行列，梳理这些国家的发展历程不难发现，其中绝大部分都是在二战以前就已经完成了由农耕文明向工业文明的转型，并基于工业化带来的先进生产力加速推进其现代化进程。

早在 15、16 世纪，西方诸国就开启了向现代化迈进的步伐：以哥伦布发现美洲新大陆为标志的地理大发现，为资本主义殖民掠夺和原始积累提供了全球资源和市场；以哥白尼、开普勒、伽利略和牛顿等为代表的科学家建立的近代科学体系为工业化大生产奠定了科学基础；以瓦特的改良型蒸汽机等一系列机器诞生并投入使用为标志的第一次工业革命，推动人类社会开启从农耕文明进入工业文明的新纪元。

经济基础决定上层建筑，生产方式改变生活方式。从西方发达国家的资本积累和生产方式转变角度去回顾其所经历的传统现代化之路，笔者认为其有三大典型特征：殖民掠夺、化石能源垄断与粗放消耗、持续创新。

1. 殖民掠夺是其现代化之路的重要基础

15世纪末的地理大发现骤然拓展了全球商业市场，西方国家纷纷将殖民扩张作为其发展的重要依托。从早期的葡萄牙、西班牙率先起步，后期荷兰、法国、英国也如法炮制，都依靠殖民主义在全球范围内建立起庞大的殖民帝国，施行残暴的殖民统治和疯狂的殖民掠夺。正如马克思所言："在欧洲以外直接靠掠夺、奴役和杀人越货而夺得财宝，源源流入宗主国，在这里转化为资本。"殖民掠夺为西方各国工业化和现代化之路提供了丰富资源和廉价劳动力，也为其拓展了广阔市场，极大刺激了本国工业化发展。比如，英国通过17~19世纪一系列的殖民征服，建立起一个覆盖全球的"日不落"殖民帝国，占领并统治了当时近1/3地球陆地面积和全球人口。丰富的资源和广阔的市场，让英国在19世纪一直稳居世界霸主地位。相比英国，其他西方国家在殖民统治方面亦毫不逊色，1813—1877年，荷兰殖民者仅在爪哇的殖民掠夺就得到83200万盾的财富，占荷兰国家收入的19%。中国无疑也是西方列强抢夺资源的极大受害者，以1840年鸦片战争为标志，中国逐步沦为半殖民地国家，在为期半个多世纪的时间内被西方各国肆意抢掠，仅《南京条约》《马关条约》《辛丑条约》的赔款额即高达13亿两白银之巨，相当于清政府17年的财政收入，这些赔款是西方侵略者对中国进行公开掠夺之铁证。伴随西方资本主义国家进入帝国主义阶段，生产集中造成垄断形成，西方列强对资源的争夺也因此愈演愈烈，从而导致了两次世界大战的爆发，给全世界人民带来深重的灾难。因此，殖民掠夺是资本主义完成原始积累过程中的重要财富来源，无疑也是西方发达国家实现现代化进程中的原罪。

2. 化石能源垄断与粗放消耗是其工业现代化的关键支撑

西方国家在资本主义生产方式下，以疯狂追求最大经济利润作为其首要目标，不惜一切代价追求工业化的迅速扩张和经济的高速增长。在推进工业化、实行现代化的过程中，以石油、煤炭为代表的化石能源消耗迅猛增长，成为支撑西方现代化之路的关键一环。截至 19 世纪末，英国的二氧化碳排放从近乎零猛增到超过 100 万吨。当美国经历 20 世纪的经济奇迹时，燃烧消耗的化石燃料也大幅上升。到 20 世纪末，美国每年的二氧化碳排放量超过 20 亿吨，相当于每人每年平均 7 吨。1971—2017 年，全球一次能源消费量由 55 亿吨石油当量增加至 135 亿吨石油当量，增加了 1.5 倍。据"第三届（2019）中国能源产业发展年会"上公布的数据显示：截止到 2018 年年末，全球能源消费中，石油占比约为 33.62%、煤炭占比 27.2%、天然气占比约为 23.86%，三者合计占比约为 84.68%，远超其他可再生能源，全球能源消费依然以化石能源为主。众所周知，化石能源是不可再生能源，资源枯竭的现实在所难免，资源消耗难以持续，而且化石能源消耗的同时排放出大量二氧化碳等温室气体，导致全球气候变暖。根据气象观测记录，2018 年全球平均温度比 1981 至 2010 年的气候平均值高出 0.38℃，比工业化之前高了约 1℃，预计到 21 世纪末，如果仍然按照目前的能源结构与排放方式，全球气温还将上升 1.4 ~ 5.8℃，将严重威胁全球粮食安全和人类生存。伴随着能源的粗放消耗，现代诸多发达工业国家在上个世纪也都曾饱尝过生态污染、环境破坏带来的惨痛教训，不管是伦敦的

"雾都"污名、洛杉矶"光化学烟雾"事件，还是日本"水俣病"等环境公害事件，都促使各国痛定思痛，采取严格的环境保护与污染治理措施，花大力气去解决环境治理问题，试图使自然环境重获新生。西方"先污染、后治理"的发展模式与著名的环境库兹涅兹曲线相印证，但其忽略了生态阈值的存在、污染治理成本的高昂、部分生态破坏不可逆性，是肤浅的"人与自然"认识观和初级发展方式的具体体现。

3. 持续创新是其现代化的核心动力

从时间维度上看，西方主要发达国家的现代化发展道路大多经历了 150 至 300 年的时间跨度，比如英国历经约 250 年，法国历经约 170 年，美国历经约 150 年。在近代 200 多年时间里，世界经历了三次工业革命。18 世纪 60 年代至 19 世纪中的第一次工业革命，实现了机械化，人类第一次实现用机器替代了手工劳动，这是人类进入工业社会的标志，其生产方式从手工转向规模化机器生产，使工厂制造代替了手工生产，生产力得到了飞跃发展；19 世纪下半叶至 20 世纪初的第二次工业革命，实现了电气化，人类第一次用电力作为能源动力驱动机器，发电机的问世和电动机的发明，实现了电能和机械能的转换，电力的广泛应用使机器的生产效率得到了巨大提升，诸如电灯、电车、电钻、电焊机等电气产品如雨后春笋般涌现，人类社会进入电气时代；20 世纪中期左右到现在的第三次工业革命，是科技领域里的又一次重大飞跃，以半导体和集成电路等微电子工业为基础，以电子计算机、原子能、空间技术和生物工程的发明和应用为主要标志，本质上是一场信息控制技术革命，人类社会进入自动化时代，或者说信息时代；第三次工业革命目前还在持续飞速地向纵深发展，区块链、人工智能、大数据、未来网络、5G 通信等技术正成为现今世界各国激烈争抢的技术高地。无疑，从上述三次工业革命的进程中可以清楚地看出，持续不断的科技创新，是三次工业革命的基础，是劳动生产率飞速发展的第一推动力。历史和现实均清楚地说明了一个道理，即创新是第一动力。

然而，三次工业革命均发端于西方，使西方发达国家的大部分产品始终保持在产业链的顶端，长期获取高额利润，并以此跨入了高收入的现代化发达国家行列，形成了以全世界为市场、以技术封锁和垄断为壁垒、以军事武力为威慑的西方主导的世界格局，这一格局的本质是为了进一步强化与维护既有西方发达国家的经济霸权、政治霸权和军事霸权。

综合分析西方发达国家的现代化之路，我们可以看出，西方传统现代化发展之路是特定历史时期和资本主义制度条件下的产物，二战之后能实现现代化的只有极少数依附于西方体系的小国，如韩国、新加坡等借力于冷战时期的历史机遇而成为发达国家。无论是老牌的西方发达国家诸如英、法、德、美，还是新兴的发达国家如韩国、新加坡，其发展模式对于包括中国在内的广大发展中国家而言，并不具备完全的参考价值。殖民掠夺历来不是中国文化的价值取向，中国永远不会也不可能采用殖民掠夺方式来谋求自身的发展；中国也难以采用"先污染、后治理"模式来持续推进现代化建设。由于西方国家的现代化周期较长，各国可以暂时牺牲生态、聚焦经济发展，待经济基础完备之后再通过技术创新、转变发展模式对已遭破坏的生态进行修复，但中国的工业化之路正在以"压缩饼干"的方式加速完成，时间短、强度大，无论是能源供给，还是生态环境负荷均难以承担。显然，中国是不能简单地以不计成本牺牲生态环境为代价来实现现代化的，那是一条不可持续发展的不归之路；唯独创新是值得我们认真研究和吸收借鉴的宝贵经验。因此，我国的现代化建设必须要走出一条适应自身发展的中国式现代化道路。

二、中国推进现代化建设面临的约束性边界条件

与西方国家不同，中国的现代化探索之路充满着坎坷。1840 年，伴随着鸦片战争的枪炮声，中国被裹挟进入近代化进程。为了拯救民族危亡，历经洋务运动、戊戌变法、辛亥革命、新文化运动等多次尝试，但都以失败而告终。直至 1949 年，中国共产党领导下的新中国诞生，中国的现代化之路才又真正启动。经过 70 余年的艰辛探索和不懈奋斗，夯实了中国现代化建设的基础。进而，党的十九届五中全会明确提出到 2035 年基本实现社会主义现代化的宏伟目标，意味着我国的现代化进程在时间维度上较西方发达国家缩短了三分之一以上。当前，世界百年未有之大变局正加速演变，在时局复杂多变的外部环境中，在相对压缩的时空背景下，要在中国这样拥有 14 亿人口的泱泱大国实现现代化，其影响必将是世界性的，也必将为人类社会发展提供重要参考、作出重大贡献，但所面临的挑战也将是史无前例的。笔者认为在中国式现代化进程中，面临着以下三方面的约束性边界条件。

1. 中华传统文化与"和平"价值观的自我约束

中华民族历来是爱好和平的民族，坚持把睦邻友好、共同发展作为核心价值取向，和平、和睦、和谐是中华民族 5000 多年来一直坚持和传承的理念与精神。

新中国成立后，我国提出了"和平共处五项原则"的国际关系准则。改革开放后，邓小平同志多次强调，要寻求一个和平的环境来实现四个现代化，并逐渐形成了中国独立自主的和平外交政策。今天，中国特色社会主义现代化建设已步入新时代。习近平总书记在庆祝中国共产党成立 100 周年大会上发表的重要讲话指出，"中华民族的血液中没有侵略他人、称王称霸的基因。中国共产党关注人类前途命运，同世界上一切进步力量携手前进，中国始终是世界和平的建设者、全球发展的贡献者、国际秩序的维护者"，并将致力于不断推动构建人类命运共同体。可见，在中国传统文化的深刻影响下，中华民族"和平"的价值观深入人心。虽然当今中国发展成就举世瞩目、综合国力显著增强，却始终一以贯之坚持和平发展、开放发展、合作发展、共同发展的理念，坚定共商共建共享的全球治理观，坚守和平、发展、公平、正义、民主、自由的全人类共同价值。因此，中国的现代化之路，不会也不可能走西方国家依靠军事侵略、殖民掠夺、霸权欺凌以谋求经济发展、国家富强的不义之路。虽然当今世界仍然存在着严重的压迫、剥削、掠夺等极不和谐的因素，但中国的现代化建设绝不会建立在损害他国发展利益的基础之上，而是坚持走和平发展的中国特色社会主义现代化之路，这既是中华优秀文化和价值观对自身的一种高度自觉的自我约束，也是中国践行大国担当、维护世界和平、不断推进构建人类命运共同体的生动体现。

2. 化石能源资源紧张与生态环境承载容量的双重约束

我国的国土面积虽排位世界第三，却承载着 14 亿人口规模，以现有发达国家水平为基准，无论是能源消耗需求，还是生态环境承载力均已成为制约我国现代化建设的重要因素。

能源是工业化现代化的基石。在西方国家的传统现代化进程中，石油垄断、粗放消耗、生态恶化之间是相互高度关联的嵌套演变过程。中国在实现工业化现代化的进程中，也同样离不开能源的支撑，但若照搬西方国家的发展路径，中国能否持续发展将是一个无法回避的严峻问题。在中国迈向更高层次发展阶段的进程中，超级巨大的人口基数所带来的能源总量需求将是史无前例的，恐由此而引发的全球能源紧张与我国自身生态的承载压力问题会更加突出。2018 年，中国的煤炭消费占全球总消耗的一半左右，同时超过美国成为全球最大的石油进口国、超过日本成为全球最大的天然气进口国。《中国能源供需报告》显示，2018 年我国能源消费总量为 46.4 亿吨标准煤，占全球一次能源消费总量的 23.6%，连续十年居全球第一位。若以 2018 年美国人均 GDP 水平为基准计算，中国 14 亿人口达到美国人均 GDP 水平，所需要的能源消费总量将达 305.3 亿吨标准煤，是 2018 年全球一次能源消费总和的 1.55 倍。此外，能源利用率低是我国经济粗放型发展的另一重要特征。根据英国石油公司和世界银行发布的能源消费和 GDP 数据，与发达国家相比，2015 年，我国 1 万美元 GDP（按汇率计算）的能耗为 3.9 吨标煤，是全球平均水平的 1.56 倍，是同时期美国的 2.2 倍，欧盟的 2.8 倍，英国的 3.9 倍。2016 年，我国单位 GDP 二氧化碳排放量为 0.519 千克 / 美元，是世界平均水平的 1.7 倍，高收入国家的 2 倍，美国的 1.7 倍。因此，化石能源消费的绝对总量大，且占能源消费比重高、能源利用率低已经成为我国现代化建设突出短板，对化石能源高度依赖的传统发展方式将无法支撑中国建设现代化强国的目标。

生态环境良好是中国建设社会主义现代化强国目标的重要特征之一。然而，基于中国人口基数、环境特征等现状，持续改善生态环境与持续推进现代化进程之间仍存在着此消彼长的对立统一关系。总体而言，我国的环境容量及承载力均不容乐观，以地理学上著名的"胡焕庸线"为基准，我国东南方43% 的国土居住着 94% 左右的人口，生态环境压力巨大；西北方 57% 的国土供养 6% 的人口，但特殊的地理地貌决定着该区域生态系统十分脆弱。中国作为全球重要的能源消费大国，若延续粗放型发展方式，不但能源储备难以为继，还会给生态环境带来难以承载的巨大压力。改革开放 40 多年来，我国在取得举世瞩目的发展成就同时，也付出了巨大的生态环境代价，空气、水环境、土壤污染，森林、植被等被破坏现象日渐突出。如 2015 年以雾霾为代表的大气污染问题成为社会高度关注和亟待解决的问题；再如由于工业废水的肆意排放，导致大多地表水、地下水被污染的问题等。虽然"污染防治"作为党的十九大提出坚决打好的三大攻坚战之一统筹推进，并在近几年的环境治理中取得了阶段性成效，但要持续支撑起 14 亿人口的现代化强国伟业，必须进一步探寻化解经济发展与生态环境改善之间矛盾的有效途径，逐步破解中国现代化进程中能源与生态环境的双重制约。

3.“并联式”现代化进程的“时空性”约束

习近平总书记指出，西方发达国家是一个“串联式”的发展过程，工业化、城镇化、农业现代化、信息化顺序发展。欧美国家基于自身的经济、政治、文化等因素，在没有其他外部压力的背景下，按自身规律有序发展，其制度创新、技术创新都是基于前期的发展基础渐进式持续完成的，一环套一环、环环相连，不同时期发展任务相对单一，矛盾和困难相对比较容易化解。习近平总书记还指出，“我们要后来居上，把‘失去的二百年’找回来，决定了我国发展必然是一个‘并联式’的过程，工业化、信息化、城镇化、农业现代化是叠加发展的。”从西方传统的“串联式”变革为中国特色的“并联式”发展模式，是中国现代化完成“补课”，并实现“弯道超车”的重要途径，但同时也给中国现代化带来了“时空性”约束的难题。从时间维度看，西方国家走过的传统现代化道路，其历程大约经历了 150 年到 300 年的时间跨度，而中国需要压缩三分之一以上的时间来完成现代化进程。因此，无论是从年均能源消费总量、科技创新速度，还是单位时间的环境承载量等方面来看，均给中国现代化建设提出了更大的挑战。同时，基于时间维度所限，在单位时间内需要完成的现代化建设任务总量相对巨大，或导致空间环境容量、承载力及其自然修复等方面的压力指数级增大。中国在有限的国土空间内，将须同时应对生产发展、环境保护与修复及两者互为影响所衍生出来的经济、社会、民生、外交等一系列关联问题。因此，放在这样一个时空交织的复杂维度中去解决和克服发展之中碰到的大量相互交织的问题和困难，将给中国加速推进现代化进程带来更为苛刻的

"时空性"限制约束条件。

三、中国现代化建设步入转型升级的关键阶段

1. 从历史方位来看，中国正经历主要矛盾转换的特殊时期

2017 年 10 月，党的十九大报告提出了中国发展新的历史方位——中国特色社会主义进入了新时代，国内的主要矛盾转化为"人民日益增长的美好生活需要和不平衡不充分的发展之间的矛盾"。在中国共产党的坚强领导下，中国人民已经取得了从"站起来"到"富起来"的巨大成就，要实现"强起来"的伟大飞跃，必须解决好新时代国内主要矛盾这一根本问题。随着我国社会生产力水平的提高，人民生活水平显著改善，在建党 100 周年之际，顺利达成了全面建成小康社会的第一个百年奋斗目标。目前，人民对美好生活的需求层次在不断提高，尤其对清新空气、清澈水源、绿树成荫等生态环境方面的需求越来越迫切，这对我国解决当前国内主要矛盾提出了新任务新要求。中国共产党代表最广大人民的根本利益，其宗旨是全心全意为人民服务，所以必须坚持以人民为中心的发展思想和绿色发展理念，着力解决好生态环境领域突出问题，提升人民对良好生态环境的获得感、幸福感和安全感，为当代及子孙后代守好青山、绿水、蓝天，建好美丽中国，实现经济社会与生态环境的协同发展和永续发展。这既是生态环境问题，也是经济问题和政治问题，必须引起高度重视。

2. 从现代化进程来看，中国正处于推进全面现代化的关键时期

2019 年，我国的 GDP 总量接近 100 万亿人民币，人均 GDP 也突破 1 万美元，迈入中等收入国家的前列，未来目标必定是通过持续高质量发展迈入发达国家行列。纵观全球，大多数国家诸如墨西哥、巴西、阿根廷等拉美国家也都曾进入中等收入国家行列，但是随后却陷入了以产业升级乏力、国内市场萎缩、经济发展停滞等为特征的恶性循环，坠入所谓的"中等收入陷阱"。二战以来成功跻身发达国家行列的仅有韩国、新加坡等若干小国和地区，且大多依附于西方发达国家，通过推行高度外向型的经济发展战略，取得部分产业创新高点而实现本国现代化的。中国是一个拥有 14 亿人口的大国，按照工业体系完整度来算，拥有 39 个工业大类，191 个中类，525 个小类，成为拥有联合国产业分类中全部工业门类的国家。我国现代化需要以完整现代产业体系为支撑，既要高度开放，又立足于本国市场和内需牵引，逐步实现自主可控、科技自立自强的现代化。因此，无论是从工业体系的完整度还是从科技的自主可控度来看，都无法通过走新加坡等小国依附于外部经济体系"顺风搭车"的道路实现现代化。党的十九大提出，到 2035 年基本实现社会主义现代化，到 2050 年建成富强民主文明和谐美丽的社会主义现代化强国的"两步走"战略安排，完整勾画了我国社会主义现代化建设的时间表和路线图。进而，习近平总书记在庆祝中国共产党成立 100 周年大会上的讲话中庄严宣告，中华民族迎来了从站起来、富起来到强起来的伟大飞跃，实现中华民族伟大复兴进入了不可逆转的历史进

程！因此，在"两个一百年"奋斗目标的历史交汇期、在不可逆转的中华民族伟大复兴的历史进程中、在"十四五"开局起步的关键阶段，能否实现从中等收入国家向发达国家行列加速挺进，能否面向"在本世纪中叶全面建成社会主义现代化强国"这一宏伟目标持续加速推进中国现代化进程，关键就在于立足新发展阶段，通过走自主自立自强的创新之路，及时转变为适应中国国情的现代化发展方式。

3. 从大国担当来看，中国正处于谋划分步兑现碳达峰、碳中和减排承诺，形成倒逼机制的重要时期

全球气候变暖既是科学问题，也是经济问题和政治问题，关系到人类是否可持续发展的根本大计。习近平主席在第七十五届联合国大会一般性辩论上宣布，中国将提高国家自主贡献力度，采取更加有力的政策和措施，力争 2030 年前二氧化碳排放达到峰值，努力争取 2060 年前实现碳中和。中国勇于承诺绝对减排目标并明确时限，充分体现了中国作为世界大国的积极责任担当，化被动为主动，对全球应对气候变化、改善生态环境及推进绿色发展变革将产生巨大且深远的影响。然而，在中国推进实现减排承诺的进程中，仍存在巨大的挑战。一是中国碳排放总量基数大。2019 年占世界总量的比重高达 28.8%，而同期美国和欧盟的比重仅为 14.5% 和 9.7%。二是中国的工业与制造业占产业结构比重高。2019 年工业能源消费占全国总量比重的 65.6%，其单位增加值的能耗高、节能减排压力大。三是中国发展水平相对较低。中国需要在人均 GDP 远低于发达国家水平、尚未基本实现现代化的情况下，通过绿色发展创新推进实现碳达峰碳中和目标。根据习近平主席提出

的碳达峰、碳中和"两步走"的战略目标，距离我国碳达峰、碳中和的目标时间节点分别为 10 年和 40 年，与西方发达国家的现代化及其减排进程相比，时间紧且任务重。因此，必须提前谋划、精准施策、步步为营，从现在起构建时间表和路线图，推演形成倒逼机制，通过深入贯彻新发展理念、构建新发展格局，持续转换优化发展方式，科学制定、分布实现阶段性减排目标，推进兑现中国碳达峰、碳中和的宏伟减排承诺，以大国担当塑造大国形象，为守护人类命运共同体贡献大国力量。

四、开展生态文明建设是中国现代化之路的必然选择

综合西方发达国家的传统现代化之路与中国现代化的发展前景，可以清楚地看出，当前中国现代化建设已步入发展方式转型升级的迫切阶段。中国的国情及现代化特征决定了无法简单复制世界现有发达国家曾经成功走过的传统现代化之路。同时，中国的现代化建设又有着文化和价值观、化石能源和生态环境、时间和空间三大方面约束性边界条件。因此，要保障实现中国现代化"两步走"的战略目标和中华民族伟大复兴的中国梦，必须走出一条与传统现代化有着本质不同的中国特色现代化发展道路。习近平生态文明思想和国家生态文明建设战略，以其高度的战略定位、科学的顶层设计、广阔的建设内涵、贯穿的融合协调性以及与中国国情的高度匹配，成为中国推进现代化建设的必然选择和重要推力。

开展生态文明建设是主动化解经济发展与生态环境恶化、

能源紧张之间矛盾，推动现代化建设再迈新台阶的必然路径。在人类社会的发展历程中，特别是近两百多年的现代化进程中，生产力发展、能源消耗与生态环境质量之间长期存在着此消彼长、相互对立的矛盾关系。党的十九届六中全会指出我国生态环境保护发生历史性、转折性、全局性变化。在现代化建设进程之中，如选择经济优先，则是以生产效率的提升为核心，若沿袭西方发达国家传统现代化之路，势必需要消耗大量化石能源，从而导致生态环境的持续恶化，让全社会为少数资本的疯狂获利买单；而选择环境优先，就可能无法实现在单位时间内最大限度提升劳动生产率水平。西方发达国家走的就是"优先发展生产"的传统现代化道路，但其"先污染、后治理"的粗放型发展方式对环境的消耗及破坏是极其巨大的。虽然工业化后期可以通过科技创新等手段进行保护修复，但成本高昂、且很多资源消耗及环境破坏具有不可逆性。而今，中国的大国国情、现代化发展目标和中华民族伟大复兴的深刻宽广内涵，决定了中国现代化必须同时兼顾好发展与生态环境两者之间的关系，在相对压缩的时空条件约束下，既要实现生产发展、国家富强，又要保障生态良好、人民幸福，要将看似对立且不可调和的这对矛盾，创造性地转化为可协调的发展统一体。惟有如此，中国的现代化才是一个可持续的发展进程，舍此，别无它途，切不可贪图一时一域的发展而损害全局长远的发展机遇。党的十九届六中全会提出，党的百年奋斗深刻影响了世界历史进程，党领导人民成功走出中国式现代化道路，创造了人类文明新形态，拓展了发展中国家走向现代化的途径。我们要深刻认识习近平生态文明思想，学懂弄通"既要金山银山，也要绿水青山"之间的辩证关系，经济发展与生态文明，两手抓、两手都要硬，主动自觉化解经济发展与生态恶化之间的矛盾，进而辩证统一到绿水青山就是金山银山的新文明形态。因此，化解中国现代化进程中生产力与生态环境之间的矛盾、推进生产与环境的协调发展，必须坚持以习近平生态文明思想为指引，大力开展生态文明建设，将其有机融入中国特色社会主义事业的全方位全过程，从源头设计、过程管控和结果优化等各个维度促进实现经济效益、社会效益、生态效益有机统一，保障经济社会长期健康、可持续发展，这是中国推动现代化建设的必然选择。

开展生态文明建设将引领中国向绿色科技创新和绿色高质量方向发展。习近平总书记在庆祝中国共产党成立100周年大会上的重要讲话中指出："我们坚持和发展中国特色社会主义，推动物质文明、政治文明、精神文明、社会文明、生态文明协调发展，创造了中国式现代化新道路，创造了人类文明新形态。"无疑，生态文明是这一"人类文明新形态"不可或缺的关键一环。如何有效推进生态文明建设，化解经济发展、能源消耗与生态环境之间的紧张关系，构建绿色低碳循环清洁的现代化经济体系，关键在创新。创新是第一动力，持续创新也是西方传统现代化之路中唯独可以吸收与借鉴的宝贵历史经验。从宏观上看，创新需要以"绿色"为主线，推动各行各业全产业链的创新变革，涉及能源的生产及消费结构优化、能源的高效利用及排放控制，涉及产业结构的调整重塑，涉及生态农业、生态林业及生态旅游等绿色经济的发展，涉及生态价值的实现与市场配置机制，涉及能耗物耗降低和实现生产系统和生活系统循环链接等各个方面。从微观上看，现代化建设过程中的每一项知识创新、技术创新都需要累加"绿色"要素。增加这一绿色维度的限制条件，科技创新与产业变革的难度将大幅增加，需要同时探求多重叠加条件下的效益最大化。生态文明建设和绿色创新经济的发展需要从科技经济和生态两方面同时发力，需要进一步强化科技创新与生态文明建设的整体性、协调性和支撑性，不断优化绿色科技创新布局，提升绿色科技支撑力度，以绿色创新驱动绿色产业发展和生态安全屏障建设，构建支撑我国现代化建设的绿色科技创新体系。

开展生态文明建设是中国坚定不移践行"伟大建党精神"、持续为人民谋幸福的必然要求。习近平总书记在庆祝中国共产党成立100周年大会上的重要讲话深刻阐释了在中国共产党百年历程中，所形成的"坚持真理、坚守理想，践行初心、担当使命，不怕牺牲、英勇斗争，对党忠诚、不负人民的伟大建党精神"，指出了"江山就是人民、人民就是江山，打江山、守江山，守的是人民的心"。党的十九大报告指出要"坚定走生产发展、生活富裕、生态良好的文明发展道路"，并提出了"美丽中国"现代化建设的新目标，这是中国共产党坚持"立党为公、执政为民"的执政理念，持续为人民谋幸福，促进民生福祉达到新水平的集中体现。习近平生态文明思想主张人与自然是共生关系，要把以人为本的发展基础与自然的永续利用作为有机整体去系统看待和协同实践，从而实现人与自然的生命共同体可持续发展。要实现人与自然生命共同体的和谐共生、在发展的过程中同步营造良好的生存环境，就必须将生态文明建设贯穿经济社会发展的全过程。要坚持节约优先、保护优先、自然恢复的方针，珍惜保护生态环境资源，改变原有发展过程中人类与自然相互掣肘、相互制约的不可持续的发展方式，努力构建相互促进、协同发展的新型共生方式，不断提升人与自然和谐共生的程度。党的十九届六中全会指出，在生态文明建设的实践中，党中央以前所未有的力度抓生态文明建设，美丽中国建设迈出重大步伐，引领 14 亿中国人民共同参与、共同建设、共享发展成果，做生态环境的保护者、建设者和受益者，这对实现 14 亿人民共同发展、共同富裕，推动建成"富强文明和谐美丽的现代化强国"目标，具有广泛且深远的影响。

综上，生态文明建设在贯彻新发展理念、构建新发展格局的过程中居于极为重要地位。在"五位一体"总体布局中具有引领、协调、促进可持续发展的重要作用，通过持续创新，推动绿色科技革命，破解生产发展与能源紧张、生态环境改善之间这一长期困扰人类发展的根本矛盾，从而构建起人与自然和谐共生的现代化国家，这是中国式现代化之路的必然选择，也必将是唯一正确的选择。

五、生态文明建设的三个重要维度

在推进中国现代化的进程中，必须将生态文明建设有机贯穿融入至经济、政治、社会、文化建设的各个方面，并在以下三个维度重点推进。

第一个维度是生产方式变革。生产方式决定生活方式，生产方式和生活方式又是作用于生态环境的核心主体。生产方式的变革将决定生活方式和生态环境的保护和修复的具体内容和变革方向，对整个经济社会的发展产生最为根本性的影响。生产方式变革将主要体现在以下几个方面：一是低碳化。降低能源消耗，改变以化石能源消耗为主的粗放型发展模式，降低单位 GDP 的能耗。二是绿色化。降低排放，实现资源循环利用，降低资源和环境压力。三是信息化。信息技术是当今社会发展最快、影响最大最深刻的前沿技术，带动着人类社会进入信息时代，通过信息化融入到各类产业链的全过程，不断提高生产过程的智能化水平，这将是"新型工业化"的主要发展方向。四是能源结构清洁化。通过新能源的不断开发与利用，推动能源结构的革命性变化。2021年10月，中共中央、国务院印发的《关于完整准确全面贯彻新发展理念、做好碳达峰碳中和工作意见》提出，非化石能源消费比重至2025年、2030年、2060年，将分别达到20%、25%和80%。这一进程，将彻底改变现有经济社会生活主要依赖化石能源的格局，真正实现能源革命。这是人类进入工业文明以来，第一次从能源这一支撑现代性的根本动力上真正实现革命，人类社会将步入一个全新的发展时代，其影响将会是极其广泛、深远且深刻的。五是产业链"卡脖子"技术的突破。通过不断克服产业链上的技术短板，解决产业链发展中的共性关键技术，攻克"卡脖子"技术瓶颈，提高产业链的层次与水平。在中国式现代化进程中，低碳与绿色化将始终贯穿于以上五个方面，通过以上五个方面的某一方面的突破或者多个方面的全方位持续创新，不断提升我国的劳动生产率和生产力水平，推动产品质量以及国际市场竞争力不断加强，加速走向国际产业链的高端，实现生产方式的现代化，促进经济高质量发展。

　　第二个维度是生活方式变革。生活方式变革是生态文明建设的有机组成部分，关乎整个社会、涉及每一个人。坚持绿色生活理念，将对整个社会运行方式产生深远影响，我们要从生态保护、绿色发展的高度理解其深刻内涵。人类的生活活动对于自然环境的压力非常之大。与生产方式相比，生活方式为全域散点式分布，其主体的生活习惯往往受教育程度、文化背景、价值观以及区域经济发达程度等因素影响而存在差异，同时还存在监管监控难度大等特点。构建绿色生活方式体系需要从两个维度重点突破：一是要从国家、区域治理职能的总体维度，建立和完善相关体制机制，促进绿色生活方式变革；二是要从倡导践行绿色生活方式的个体维度，推动社会全员自觉树立低碳环保的生活意识，推进生活方式的绿色变革，鼓励全员参与其中。生活方式变革的内容仍以低碳、绿色化为主，比如，尽量选择公共交通的绿色出行方式，减少非必要的私家车出行频次；再比如，目前正在推行的垃圾分类，我们要提升垃圾分类的自觉性和准确性，在一定程度上实现资源循环利用等，这都是低碳绿色化生活的具体内容。

第三个维度是生态环境的保护与修复。生态环境的保护与修复是以生态环境为直接受体，通过人为的科技手段加持改造，主动构建生态良好、人类宜居、人与自然和谐共生的良性生态局面的过程。良好的生态环境是人民对美好生活向往的重要内容，也是最为普惠的民生福祉。因此，生态环境的保护与修复在生态文明建设过程中具有聚人心、鼓士气、立标杆、享成果的重大意义。生态环境的保护与修复需要注意三个方面的问题：一是从内容上看，要进一步落实党中央关于坚决打赢蓝天碧水净土三大保卫战的战略部署，努力打造青山常在、绿水长流、空气常新的美丽中国，同时要依托生态环境保护和修复技术的进步，稳步提升碳汇效率和水平，力争早日实现碳达峰、碳中和；二是从模式上看，生态环境的保护与修复要跳出原来"先污染、后治理"的模式，契合国家新发展阶段新发展理念新发展格局的具体要求，以生态保护为基础、以经济社会发展为核心，从源头开始推动生态空间保护与修复技术的革新，促进经济社会与生态保护协同发展；三是从结构上看，知识创新和技术革新要统筹人与生态环境、以及生态环境各要素之间的共生关系，加快学科交叉融合，推动系统性综合性协同性的生态环境保护与修复技术的落地，统筹兼顾、整体施策，避免将生态各要素割裂开来，杜绝"头痛医头、脚痛医脚""按下葫芦浮起瓢"的现象。习近平总书记多次强调要"统筹山水林田湖草沙系统治理"，为生态环境保护与修复指明了发展方向。

结语

当前，世界正经历"百年未有之大变局"，我国又站在"两个一百年"奋斗目标的历史交汇点上。因此，能否抓住国家发展的战略机遇期、顺势开启全面建设社会主义现代化国家新征程，关乎人民福祉和民族未来、关乎社会主义现代化和中华民族伟大复兴中国梦的实现。理念决定行动，我们只有深刻认识到生态文明建设是中国式现代化的必然选择，才能积极主动深入推进生态文明建设，加快生态文明体制改革，争取生态文明建设实现新进步；才能积极主动将生态文明建设有机融入国家发展事业之中，对标国家五位一体总体布局，加快建成富强民主文明和谐美丽的社会主义现代化强国，以实现中华民族伟大复兴的中国梦和中华民族的永续发展；才能牢固树立人类命运共同体理念，积极主动兑现中国碳达峰、碳中和的减排承诺，努力走出一条人与自然和谐共生、生态环境持续向好、经济社会可持续发展的新型中国式现代化发展之路，为推进世界现代化进程，提供中国智慧、贡献中国力量、彰显中国担当。

人与自然和谐共生的现代化建设研究 *

　　生态文明是工业文明发展到一定阶段的产物，是反映人与自然和谐程度的一种新型文明形态，体现了人类文明发展理念的进步。党的十八大把生态文明建设纳入中国特色社会主义事业总体布局。从"两个文明"到"三位一体""四位一体"，到今天的"五位一体"，体现了国家发展理念和发展方式的深刻转变。《中共中央关于制定国民经济和社会发展第十四个五年规划和二〇三五年远景目标的建议》指出，到二〇三五年基本实现社会主义现代化远景目标，广泛形成绿色生产生活方式，碳排放达峰后稳中有降，生态环境根本好转，美丽中国建设目标基本实现。深刻认识中国式现代化道路与西方国家由传统工业化过程走向现代化之路的本质区别，对于我国加快形成人与自然和谐共生的新型文明样态，构建科学持续发展的发展方式具有深远意义。

* 基金项目：国家社科基金重大项目"马克思主义中国化'两个结合'及其关系研究"（21&ZD009）；国家社科基金重点项目"习近平新时代中国特色社会主义思想的形成过程、核心内涵及其历史地位研究"（18AKS013）。

本文刊载于《中共中央党校（国家行政学院）学报》，2022 年 10 月第 26 卷第 5 期。

一、以工业文明为基础的传统现代化道路弊端

传统西方现代化是在以科学技术为基础的强大工业体系上建造起来的，以追求最大经济利润为其首要目标，并通过殖民主义为自己完成原始积累过程。这一模式在为西方资本主义国家创造巨大财富的同时，也伴随着能源短缺和生态危机发展的全球化趋势。以石油、煤炭为代表的化石能源消耗的大幅增长是支撑西方现代化之路的关键环节。以英国为例，英国是第一个工业化国家和第一个城市化占主导的国家，早在工业革命之前，英国就开始使用煤，随着蒸汽机取代了畜力和水力，各行各业对煤炭的需求也迅速攀升并且持续增加，直至第一次世界大战前夕，英国的煤炭消费量达到了空前的 1.83 亿吨。据第三届（2019）中国能源产业发展年会上公布的数据显示：到 2018 年年末，全球能源消费中，化石能源能耗远超再生资源，其中石油占比约为 33.6%，煤炭占比 27.2%，天然气占比约为 23.9%，三者合计占比约为 84.7%。而随着化石能源的不断消耗，资源匮乏短缺的现实也在所难免，由此所带来的大量二氧化碳等温室气体的排放导致全球气候变暖。根据气象观测记录，2018 年全球平均温度比 1981 年至 2010 年的平均值高出 0.38℃，比工业化之前高约 1℃，预计到 21 世纪末，如果仍然按照目前的能源结构与排放方式，全球气温还可能将上升 1.4 ～ 5.8℃，将威胁全球粮食安全和人类生存。由于能源的粗放消耗，也让发达工业国家饱受生态污染、环境破坏的困扰，促使各国采取严格的环境保护与污染治理措施，去解决环境治理问题。但这种"先污染、后治理"的现代化发展模式的缺陷在于，其忽略了生态阈值的存在，导致污染治理成本的高

昂和部分生态破坏的不可逆。

二、努力建设人与自然和谐共生的现代化

与西方发达国家以工业文明为基础的现代化发展道路不同，中国的现代化之路历经艰辛。在中国共产党的领导下，中华人民共和国成立以来，经过 70 余年的艰辛探索和不懈奋斗，中国现代化建设基础越发坚实。并且，我国现代化进程在时间维度上，较西方发达国家大大缩短。当前，世界正经历百年未有之大变局，在形势复杂多变的外部环境中，在相对压缩的时空背景下，中国的现代化道路将具有世界性意义，也必将为发展中国家走现代化道路提供重要参考。

（一）生态选择的现实需要

党的十九大报告指出，中国特色社会主义进入了新时代。新时代我国社会主要矛盾是人民日益增长的美好生活需要和不平衡不充分的发展之间的矛盾。随着我国社会生产力水平的提高，人民生活水平显著改善，在建党 100 周年之际，我国已顺利实现全面建成小康社会目标，实现第一个百年奋斗目标。同时，人民对美好生活的需求层次不断提高，尤其对清新空气、清澈水源、绿树成荫等生态环境需求愈加迫切。中国共产党代表最广大人民的根本利益，其宗旨是全心全意为人民服务，必须坚持以人民为中心的发展思想和绿色发展理念，着力解决好生态环境领域突出问题，提升人民对良好生态环境的获得感、幸福感和安全感，为当代及子孙后代守好青山绿水蓝天，建好美丽中国，实现经济社会与生态环境协同发展和永续发展。这

既是生态环境问题，也是经济问题和政治问题。

从全球环境发展态势看，中国加快参与全球环境治理的步伐刻不容缓。目前全球气候变暖不仅仅是一个科学问题，也不是单一因素造成的结果，而是关系人类可持续发展的根本大计。习近平主席在第七十五届联合国大会一般性辩论上发表重要讲话，宣布中国将提高国家自主贡献力度，采取更加有力的政策和措施，力争 2030 年前二氧化碳排放达到峰值，努力争取 2060 年前实现碳中和。中国勇于承诺绝对减排目标并明确时限，充分体现了中国作为世界大国的积极责任担当，将对全球应对气候变化、改善生态环境及推进绿色发展变革产生深远影响。同时，在中国推进实现减排承诺的进程中，仍存在巨大的挑战。一是中国碳排放总量基数大，2019 年中国的碳排放量占世界总量的比重高达 28.8%，而同期美国和欧盟的比重仅为 14.5% 和 9.7%。二是中国的工业与制造业占产业结构比重高，2019 年工业能源消费占全国总量比重的 65.6%，其单位增加值的能耗高、节能减排压力大。三是中国发展水平相对较低，中国需要在人均 GDP 低于发达国家水平的情况下，通过绿色发展创新，推进实现碳达峰、碳中和目标。目前，距离目标时间节点分别为 10 年和 40 年，与西方发达国家的现代化及其减排进程相比，时间紧且任务重。因此必须提前谋划、精准施策，构建时间表和路线图，形成倒逼机制，通过深入贯彻新发展理念，构建新发展格局，持续转换优化发展方式，科学制定、分步实现阶段性减排目标，推进兑现中国碳达峰、碳中和的减排承诺，以大国担当塑造大国形象，为构建人类命运共同体贡献中国力量。

（二）现代化建设的绿色遵循

2019年，我国的GDP总量接近100万亿人民币，人均GDP也突破1万美元，迈入中等收入国家的行列。纵观全球，大多数国家诸如墨西哥、巴西、阿根廷等拉美国家也都曾进入中等收入国家行列，但是随后却又不约而同地陷入了产业升级乏力、国内市场萎缩、经济发展停滞的恶性循环，即所谓的"中等收入陷阱"。另一些跻身发达国家行列的国家和地区，如韩国、新加坡等国也大多依附于西方发达国家，通过推行高度外向型的经济发展战略，取得部分产业创新高点而实现本国现代化发展之路。无论是西方传统发达国家以大量消耗化石能源从而提升生产效率、将经济指标作为优先选择的粗放型现代化发展方式，亦或是部分中等收入国家、发达国家依附于外部经济体系"顺风车"的现代化建设模式，都将对全球资源消耗及环境破坏造成不可逆的影响。

而今，中国的大国国情、现代化发展目标和中华民族伟大复兴的宽广内涵，决定了中国式现代化必须同时兼顾好发展与生态环境两者之间的关系，既要实现生产发展、国家富强，又要保障生态良好、人民幸福。惟如此，中国式现代化才是一个可持续的发展进程。习近平总书记高屋建瓴地提出了关于生态文明建设的一系列重要论述，关涉生态文明战略任务、发展路径、发展目标。中国式现代化发展之路是建立在物质文明、政治文明、精神文明、社会文明、生态文明"五位一体"协调发展的"人类文明新形态"，其有效推进是化解经济发展、能源消耗与生态环境之间紧张关系，构建绿色低碳循环清洁的现代化经济体系的科学历程，其中关键是创新。

中国是符合联合国产业分类全部工业门类的国家。现代化和国家创新发展需要以完整现代产业体系作为支撑，我国现有产业体系足以满足国家科技创新和现代化建设的需要。与此同时，中国式现代化是在生态文明价值遵循下的发展模式，从宏观上看，这就决定了中国的科技创新也是以"绿色"为主线，推动各行各业全产业链的创新变革。其中涉及能源的生产及消费结构优化，能源的高效利用及排放控制，产业结构的调整重塑，生态农业、生态林业及生态旅游等绿色经济的发展，生态价值的实现与市场配置机制，降低能耗、物耗和实现生产系统、生活系统循环链接等各个方面。从微观上看，中国式现代化的每一项知识创新、技术创新都需要累加"绿色"要素，而增加这一"绿色"维度意味着科技创新与产业变革的难度将相应增加。因此，中国的生态文明建设和绿色创新经济的发展，需要从科技创新和生态两个方面同时发力，进一步强化科技创新与生态文明建设的整体性、协调性和支撑性，不断优化绿色科技创新布局，提升绿色科技支撑力度，以绿色创新驱动绿色产业发展和生态安全屏障建设，构建支撑我国现代化建设的绿色科技创新体系。

（三）秉承"人与自然和谐共生"的哲学理念

中华优秀传统文化博大精深，其中不乏"天人合一""天人互泰"的生态智慧思想，而这些古代的话语转换成现代语言，就是探求人与自然和谐共生的哲学理念。

党的十八大以来，关于人与自然如何相处、人类应该如何正确对待自然的问题，习近平总书记指出，人与自然是生命共同体，人类必须尊重自然、顺应自然、保护自然。因此，在处理人与自然的关系上，要把握以下几点：一是要重视和尊重自然。违背自然规律的老路走不得，否则必将会在改造世界的实践中陷入泥淖，甚至受到大自然的惩罚，这一点恩格斯在《自然辩证法》一书中曾深刻阐明。在利用、开发自然的过程中，要对大自然的承受程度充分考量，人类不应向自然进行无节制的索取，而应时刻对大自然保持敬畏之心。二是要顺应自然。自然是保护我们的天然屏障，人与自然的关系休戚与共、连血脉共命运，因此人类的各种活动都要符合大自然的运行规律，人类从自然获取资源时，一定要对其进行适当地补偿。三是要保护大自然。从本质上来说，保护大自然就是保护人类自身。只有将大自然保护好，人类才能在对大自然的开发利用中，寻找到永续发展的路径。总之，尊重、顺应、保护自然是大自然的基础要求。我们只有在遵循大自然规律前提下，推动和加强绿色生产、生活和消费方式，才能促进国家现代化发展方式的转型升级。

中国式现代化道路就是要提倡人与自然和谐共生的"山水林田湖草生命共同体"，这一倡议使我国生态文明建设事业迈上了新台阶。山水林田湖草是自然界的重要构成元素，也是一个有机整体，只有在确保每一个元素都是健康的前提下，才能保证整个大自然能够正常健康地运转。因此，人类要用系统的思维方法来认识山水林田湖草这一共同体，统筹各因素间的相互关系，进行一体化保护。习近平总书记特别强调，山水林田湖草要统筹兼顾、整体施策、多措施策，全方位、全地域、全过程开展生态文明建设。因此，中国式现代化需要注重生态保护和修复，加强环境治理力度，全面提升自然生态系统和生态服务功能，这是"人与自然和谐共生"哲学理念的具体表现。

三、人与自然和谐共生的三个重要维度

（一）生产方式变革维度

生产方式和生活方式与生态环境密切相关。中国式现代化是以实现高质量发展、生态建设、构建现代化经济体系为重要目标的发展道路。

在人类历史发展的长河中，越进步的社会形态总是拥有更为发达的物质基础。我们既要发展和完善可持续发展的物质基础，也理应有体现超越工业文明水平的内容丰富的经济学思想、理论和实践基础。中国式现代化不是单纯就环境保护而谈环境保护，它是由工业文明向生态文明转型的综合性体系。这从根本上揭示出生态化道路与社会物质基础、经济基础相结合的发展路径。

中国特色社会主义进入新时代，我国经济已由高速增长阶段向高质量发展阶段转变，实践证明加强生态环境保护和推进生态文明建设是保障经济高质量发展的重要措施。一方面，生态保护和生态文明可以促进产业结构升级转型，推动经济高质量发展；另一方面，解决好与人民群众切身利益相关的饮水、空气、吃饭等实际问题，营造天蓝地绿水清的良好生态氛围，使人们身心更加健康，社会更加稳定，最终能够达到环境效益、经济效益和社会效益的共赢。因此将生态文明建设与现代经济发展相结合的模式，具体表述为绿色发展、循环发展、低碳发展。从系统论看，绿色、循环、低碳是一个交叉重叠、有机统一的整体，是不以牺牲环境为代价换取经济指数增长，不走"先污染后治理"发展路径。其一，坚持绿色发展，就是坚持节约资源和环境保护，推动自然资本大量增值，形成人与自然和谐共生格局的基本前提。其二，坚持循环发展的生产方式，就是降低能耗、物耗，实现生产活动循环链接，实现经济社会持续健康发展，为国家发展提供可永续利用的资源与环境。其三，低碳发展侧重强调低耗能、低污染、低排放为特点的发展模式，其核心要义在于加强研发和推广节能、环保的能源技术，共同增加碳汇，减少碳排放，缓速气候变化。

总之，在中国式现代化进程中，绿色、循环、低碳贯穿始终，在这种生产方式基础上，不断提升劳动生产率和生产力水平，推动产品质量以及国际市场竞争力不断加强，加速走向国际产业链高端，促进经济高质量发展。

（二）生活方式变革维度

生活方式变革关乎整个社会，涉及社会中每一个体的选择。习近平总书记明确指出，"良好的生态环境是最普惠的民生福祉"，体现了良好的生态环境与每一个体休戚与共的关系。我们一定要深刻理解习近平生态文明思想的丰富内涵，准确理解生态文明建设的重要原则，坚持山水林田湖草生命共同体，统筹兼顾，整体施策，多措并举。

人类的生活活动对于自然环境的压力较大，与生产方式相比，生活方式为全域散点式分布，其主体的生活习惯往往受教育程度、文化背景、价值观以及区域经济发达程度等因素影响并存在差异，同时还存在监管监控难度大等特点。未来，倡导人们坚持做生态环境保护的先行者、奉献者，努力提供更多优质生态产品，为不断满足人民群众日益增长的优美生态环境需要作出贡献和力量。从个人角度来看，构建绿色生活方式体系需要从两个维度进行：一是要从国家、区域治理职能的总体维度，建立和完善相关体制机制，促进绿色生活方式变革；二是要从倡导践行绿色生活方式的个体维度，推动社会全员自觉树立低碳环保的生活意识，推进生活方式的绿色变革，鼓励全员参与其中。生活方式变革的内容仍以低碳、绿色为主，比如尽量选择公共交通的绿色出行方式，减少非必要的私家车出行频次；提升垃圾分类的自觉性和准确性，在一定程度上实现资源循环利用等。这都是低碳绿色化生活的具体内容。

从青年群体如青少年生态环保组织角度来看，一方面需要提高站位、融入大局，深入学习习近平生态文明思想，围绕坚决打好污染防治攻坚战的战略部署，立足自身优势，争取各方资源，发挥应有作用，引领环保风尚，立足当代青年的时代特点，以贴近青年群体生活为视角，充分运用互联网新媒体，努力推动形成全社会共同参与生态环保的新风尚；另一方面，要尊重自然规律和科学实践，不断学习生态环保知识，着力提升专业化水平，努力成为生态环保知识的青年"科普员"和环保技能的基层"推广员"。青年环保组织要在党和国家政策的指引下规律运行、彰显作为，切实加强自身建设，不断提升组织公信力、影响力，更好围绕大局发挥应有的团体作用。同时，各地各级团组织要以习近平生态文明思想为指导，认真贯彻落实生态保护大会精神，助力绿色发展，对各个青年环保组织予以正确的政策指引，不断深化环境保护行动内涵，推动青少年生态环保工作发展。

（三）生态环境保护与修复维度

当今中国在全球生态文明建设中所担当的推动者角色，促使我们更加注重自身环境保护的效率和成效，更加主动有为地参与推进全球生态环境保护与修复的可持续发展进程，贡献更多关涉经济、技术、制度、政策、方法等方面，致力于向国际社会提供中国途径、中国方法、中国方案。通过践行示范和交流推广的方式，吸引更多国家和地区投入到全球环境保护与修复工作中，参与到理论话语和政策框架的制定中。

我国致力于生态环境保护与修复需要注意三个方面：一是从内容上看，要进一步落实党中央关于坚持打赢蓝天碧水净土保卫战的指示精神，努力打造青山常在、绿水常流、空气常新的美丽中国，同时要依托生态环境保护和修复技术的进步，稳步提升碳汇效率和水平，力争早日实现碳达峰、碳中和；二是从模式上看，生态保护与修复要跳出"先污染，后治理"的模式，按照新发展阶段的要求，以生态保护为基础，以经济发展为中心，从源头开始推动生态空间保护与修复技术的革新，促进经济社会与生态保护协同发展；三是从结构上看，知识创新和技术革新要统筹人与生态环境，以及生态环境与各要素之间的共生关系，加快学科交叉融合，推动系统性综合性协同性的生态环境保护与修复技术的落地，避免将生态各要素割裂开来，杜绝"头痛医头，脚痛医脚""按下葫芦浮起瓢"的现象。

理念决定行动。我们应深刻认识到生态文明建设的重要性，积极主动地将其融入国家发展事业之中，积极主动兑现中国碳达峰、碳中和的减排承诺，努力走出一条人与自然和谐共生、生态环境持续向好、经济社会可持续发展的中国式现代化道路，为推进世界现代化进程，提供中国智慧，贡献中国力量，彰显中国担当。

2019 年 7 月 31 日，蒋建清同志在福建武夷山国家级自然保护区调研

建设人与自然
和谐共生的现代化

习近平总书记在西藏考察时强调，"坚定不移走生态优先、绿色发展之路，努力建设人与自然和谐共生的现代化"。人与自然和谐共生的现代化是中国式现代化新道路的重要内涵，加强生态文明建设是贯彻新发展理念、推动经济社会高质量发展的必然要求。党的十九届五中全会把"生态文明建设实现新进步"作为"十四五"时期经济社会发展主要目标之一，提出实现生产生活方式绿色转型成效显著，生态环境持续改善，城乡人居环境明显改善。生态文明建设是一项系统工程，涉及经济、政治、文化、社会等方方面面，就其实践路径而言，就是要实现生产方式的生态化、生活方式的绿色化与自然环境的优质化。

一、推进生态化生产

从人类发展进程看，生态环境问题是工业文明发展到一定阶段的产物。工业文明在极大提高生产力、创造大量社会财富的同时，也造成了严重的环境污染，发达国家的工业化因此经历了先污染、后治理的发展过程。生态环境问题归根结底是经济发展方式问题，今天的生态环境问题说到底是不合理的生产方式造成的。加强生态文明建设，就必须改变不合理的生产方式，实现生产方式的生态化。实现生产方式的生态化，要求在生产过程中提高绿色科技含量、降低资源消耗、减轻环境污染，并努力促进生态恢复。这既是生态文明建设的内在要求，也是促进经济可持续发展的必然选择。

实现生态化生产，要树立绿水青山就是金山银山的理念，坚持节约优先、保护优先、自然恢复为主的方针，建立绿色低碳循环发展的经济体系，形成符合生态文明要求的产业体系。坚持绿色发展，就要充分认识到生态环境是一种无可替代的生产力，保护生态环境就是保护生产力，改善生态环境就是发展生产力；充分认识到绿水青山既是自然财富、生态财富，又是社会财富、经济财富，通过适当方式把绿水青山转变为金山银山，促进生态产品的价值实现；充分认识到自然是生命之母，人与自然是生命共同体。人类发展活动必须尊重自然、顺应自然、保护自然。坚持低碳发展，就要在经济发展的同时，减少单位生产总值所产生的二氧化碳排放量，这是应对气候变化，实现"双碳"目标的一种发展战略。坚持循环发展，就要以资源消耗的减量化、废旧产品的再利用、废弃物的再循环为基本原则，实现资源的循环利用，减少资源能源的消耗。

二、实现绿色化生活

改革开放以来，我国经济社会发生了历史性变革，人们生活水平显著提升，生活方式也发生了巨大变化。与此同时，在一定范围内出现了奢侈浪费、过度消费等不合理消费现象。这些不合理的生活方式加剧了资源消耗、环境污染和生态破坏。地球上的不可再生资源具有稀缺性，可再生资源的再生需要优良的自然条件，并且环境容量又十分有限，这些都难以承受巨大的资源消耗。因此，避免奢侈消费、过度消费，实现生活方式的绿色化势在必行。

实现生活理念的绿色化。推动形成绿色生活方式，是一场思想观念的深刻革命。倡导简约适度、绿色低碳的生活方式，反对奢侈浪费和不合理消费，必须实现思想观念上的破旧立新，树立正确的价值观、消费观和幸福观。通过学校教育、家庭教育、社会教育等各种方式，加强监督，大力宣传节约光荣、浪费可耻的观念，引导全社会牢固树立节约意识、环保意识、生态意识，唤起大众的社会责任意识，让保护环境成为一种自觉，让绿色生活成为一种习惯。

自觉践行绿色消费方式。建设生态文明，不仅需要国家从宏观层面推广绿色生产方式，也需要公众自觉践行绿色消费方式。坚持从我做起、从我家做起，在衣、食、住、行、游等方面自觉践行勤俭节约、低碳环保的绿色生活方式，将绿色生活方式融入日常生活中。如开展光盘行动，杜绝舌尖上的浪费；低碳出行，优先选购绿色产品；自觉开展垃圾分类，参与资源回收利用等。

三、打造优质化环境

人因自然而生，不能脱离自然而存在，人与自然是生命共同体。良好的生态环境是人类生存与健康的基础，也是美好生活的重要内容。我国整体自然环境并不十分优越，人均资源占有量较低。同时，我国经济在快速发展的过程中，也付出了沉重的生态代价。这显然不是我们所需要的现代化。正如习近平总书记所说，我们要建设的现代化是人与自然和谐共生的现代化，既要创造更多物质财富和精神财富以满足人民日益增长的美好生活需要，也要提供更多优质生态产品以满足人民日益增长的优美生态环境需要。人与自然和谐共生是社会主义现代化的重要内容之一，和谐美丽已经成为社会主义现代化强国的必然要求。

新时代我国社会主要矛盾也发生深刻变化，已经转化为人民日益增长的美好生活需要和不平衡不充分的发展之间的矛

南京林业大学发布《生态文明绿皮书：中国特色生态文明建设报告（2022）》

盾。人民日益增长的优美生态环境需要与更多优质生态产品供给不足之间的矛盾已经成为新时代社会主要矛盾的一个重要内容。环境就是民生，青山就是美丽，蓝天也是幸福。我们决不能走浪费资源、破坏生态、污染环境的老路，而是要把满足人民日益增长的美好生活需要和满足人民日益增长的优美生态环境需要统一起来，走生产发展、生活富裕、生态良好的发展之路，从而实现经济高质量发展。必须敬畏自然，遵循自然规律，规范人类的行为，为子孙后代留下一个优质美好的生存和发展环境。

　　推进生态文明建设的三条路径不是孤立的，而是有着十分密切的关联。生产方式的生态化有利于产出绿色环保的产品和设施，进而有效促进生活方式的绿色化和自然环境的优质化。生活方式的绿色化不仅有利于生态环境保护，实现自然环境的优质化，同时会改变人们对产品的需求倾向，进而倒逼企业实现生产方式的生态化。自然环境的优质化将会改善营商环境，促进经济发展，进而提高企业实现生产方式生态化的积极性；同时，优美的环境提高了人民的生活质量，使得人们更加珍惜自然环境，促进生活方式的绿色化。

深刻领会"双碳"重大意义
推动谋篇布局和具体实践衔接落地

2022年1月24日，中央政治局就努力实现碳达峰碳中和目标进行了第三十六次集体学习，习近平总书记在主持学习时强调，"实现碳达峰碳中和，是贯彻新发展理念、构建新发展格局、推动高质量发展的内在要求，是党中央统筹国内国际两个大局作出的重大战略决策"，"各级领导干部要加强对'双碳'基础知识、实现路径和工作要求的学习，做到真学、真懂、真会、真用。要把'双碳'工作作为干部教育培训体系重要内容，增强各级领导干部推动绿色低碳发展的本领。"南林是一所服务面向国家生态文明战略的国家"双一流"建设高校，作为南林的领导干部和教学科研工作者，更应不断深化对国家生态文明建设和"双碳"工作的丰富内涵的学习和理解，不断增强服务国家战略和经济社会发展的意识和能力，主动担当作为，为推动实现"双碳"目标贡献智慧和力量。

2021年9月22日，中共中央、国务院正式印发《关于完整准确全面贯彻新发展理念做好碳达峰碳中和工作的意见》（以

本文为作者在2022年3月16日校党委理论学习中心组集体学习扩大会和2021年10月26日碳达峰碳中和研究交流会上的讲话，刊载于《南京林业大学报》第735期，后经整理刊载于2022年5月23日《中国绿色时报》第2版。

下称《意见》)。《意见》的出台，为深入推进生态文明建设，系统做好碳达峰碳中和工作作出了顶层设计，提出了总体要求，明确了主要目标、战略举措和行动纲领。"双碳"目标上升到国家战略层面系统加速推进，对于协调推进生态文明建设和中国特色社会主义事业具有怎样的重大意义？南林作为一所以"林"见长的行业特色高校，在这一进程中又会面临怎样的机遇与挑战？我们只有深刻理解"双碳"工作的内涵逻辑，才能在推进"双碳"目标实现的进程中，发出南林强音、做出南林贡献、展现南林担当，在主动对接服务国家重大战略的过程中，实现学校事业新的更大的发展。

党的十八大报告正式将生态文明建设列入中国特色社会主义事业"五位一体"总体布局，生态文明建设被提升到前所未有的历史高度。近 10 年来，国家围绕生态文明建设持续出台了一系列硬招、实招，中华大地的天更蓝了、山更绿了、水更清了，人们对生态环境的直接观感体验有了显著的提升。同时，通过对生态文明建设相关表述和政策举措演变的分析发现，党和国家赋予生态文明建设的思想内涵，正在与时俱进地逐步深化和完善。比如，2013 年，习近平总书记在《中共中央关于全面深化改革若干重大问题的决定》的说明中，提出"山水林田湖生命共同体"的论断；到 2017 年，在中央深改组会议上，这一表述被拓展为坚持"山水林田湖草"是一个生命共同体；到 2020 年 8 月，在中央政治局会议上，习近平总书记提出统筹推进"山水林田湖草沙"综合治理、系统治理、源头治理；再到 2021 年 7 月，习近平总书记在西藏考察时提出坚持"山水林田湖草沙冰"一体化保护和系统治理。从"山水林田湖"到"山水林田湖草沙冰"，看似几个字的区别，其背后却是理念内涵的拓展与升华、实践要求的升级与进步。仅从这一系列表述的变化就可看出，党和国家对于生态文明建设的认识在推进生态文明建设的伟大实践进程中也在不断发展和持续深化。因此，党和国家也必将在更深层次和更高维度上大力推进生态文明建设，引领生态文明建设实践迈向新高度。坚定推进"双碳"目标，正是党和国家基于对生态文明建设的深刻内涵的把握，统筹新时代中国基本国情与国内外发展形势，为推动实现第二个百年奋斗目标，所做出的重大战略决策。

一、绿色是中国式现代化的底色，生态文明建设的优先推进与持续深化，必将加速释放其引领、协调、促进可持续发展的重要作用

国家"十四五"规划和 2035 年远景目标纲要指出，到 2035 年人均国内生产总值达到中等发达国家水平；按第二个百年奋斗目标，到 21 世纪中叶，我们将建成社会主义现代化强国。习近平总书记在全国生态环境保护大会上的重要讲话中指出："在人类 200 多年的现代化进程中，实现工业化的国家不超过 30 个、人口不超过 10 亿。"在把握人类社会现代化发展规律的基础上，习近平总书记在中国北京世界园艺博览会开幕式上指出："纵观人类文明发展史，生态兴则文明兴，生态衰则文明衰。工业化进程创造了前所未有的物质财富，也产生了难以弥补的生态创伤。杀鸡取卵、竭泽而渔的发展方式走到了尽头，顺应自然、保护生态的绿色发展昭示着未来。"因此，中国不可能通过简单机械地复制西方传统工业化路径走向现代

化，世界的能源供给量和生态环境承载量也难以支撑新增 14 亿人口以那样的传统方式进入现代化行列。

习近平总书记在"七一"讲话中庄严宣告，"实现中华民族伟大复兴进入了不可逆转的历史进程"，"我们坚持和发展中国特色社会主义，推动物质文明、政治文明、精神文明、社会文明、生态文明协调发展，创造了中国式现代化新道路，创造了人类文明新形态"。我们要深刻体会理解习近平总书记所指出的"人类文明的新形态"。中国开辟了一条超越于西方传统现代化道路、体现人与自然和谐共生的中国式现代化新道路。我们必须要站在构建人类命运共同体的全局高度，持续系统深入开展生态文明建设，自觉推动绿色发展、循环发展、低碳发展，加快转变经济发展方式，改变资源消耗大、环境污染重的增长模式，努力走出一条代价小、排放低、效益好、可持续发展的新路子，让绿色成为中国式现代化的基本底色，确保中华民族永续发展，实现中华民族伟大复兴。

党和国家从战略层面推进生态文明建设落实落地，不仅有宏观理论指导，还有具体的方法论和路线图。就实践路径而言，就是要实现生产方式、生活方式的绿色化与生态环境的优质化。党的十八大以来，蓝天、碧水、净土保卫战等一系列政策措施的出台，从生态环境的保护与优化角度大力推进生态文明建设，美丽中国建设迈出了重大步伐，我国生态环境保护发生历史性、转折性、全局性变化。中国的生态环境保护与修复作为生态文明建设的"先手棋"已取得了阶段性重大成就，人民的获得感、幸福感、安全感大幅提升，但围绕生产、生活、生态"三生空间"持续系统深入推进生态文明建设，实现可持续发展目标，仍有很长的路要走。

二、以"双碳"目标为牵引，推动经济社会高质量可持续发展，已成为当前和今后一段时期生态文明建设的核心内容

2021 年 3 月 15 日，习近平总书记在中央财经委员会第九次会议上强调，"实现碳达峰、碳中和是一场广泛而深刻的经济社会系统性变革，要把碳达峰、碳中和纳入生态文明建设整体布局，拿出抓铁有痕的劲头，如期实现 2030 年前碳达峰、2060 年前碳中和的目标。""实现碳达峰、碳中和是一场硬仗，也是对我们党治国理政能力的一场大考。"事实上，近 20 年来，西方发达国家一直将全球气候变化作为制约发展中国家的谈判借口。究其根本，气候问题既是科学问题，也是经济问题，还是一个政治问题。因为在传统发展路径中，碳排放权本质上意味着一个国家的发展权。在此背景下，国内外关于气候变化与碳排放方面的相关研究进展非常迅速，不少研究成果已成为国际社会和学术界的共识。从技术层面上看，与二氧化碳温室气体有关的碳汇、碳足迹、碳排放等问题已发展成为可测量计算、足迹跟踪、核算转换、捕获存储等一系列工程技术问题；从经济活动层面看，碳排放问题贯穿于人类社会所有的生产、生活活动的全链条、全周期，每一个工业产品的生产过程、使用过程，乃至一直至其报废的产品全生命周期中，均可以通过"碳排放当量"来进行全程的跟踪与核算，在技术层面使"碳交易"成为可能，可以形成具体现实的"碳交易市场"，从而使"双碳"成为推进生态文明建设的具体政策抓手，进而在所有经济活动中均将增加"碳排放"这个新的维度带来的成本核算，甚至"碳排放"的限制性门槛，真正使"双碳"作为

主要的联结枢纽，发挥其在经济社会活动中重要的协调作用，以此来推动经济社会生活的系统性深刻而广泛的变革，最终实现高质量发展；从历史进程上看，碳排放问题客观地刻画了世界范围内过去、现在与未来的人类社会发展的脉络曲线，通过监测分析可以得出自工业革命以来人类活动对于全球气候变化的影响规律。由此，要求发达国家应当对其早年在传统工业化进程中，因不受控的碳排放行为造成的全球温室效应负担相应的历史责任，这完全具有科学性、合理性和正当性。就中国而言，站在新时代新起点上，在谋划推进第二个百年奋斗目标的进程中，必须不断拓展深化生态文明建设的维度和内涵，推进生态文明建设向纵深发展。习近平总书记在中共中央政治局第二十九次集体学习时强调，"把实现减污降碳协同增效作为促进经济社会发展全面绿色转型的总抓手"。我们要深刻认识体会，这是当前和今后一段时期生态文明建设的核心内容，也是推动我国高质量发展、全面建设社会主义现代化强国的关键之举。

三、领会"双碳"目标的深层涵义，顺应行业系统变革规律，牢牢把握推动事业跨越发展的历史机遇

《意见》中明确了"双碳"工作的时间节点和主要目标：到 2025 年，绿色低碳循环发展的经济体系初步形成，重点行业能源利用效率大幅提升。单位国内生产总值能耗比 2020 年下降 13.5%；单位国内生产总值二氧化碳排放比 2020 年下降 18%；非化石能源消费比重达到 20% 左右；森林覆盖率达到

24.1%，森林蓄积量达到 180 亿立方米，为实现碳达峰、碳中和奠定坚实基础。到 2030 年，经济社会发展全面绿色转型取得显著成效，重点耗能行业能源利用效率达到国际先进水平。单位国内生产总值能耗大幅下降；单位国内生产总值二氧化碳排放比 2005 年下降 65% 以上；非化石能源消费比重达到 25% 左右，风电、太阳能发电总装机容量达到 12 亿千瓦以上；森林覆盖率达到 25% 左右，森林蓄积量达到 190 亿立方米，二氧化碳排放量达到峰值并实现稳中有降。到 2060 年，绿色低碳循环发展的经济体系和清洁低碳安全高效的能源体系全面建立，能源利用效率达到国际先进水平，非化石能源消费比重达到 80% 以上，碳中和目标顺利实现，生态文明建设取得丰硕成果，开创人与自然和谐共生新境界。从具体内容来看，《意见》提出的构建绿色低碳循环经济体系、提升能源利用效率、提高非化石能源消费比重、降低二氧化碳排放水平、提升生态系统碳汇能力等五个方面的具体目标，既是主要任务也是具体路径，涉及能源类型的变革、生产方式的迭代、森林固碳的优化、生活方式的变迁等方方面面，这必将酝酿一场事关国计民生的重大变革，其背后的机遇和挑战都将是无可比拟的。

《意见》还强调，"要加强气候变化成因及影响、生态系统碳汇等基础理论和方法研究"。这表明，"双碳"目标推进过程中必然需要相关基础理论的重大创新和关键技术领域的重大突破。这表明"双碳"工作既是国家发展的重要目标，也是重大战略需求。

林业行业是我国国民经济的重要组成部分，根据国家经济社会发展不同时期的客观需求，林业行业在不同的阶段有着不同的阶段性发展方向。在社会主义建设特殊时期与国家发展的特定阶段，我国的传统林业行业在某种程度上被定义为"重要物质的生产部门"，形成了以木材为价值流通主要载体的单效林业发展模式，并演化形成为以用材林培育（涵盖森林生物、森林生态、林木育种、森林培育、森林经营与保护等）、木材加工及利用、林业机械装备自动化、林业经济管理及相关产业领域为主的传统林业产业体系，并以之为导向建立形成了林业行业高校的特色学科体系。随着社会的进步和技术的革新，虽然传统林业不断向现代林业进行转变，并在理念和内涵上不断发展，但林业行业的整体框架与脉络轴线有待于进一步变革和完善。目前，《意见》的出台，构建起了我国"双碳"工作的纲领性总体框架，对于深化生态文明建设内涵、推进包括林业在内的产业系统性变革具有重要的实践指导意义；林业行业发展逻辑或将产生根本性变革，也应勇于承担起新的革命性的使命担当。如，在"双碳"背景下，林业的产业体系可能会从以围绕"木材"为核心载体转变为以围绕"生态""碳汇"和"木材"为核心载体进行重构，传统林业产业结构将受到前所未有的冲击，但由此所带来的新的林业的发展前景也将是无比广阔的，关键在于我们如何辩证分析其中的机遇与挑战，如何积极主动应对挑战、把握这一历史性的机遇。南林作为一所以林科为特色、以服务国家生态文明建设为导向的国家"双一流"建设高校，理应立足国家重大战略需求，围绕生物质资源低碳高效综合利用与开发、森林碳汇基础理论研究、碳汇林培育、碳交易、碳经济等诸多方面联合攻关、担当作为，交出一份让国家和人民满意、经得起历史检验的南林答卷。

回顾近代发展历程，可以清晰发现，在每一个跌宕变革的时代洪流中，总会有一些高校因抓住时代机遇、紧扣时代脉搏、回应时代关切，从而脱颖而出、实现跨越式发展。比如创办于1885年的斯坦福大学，在20世纪60年代以前一直寂寂无名，但是这所学校敏锐地抓住信息产业与加州经济腾飞的契机，主动调整学科布局、转变发展思路，积极发展计算机等相关学科，成为了美国信息化革命策源地"硅谷"的重要支撑力量，也为学校自身发展赢得了广阔的发展空间，从而一跃成为全球最具影响力的高校之一。与美国加州经济同步快速发展的还有一批大学，如加州大学伯克利分校、加州大学洛杉矶分校、加州大学圣巴巴拉分校、加州理工大学等十几所全球最顶尖的研究型大学。他们积极参与美国西部的崛起，主动调整学科结构，改革人才培养模式，推动科学研究与经济发展的深度融合，有力支撑了加州的高速发展，成为全世界最重要最活跃的创新策源地。今天"双碳"目标提供的是一个可以与信息化浪潮比肩的重大战略机遇，势必需要一大批高校主动承担起历史使命，为推动人类社会可持续发展作出重要贡献，也必然会助推一批高校实现跨越式发展、走向时代前列。相反，如果我们不能积极主动扎实应对，势必会被甩在时代洪流之外，错过绝佳的腾飞"风口"。

四、紧扣"双碳"目标的战略需求，把握现代林业变革趋势，推进学科体系重构与转型发展

"双碳"目标是中国不断丰富生态文明建设内涵、主动承担大国责任、推动构建人类命运共同体的主动作为与必然要求。作为与生态文明建设高度关联，以"林"见长的国家"双

一流"建设高校，南林理应主动对接时代命题，不断优化学科布局、强化科研能力，实现学科转型发展，持续增强服务"双碳"的水平，在推进"双碳"目标的伟大进程中有所作为、有大作为。

1. 不断解放思想，探索学科建设新维度

马克思主义认为，物质决定意识，意识对物质具有反作用。作为一种社会意识和文化现象，学科是知识演进史上特定历史阶段的产物，是科学知识与教育"联姻"的结晶。学科的产生和发展与特定历史阶段的物质活动密切相关，与产业物质流高度关联、内在统一，一旦学科知识体系建立起来，又能够在一定程度上对产业发展产生反作用。换言之，学科与学科体系伴随着物质流流动过程而产生和不断发展，并反过来对相应的物质流发展带来深刻影响，如果学科体系与产业发展阶段相适应，便会对其产生积极作用，反之则会由于学科建设的滞后性和不适应性而带来消极影响。就此而言，行业学科知识体系构建往往需要与产业发展同步适应、动态跟进。产业发展贡献物质流、能量流和信息流，学科和专业在此基础上得以形成，并随着产业发展而进行动态调整以适应新变化、新情况。

南林的学科发展也遵循这一规律。南林因林而生、依林而兴。在近120年的历史进程中，南林人始终聚焦林业行业发展需要和国家经济社会需求，建设形成了集林木遗传育种、森林培育、林木采运、林产品加工应用等覆盖林业生产全链条的主干学科体系，以及围绕这一产业链经济活动的林业经济管理等学科，具有鲜明的林业特色。学校的林学、林业工程等学科发展成为国家林业行业最重要的学科，为行业和区域经济社

会发展做出了不可磨灭的重要贡献。分析研究南林现有的学科体系，可以清晰发现，这套完整的学科体系是围绕"林"而展开和深化的，其逻辑起点主要是基于林木作为木材资源的价值属性角度。这是特定年代的鲜明印记，也是当时经济社会发展的客观需求。进入新时代，经济社会发展以全面绿色转型为引领，我们必须转变观念，站在一个全新的角度重新审视与思考"林"的价值属性与学科特征。显然，传统的林木资源的材料价值属性或许永远不会消失，林木作为生物质资源的价值属性也将继续存在，但相对重要性会不可避免地发生变化，或许再也无法稳居林业发展最核心的地位。在"双碳"目标驱动下，林业的生态价值、碳汇价值必将得到强化与凸显，这一转向也必将对林业类相关学科的知识体系与研究领域提出全新的要求，带来的冲击将是非常巨大的，甚至是革命性的。如林木遗传育种学科，过去其研究重点是选育速生丰产、优质高效的树种用于造林绿化，而在生态和碳汇价值需求下，主要考量的应是树种能够产生怎样的碳汇价值、生态价值甚至文化旅游康养等社会公益性价值。如森林经理学科，由于树种选育的逻辑起点不同，植树造林的目的自然也不同，其相应的评价评估经营方式也应随之而变，森林经理学科的知识体系与研究范式也均可能需要做出相应的调整。再如南林经济管理学科，其研究的主体内容可能需要向森林碳汇及与其关联的碳税、碳交易、生态价值的市场化等新的林业经济活动领域转向，不断探索"双碳"背景下林业经济与社会全域经济动态协调联动的有效机制。因此，南林如果仅仅固守原有的学科体系与知识内涵，即使做到极致，也许终将会因频调不一致而落后于甚或边缘化于这个时代，只有把握住时代发展的真需求真问题，才能做出真正的大学问。因此，我们要深刻领会、完整准确全面贯彻新发展理念，解放思想，着力拓展学科边界，开新局育新机谋新篇。要不断突出以森林生态价值和碳汇价值这一新维度的导向作用，促进既有学科的转型升级，拓展学科研究广度。比如森林培育学科要摒弃单一围绕提升林木经济价值为驱动的研究目标，主动将提升人工林生态效益、增加森林固碳效能等问题放在学科研究的突出位置，不断提升服务"双碳"目标的针对性；又如林业工程学科要将木材各生产与使用环节如何更好的减碳、降碳，以及固碳作为学科发力的重要方向等。要不断突出围绕重大科研问题的攻关能力，不断提升学科高度。比如，针对《意见》中强调的"气候变化成因及影响、生态系统碳汇等基础理论和方法研究"等问题，南林要主动担当作为，积极开展科研攻关，力争抢占"双碳"研究科研高地，推动校内相关学科建设成为服务生态文明建设的"双碳硅谷"。

2. 强化顶层设计，凝练学科发展新方向

高等学校崇尚学术自由，高校教师可以结合自身兴趣开展科研探索，这是科学发展的重要保障。但是学科发展有其自身规律和特征，若只是依托教师个人兴趣探索任其自由生长，一个学科可能会长期处在被动的无意识的徘徊状态。只有加强顶层设计，强化组织引导，通过学科交叉和学术思想的融汇碰撞，引发学者深层次的思考，使学科方向在不断梳理中凝练升级，才能将无意识的个人行为集成为有意识的组织行为，以共同奋斗目标为牵引推动学科高质量发展。要进一步深化"林基生态文明学科体系"构建理念与实践研究，以"双碳"作为具体抓手，围绕林业在"双碳"目标中的产业链，构建相应的创

新链，形成相应的知识链，调整学科链与专业链，在此基础上，构筑起具有扎实林业知识基础的"双碳"人才培养体系。强化服务面向，做大"双碳"研究基本盘。学校要将对接"双碳"目标作为推进事业转型升级的重要机遇，一体谋划、一体部署、一体推进，持续加强服务"双碳"目标的主动性和能动性，加快建立服务"双碳"目标的战略规划、行动方案和实施细则，在制度层面为强化"双碳"研究规划路线图；进一步健全配套举措和激励机制，充分调动广大师生投身相关研究领域的积极性；基层学院要依托学科特色强化科学引导，认真研究落实"双碳"和"生态文明"目标的具体主攻方向和措施，以整体性动员和组织化行为，引导相关科研人员主动转向、自觉对接，为推动"双碳"研究汇聚最广泛力量，不断做大"双碳"研究基本盘。前瞻谋划布局，做优"双碳"学科增长点。要集成学科优势资源，以支撑林业工程一流学科建设为导向，不断强化基础研究学科建设，持续推进生命科学、化学、材料科学与林学、林业工程等优势学科的建设与发展，不断夯实林科特色高峰的发展根基。聚焦碳中和基础理论突破，重点开展森林固碳增汇机制、湿地 二氧化碳 捕集与封存机理、生态系统碳库监测和评估、植物全生命周期碳足迹、气候变化下的生态系统安全等研究，努力在生态系统碳汇基础理论、生物质资源的低碳高效利用、生物多样性保护、新型生物质高性能材料、生物质能源等领域有重大原创性成果的突破；要大力推进新文科建设，充分发挥人文社会科学在实现"双碳"目标进程中的价值引领和机制构建等方面作用，积极参与到公共政策与决策制定中来，打造助力绿色低碳发展的高端智囊；要充分发挥工科优势，依托林业工程高峰学科，大力推进构建紧扣"双碳"目标的环境科学与工程、机械、交通、土木、轻工、材料、计算机科学与技术、人工智能、大数据、智能制造等学科，奋力开拓新的工科增长点。

3. 对接重大需求，赋予学科交叉新动能

现代大学最本质的特点是依知识体系分科而立，人才培养与科学研究均具有非常强的专业性和学理性，然而，现实客观世界中的问题往往并不是以某一个学科专业的知识体系逻辑而呈现的，现实问题往往具有高度的综合性。"双碳"目标就是一个综合性系统化的整体概念，不可能通过一所学校、一个学科的"单打独斗"而实现。南林要在实现"双碳"目标的战略进程中担当作为，必须要找准自身定位，主动对接党和国家重大战略需求，以问题为导向，不断强化学科统筹，充分发挥以"林"为基础的多学科体系优势特色，加强学科交叉，注重分类施策，寻求重点突破。要主动加强学科间横向交叉。积极推动林业工程、林学、风景园林等传统优势学科与计算机、人工智能、大数据等新兴学科交叉，对标重大需求，强化信息化赋能作用，实质性加快构建林基生态文明学科体系，增强传统优势学科对接"双碳"目标的创新能力；不断强化"生态文明智库"建设，推动文理学科交叉，不断提升"智库"服务实现"双碳"目标的理论研究水平和建言献策能力。要积极推进学科间纵向融合。南林素来有良好的应用学科基础，在对接国家社会需求方面路径完备、经验丰富。在推进"双碳"目标进程中，南林要充分发挥既有成果转化端口的优势，并主动向前端探索、向后端延伸，努力实现生物学材料学等基础学科与林学林业工程应用学科纵向融合，从而积聚起学校学科特色发展的磅礴力

量，为推进"双碳"目标贡献南林智慧、展现南林担当。

今日的南林正昂首阔步于新时代，持续深入推进"双一流"和高水平大学建设，虽然我们已经取得了阶段性成就，但在实质性推动由"行业高校"向"行业特色高校"转变的征程中还需迈出更大的步伐。国家生态文明建设和"双碳"工作，既是新时代赋予南林的新使命，也是我们紧跟时代洪流和国家发展步伐以实现自身更大发展的历史性机遇，国家"双碳"工作的政策、路径正逐渐清晰，我们唯有深刻领会"双碳"工作的重大意义，树立宏大志向，勇担新的历史使命，主动对接国家战略，坚持改革创新，奋力担当作为，推动"十四五"规划与"双碳"工作有效衔接、落地实践，方能做出无愧于这个时代辉煌业绩，真正建成"中国特色，世界一流"的高水平大学。

实现碳中和　林业有担当

　　二氧化碳排放力争 2030 年前达到峰值，2060 年前实现碳中和，是中国向世界作出的庄重承诺。为了向全世界展现中国智慧、情怀和担当，传播绿色生态文明理念，还需要进一步正确认识和发挥森林碳汇在抵消减排、缓解气候变化和实现碳中和目标的"低成本、高效率"优势，做活其在碳中和方面的"加、减、乘、除"法。

　　森林碳汇是指森林植物吸收大气中的二氧化碳并将其固定在植被或土壤中，从而减少该气体在大气中的浓度。在全球气候变化的大背景下，我国提出了林业建设到 2030 年的新目标，其中，森林蓄积量将比 2005 年增加 60 亿立方米。由此可见，实现碳中和，林业大有可为。

一、扩容"碳汇"，做实自然的"加法"

　　首先，充分认识林业在"碳汇"扩容上的重要作用。目前，中国森林植被总碳储量已达 92 亿吨，平均每年可增加森林碳

本文刊载于 2021 年 7 月 24 日《光明日报》第 9 版。

储量 2 亿吨以上，折合碳汇 7 亿～8 亿吨，由此，森林植被区被认为是二氧化碳的优质吸收器、贮存库和缓冲器。

其次，注重通过智慧林业建设等措施，不断提高林业经营管理水平，提升森林质量，稳定"碳汇"量。国家林业和草原局的数据显示：全国森林覆盖率 22.96%，森林面积 2.2 亿公顷，森林蓄积量 175.6 亿立方米，其中人工林面积 0.8 亿公顷，蓄积量 34.52 亿立方米，人工林面积居世界首位。随着发展，我国每年新增植树造林面积的潜力将逐年减少，有必要依靠加强林地管理来增加森林蓄积量，解决林业面积缓慢增长情况下的林业"碳汇"相对稳定问题。

最后，充分理解和重视林业活动对增加林业面积和扩容"碳汇"的作用。要注重通过自然保护地、天然林保护工程、退耕还林工程、荒漠化治理、湿地保护和修复等国家造林重大工程的建设，增加森林覆盖率，扩容"碳汇"。依据新的气候行动目标，我国森林覆盖率最大潜力可能达到 28%。按照我国林业发展规划，今后 50 年，我国将净增森林面积 9066 万公顷。经测算，森林蓄积量每增加 1 亿立方米，可以多固定 1.6 亿吨二氧化碳。

以上事实证明，中国积极的造林政策和在培育优良树木品种等方面取得的大量成果，不仅能够绿化国土、增加"碳汇"，还向世界展示了中国负责任的大国形象。

二、消减"碳源"，做好生产的"减法"

现阶段，为在 2030 年前实现二氧化碳排放达峰，需要着重消减的"碳源"主要还是与人类活动和生产相关的部分。因此，积极寻找新能源，坚决控制煤炭消费量，减轻人类生产活动对传统化石能源的依赖，一直被认为是控制源头的重要举措。

对于林业而言，要进一步加强碳捕获和储存方面的林业科学研究，大力推进生物质能源的开发、应用和"零排放"体系的建设、调整和优化；紧紧围绕生态保护修复技术和现代森林经营技术进行科学研究和技术开发，促进林业生态系统的健康发展和林业资源的高效、有序利用；注重通过加强森林病虫害防治、森林防火等工作，减缓人类活动对林业生态系统的破坏，消减二氧化碳的排放。

三、挖掘价值，做活市场的"乘法"

森林碳汇功能创造了新的二氧化碳排放空间，这为其商品化提供了理论基础。目前，全球已有超过 120 个国家和地区提出了碳中和目标。西方发达国家的实践显示，植树造林、改善森林管理不但具有较大的减排潜力，还能带来生态环境保护的协同效益。例如，欧盟的新森林战略不但通过开展植树造林和森林修复改善了森林质量和数量，还建设了碳排放交易市场，推动了绿色金融的发展。

现阶段，我国作为最大的发展中国家，在气候投融资体系和产业链绿色化转型等方面还存在很多不足。为此，应以林权改革为契机，积极与金融、水利、电力等行业领域合作，充分培育和挖掘"碳汇"林业所具备的市场交易价值，加速推动碳汇市场建设，使森林的生态服务功能价值化，改变资源无偿占有和无偿使用制度，引导民众养成绿色低碳的生活方式，实现林业的倍增效益。

　　林业管理部门要完善机构设置和专业队伍建设。一方面，通过设置专门的"固碳增汇"监测、估算和交易监管机构，完善资源资产管理制度和运行机制，明确产权关系。为此，要充分利用好华东林业产权交易所、中国绿色碳汇基金会等交易试点平台，发挥好其在林业碳汇商业运营模式等方面的"问路石"作用。另一方面，进一步加强对通晓林业等绿色节能低碳技术、法规和金融知识复合型人才的培养工作，获取管理和人才的倍增效益。

四、消除束缚，做通思想的"除法"

　　将"绿水青山"转化为"金山银山"，已经成为千万群众的自觉行动，并进一步内化为促进碳中和目标实现的驱动力。那么，如何消除这一转化过程中的理论瓶颈、发展束缚和世俗壁垒呢？

　　一是加强生态文明思想理论体系建设。充分发挥林业高校在人才培养、碳中和集成创新等方面的特色和优势，聚焦国家生态文明建设重大决策部署及热点、难点问题，积极开展与生态文明建设相关理论的研究与咨询服务，进一步探索"碳交易"和"碳中和"的市场化路径，消除制约发展的理论束缚，为国家生态文明建设提供参考建议，服务经济发展和环境保护的需要。

　　二是充分发挥林长制等举措的政策优势。探索政府主导、企业和社会参与、市场化运作、可持续的生态产品价值实现路径，打造绿色惠民、绿色共享品牌，发展文旅林业、康养林业、社会林业等多功能林业，形成一系列可推广、可复制的经验，让老百姓切实从"碳中和"目标中获得实惠，消除影响百姓追求美好生活愿望实现的经济束缚，增强"植绿、护绿、靠绿、爱绿"的信心，助力推进大规模国土绿化行动。

三是充分发挥舆论宣传的思想引领作用。通过宣传教育，提高群众对碳汇林业、碳补偿、气候变化等知识的了解，以及积极应对气候变化的意识；通过思想引导，在各地区、各行业播下绿色文明和绿色发展的种子，帮助人们跳出自己的小圈子，积极融入碳中和的"大朋友圈"，让"我"变成"我们"，让绿色的种子撒遍全世界，以切实推动人类命运共同体的建设和世界经济的"绿色复苏"。

生态文明视域下的
林业学科检视

习近平总书记在清华大学考察时强调，"打破学科专业壁垒，对现有学科专业体系进行调整升级，瞄准科技前沿和关键领域，推进新工科、新医科、新农科、新文科建设"。习近平总书记的讲话为学科建设提供了重要指导。系统梳理林业学科发展演化过程中的得与失，适时把握好新时代背景下学科使命和发展任务，构建以林业学科为基础的服务国家生态文明大战略的生态文明学科体系，已经成为林业院校面临的时代课题。

一、林业学科服务国家生态文明战略的时代使命

我国现代意义上林业教育开始于清朝末期，自近代林业教育诞生以来，专业设置和专业划分出现了既分化又综合的发展趋势。从林业学科组织演化的视角看，每一次林业学科的分化、演化和交叉、融合，大多停留在显性的技术知识层面，很少能同时兼顾隐性知识的生产和转化，学科发展存在滞后于同

本文刊载于《中国高等教育》2022 年第 3/4 期。

时代林业行业的现实需要与发展愿景的状况。

党的十八大把生态文明建设纳入中国特色社会主义"五位一体"总体布局。党的十九大提出，"建设生态文明是中华民族永续发展的千年大计"。随着国家生态文明战略的推进，以生态文明为服务面向的林业学科必须以问题为导向，在服务国家战略中彰显其学科价值。

建设生态文明背景下，林业功能的重大变化决定了林业学科需要新定位。林业学科的研究对象是林业，决定了林业学科属性既具有经济性，也具有生态公益性。一段时间以来，林业学科在战略布局上较多关注林业经济价值，在一定程度上忽视了林业社会价值和生态价值。随着工业化加速，环境问题已不容回避，成为社会深度发展的约束性问题。林业承担着建设森林生态系统、保护湿地生态系统、改善荒漠生态系统、保护生物多样性和应对全球气候变化的重要职责，肩负着建设生态文明的历史重任。推进现代林业发展，关系到有效地维护国家的生态安全、木材安全、物种安全、能源安全、淡水安全、粮食安全，改善当代人的生存发展条件，为后代留下生存发展的空间。在生态文明建设背景下，林业产业属性发生了改变，由过去关注林业经济功能，转向生态文明建设。林业及林业学科发展重心，迫切需要实现从利益生态到生态利益的凤凰涅槃。

生态环境治理的复杂性需要林业学科展现新作为。工业时代给现代社会带来物质文明的同时，社会形态的复杂化以及环境问题和生态问题日益凸显，环境和生态问题已经上升成为制约现代化建设的明显短板，成为影响可持续发展的瓶颈问题。林业学科的发展及其支撑是实现林业战略地位的保障和前提。林业学科发展所产生的新概念、新理论、新方法、新材料是推动林业科技进步和创新的原动力；林业学科发展是衡量国家林业科技水平的重要标志；林业科技积累和产生的基础数据是国家宏观决策的科学依据；林业学科的人才建设是提高林业行业从业人员整体素质的主要途径。生态文明建设背景下，林业学科在我国科技、经济、社会发展中占据极其重要的战略地位。破解生态文明发展困局，迫切需要林业学科贡献新思想、新技术。尤其是绿色发展和社会可持续发展之间的矛盾，生态效益和经济效益之间的矛盾，这些基本矛盾决定了以生态环境建设为主的现代林业亟需提供更有科技含量的成果支撑。林业学科如何从历史使命转换到时代使命，是关系到林业大学和林业学科的重大战略问题。在当前现有林业学科框架下，有必要对现有相关学科进行必要整合，不断改善学科体系以适应社会和行业发展需要。

全方位实现生态文明战略目标对林业学科发展模式和路径提出新要求。林业在国家生态文明建设中处于重要地位，承担着提供生态产品、物质产品和生态文化产品的特殊使命。生态文明内涵的广域性、复杂性和发展性对林业及林业学科组织形态和发展模式提出了新要求。同时，也对高质量林业发展提出了新期待。而林业高质量发展取决于林业学科在知识生产、人才培养、社会服务等方面的贡献智慧提出可行方案。林业学科的高质量发展离不开学科制度的保障。从内生逻辑看，学科制度建设并不是目的，而是服务于知识生产创新的途径和手段。促进学科发展需充分关照知识生产演化的内生逻辑。不断优化学科组织结构是发展林业学科特色的先导性条件，也是学科发展的必然要求。在新的跑道上，如何从学科要素投入转向到学科能力提升，仍然是林业学科发展迫切需要回答的重要课题。

林业学科历史悠久，是我国农林院校传统骨干学科之一。生态文明背景下如何顺应时代潮流、回应中国问题、提出中国方案，是林业学科乃至农林院校必须思考的重要理论和实践课题。

二、在服务国家生态文明战略过程中不断提升林业学科人才培养能力

大学和学科的根本任务是人才培养。作为现代高素质林业人才培养主阵地的林业学科建设，需要立足当前国内外林产行业现状和未来发展趋势，以现实问题和实践诉求为导向，精准对标国家和区域发展战略，不断强化人才培养中心地位，建立健全人才培养体系。

坚持立德树人根本任务，围绕国家生态文明建设挖掘林业和相关领域思政元素，构建"思政课程＋课程思政＋实践思政＋活动思政"的系统性思政育人模式。实施"课程思政示范培育计划"，深挖学科和专业知识体系蕴含的思想价值和精神内涵，构建学科和专业课程思政矩阵图，建设课程思政案例库，建设一批课程思政示范课，推进课程思政示范专业建设，重点强化学生家国情怀、创新精神、绿色发展理念和工程伦理教育，培养学生精益求精的大国工匠精神，激发学生科技报国的家国情怀和使命担当。

瞄准生态文明建设国家战略，依托林业工程、林学等林业核心学科，着力培养林木遗传育种、森林碳汇机制、森林生态价值核算、生物质能源、生物质先进功能材料、生物质绿色转化等领域高层次急需紧缺人才。与科研院所和现代企业探索合

作成立未来技术院、现代研究院、产业联盟等，政校企所共同制定人才培养目标、毕业要求、培养方案和评价标准，共同建设理论和实践教学体系、产科教融合导师团队和教学平台联合体，共同创建以学生为中心的"项目制"教学模式，构建跨界融通的博士硕士本科多层次人才培养新机制，升级多元协同林业学科创新人才培养模式。

加强林学、木材科学与工程、生物技术、生态学、新能源科学与工程、林产化学与加工、农林经济管理等林业类本科专业建设，打造一批碳中和、乡村振兴实验教学平台，开设森林碳汇、碳交易、乡村治理、乡村规划等通识课程，建设一批碳中和、乡村振兴教材，推进一流本科人才培养。开发林业碳汇、碳核算、碳金融、碳管理、乡村规划、城镇绿化、乡村治理等培训课程，建设乡村振兴、碳中和技术和管理人才培训基地，满足社会对森林碳汇、乡村振兴和碳中和领域人才的需求。

三、在服务生态文明战略中不断提升林业学科破解重大科学问题能力

生态文明建设是中国优先发展的重大战略和国家政策的制度安排。如何求解生态文明，必然面临着巨大的挑战。尽管我国林业产业和林业事业已经取得了很大成绩，但需要清醒看到，我国林业资源分布仍不均衡，林业产业对于国民经济的贡献仍然偏弱，具有国际影响的林业原创性科技成果不足的局面尚未得到根本扭转。在生态文明建设背景下，绿色发展模式、环境友好型产业发展、优质生态产品等主要指标的供给不足，

说明我国林业学科在解决本领域若干重大科学问题的能力，还不能充分满足生态文明发展的需要。林业学科仍然需要在原始创新能力上下更大功夫，力求在解决林业领域重大科学问题上获得不断突破。

一方面，林业学科需要继续深挖自身潜能，做精做深林业学科"分内"的业务。继续拓展在本领域学科前沿的少人区，甚至是无人区，不仅必要而且必须。林业学科服务生态文明战略，必须回归生态文明与满足人的发展需要，尤其需要攻克林业产业关键理论和关键技术，为林业产业发展发挥更大的支撑作用，如林源军品（分析战略性林木品种的军事化开发及产业化利用途径）等特种林材的培育开发、林源绿色食品的开发、林源保健品药品的开发等，不断提升支撑生态文明建设的贡献度。

另一方面，还要不断拓展林业学科研究的"分外事"。从人类科学技术革命的历史考察，许多具有重大革命意义的成果都产生于学科与学科的边缘地带，它启示我们，寻求林业学科新的突破，不仅要走中心到边缘路线，更要留意和关注本学科边缘到中心的发展路径。尤其在当前生态文明建设背景下，要主动从过去服务传统小林业的思维，不断探索多学科交叉的服务大林业发展思想。特别要重视协同现有学科力量，推进现有学科的互构，以创新突破为先导，立足学校现有林业学科资源，进一步畅通知识供给（学科专业知识）和问题求解需求之间的渠道，以攻关解决林源产业技术难题为要点，形成学科链、产业链、创新链的双向互动，打破林业学科之间知识流动的内循环。同时，还要积极拓宽林业学科与国家生态文明之间的外循环，以创新功能实现为追求目标，打破林业学科、涉林学科与非林学科之间的壁垒，形成学科之间的互构关系。协同不同学科思想、学科手段、学科要素优质资源，形成"老牌学科（林科）有生长点，中生代学科有突破，新兴学科有内涵"格局，构建老牌学科、中生代学科、新兴学科等"三类"学科一体化发展模式，努力突破一批生态文明建设重点领域重大问题核心技术，孕育形成具有显著社会影响力的科技原创成果。

四、在服务生态文明过程中进一步加强林业学科综合治理体系建设

学科的竞争是资源的竞争，更是治理体系和治理能力的竞争。农林院校要聚焦林业高质量发展、乡村振兴和固碳减碳重大关键问题的原始创新能力，在学科发展动力、学科创新要素优化、学科综合治理等方面寻求新的突破口，实现林业学科体系创新与价值诉求，为我国生态文明建设作出更大贡献。

构建以林科为基础，以服务国家生态文明战略为导向的生态文明学科体系。重点打造高峰学科，强化高原学科，提升支撑学科，完善国家、省、校三级学科建设体系。统筹多学科协调发展，突出和创新发展林业工程、林学等林业核心学科，增强生物学、化学、物理学等林业相关基础学科整体实力，优化人文社科类学科布局，打造一批在碳中和、乡村振兴战略与政策研究方面形成研究特色的人文社科学科，构建以林科为特色和优势，理、工、农、文、管、经、法、艺等多学科协调发展的学科体系。推动学科建设常态化国际交流态势，在全球化的背景下积极开展各种国际交流合作活动，不断提升林业学科国际化水平。

创新基于生态文明学科体系的林业学科组织。优化学科组织系统是推动传统林业学科在新的技术领域发展的重要条件。组织转型和管理创新应是"新"林业学科建设的一个重要逻辑，使来自社会系统的外部推力、学术系统的内驱力和组织系统的制度活力协同发挥作用，为探索"新"林业学科新理念、新结构、新模式、新质量和新体系奠定基础。构建林业院校、林业行业企业、林业行业研究机构之间的跨界联合体系，建立行业企业等共建共管的现代产业学院，形成政行企校多方参与的治理结构与治理机制。完善学科交叉融合机制，打破以院系为基础的科研组织模式，采用灵活的科研团队组建方式，建立目标导向的动态科研组织和平台，构建有利于深化学科交叉融合的体制机制，改革现行的阻碍学科交叉研究的资源配置、学科评估、专业技术职务聘任、考核激励等体制机制。

激发林业学科主体创新动能。任何一个学科的发展与进步都是一个与所处时代和社会双向互动的过程。林业学科要聚焦生态文明重大问题，不断优化林业学科要素配置，发挥林业学科、近林学科、涉林学科的资源优势，拓展林业学科发展视域，激发林业学科主体创新动能，在主动参与国家林业科技创新和服务国家生态文明建设的大事业中拓展新发展空间。聚焦服务碳中和、乡村振兴国家战略，推动林业工程、林学、风景园林学等林科与新一代信息技术、生物技术、合成生物学、人工智能、纳米技术等前沿技术交叉融合，培育发展生物质新材料与新能源、定制家具智能制造、林源生物医药、智慧林业、植物表型组学等新兴交叉学科（方向），推进形成新的学科增长点。

从知识分化走向融合创新：
新时代行业大学的学科发展逻辑
——以林业学科体系范式变革为例

　　学科是大学赖以生存和发展的基本单元，是大学存续的骨骼和动脉。一所大学学科及学科体系的生成、构建、演化与发展体现了学校的传统特色与文化积淀、战略规划与发展目标。与此同时，伴随知识生产体系从当今大学的知识生产模式正在经历着从追求学术卓越的"模式Ⅰ"到注重问题解决的"模式Ⅱ"、再到突出协同创新的"模式Ⅲ"的重大转型，这一过程既遵循着知识分化与综合的内在逻辑规则，同时又受到社会现实因素的影响与制约，二者的冲突与博弈共同推动着现代大学学科体系的形成与发展。行业大学的学科及其学科体系的历史发展，也相应经历着分化、交叉和融合。

　　以学科建设为抓手，是行业大学实现跨越式发展的重要突破口。长期以来，在行业办学体制下，我国行业大学的学科建设基本遵循分科治学的发展模式，其重心更为重视适用于行业的主干学科建设和发展，人文学科、基础学科以及对主干学科进行依托、支撑、后盾的其他相关学科建设力度相对薄弱。进入 21 世纪后，随着行业之间的交流、融合甚至"跨界"，行业

本文刊载于《中国高校科技》2021 年第 11 期。

大学的学科建设方向发生了对行业的服务从"一对一"到"一对多"的转型发展。尽管这种转型发展彰显出行业大学学科建设的生命力，但也在发展迅猛的大数据、物联网、人工智能等现代新兴技术革新与应用的态势中日渐显示出其作为"座架"的保守性。

　　一流大学建设需要以一流学科建设为依托，学科建设与发展水平是体现大学办学质量与自身实力的关键要素。行业大学如何瞄准国家科技与经济发展的战略性目标，精准地以生产实践中衍生的问题为导向，围绕一个整体的学科建设目标开展多学科的交叉与融合？如何在学科建设过程中确保传统行业学科与其他学科在交叉、融合进程中的共振效应？构建行业生态文明学科体系，是行业大学走出传统知识生产的学科发展逻辑与困境的有益尝试，它最终指向传统行业学科、相关学科与教育教学、科研创新、学校治理、社会服务、省域经济发展等诸价值在高等教育体系中的共生、互动和让渡。

一、行业大学学科发展路径：遵循知识生产模式转型

　　学科体现为一种基于理性主义和知识生产的逻辑，遵从"模式Ⅰ→模式Ⅱ→模式Ⅲ"的转型变化，也相应经历着从一开始的学科内部的知识产生到后来的学科交叉和融合。行业大学学科的历史发展亦然在遵循"生成 - 成长 - 成熟 - 蜕变"的组织生命周期的同时，充分体现学科组织在知识生产和社会需求的双重驱动下所形成的"跨学科"成长模式。不仅如此，学科"还作为一种社会化的规训体系而带有社会建构性特征"，

尤其行业大学的学科的演化与发展更是与近现代以来的历次工业革命密切相关，这充分说明行业学科的分化在很大程度上依赖于国家（政府）、产业界和社会对行业的相关领域问题的关注与解决，以及它们对行业生产及后续衍生学科的产业价值与社会功用的认可。"更值得关注的是，因为强调应用，在探究问题解决过程中所遇到的理论瓶颈，又反过来助推了传统学科领域的进展，从而形成众多新的知识与学科增长点。"

"知识生产的认识论与社会化逻辑，是构成学科分类与划界的基本依据"，这种以知识生产为出发点、以知识创新为目的、以服务行业生产实际为归宿的学科生长逻辑，深深烙印在行业大学的学科历史流变中。以林业学科为例，回顾世界林业学科发展史，可以发现，"林学"作为一门学科的形成，是基于近代生物学的发展于 1803 年建立起来的。世界上最早的林业教育可以追溯到 18 世纪 60 年代的德国，其教育内容是传授林中狩猎、伐木和烧炭等方面的知识和技能。第一次工业革命在欧洲的兴起，带动了食品加工、农林畜牧等产业综合利用自然科学知识不断加速发展，促使相关技术科学（比如农机制造、农业生产）及其学科（比如土壤学、生态学、农业化学）的建立；第二次工业革命推动了以机械、良种、化肥、农药为特征的近现代农林业的形成，促进并解放了欧美各国林产工业的发展，产生了"农业昆虫学（1915）""造林学（1920）""木材学（1934）""木材加工学（1935）"等学科，相继开启了欧美发达国家现代化意义上的林业教育；第三次工业革命不仅极大地创新发展了现代分子生物学和遗传工程等高新技术，也强力推动航空、电子、电讯、化工、机械、地质矿产等产业不断向农林业纵深发展，促进农林业相关学科不断分化和细化，林业从 20 世纪 50 年代起开始了工艺改革和机械化作业，木材加工利用程度提高，并进入林业综合经营阶段，"林木遗传育种学（1956）""作物育种学（1973）""林业机械学（1975）"等学科相继产生。及至 21 世纪肇始的第四次工业革命，席卷现代农林领域的各学科向纵深和横向交叉方向快速发展，使传统的林业学科与人机工程、生物工程等学科，及新能源、人工智能技术前沿交织。正如我们今天所看到的情形，相对于传统林业学科，众多带有应用取向的林学发展新领域，如生物质能源、森林仿生机器人、系统与进化植物学等，林业下级学科的分化速度与专业化程度加剧，并生成了众多新的领域和方向。

新中国成立后的 70 年间，我国行业大学的学科发展始终服务于行业的应用发展与生产实践——行业积极响应市场需求，不断对大学相关学科提出新的功能性诉求，外源性推动大学学科建设与发展；大学在热烈回应行业需求的同时，按学科建设的规律内源性推动边缘学科的孕育、生长，形成行业大学"行业 +"的学科群，以更好适应行业的需要。尤其进入 21 世纪后，行业大学的学科发展紧密跟踪行业的最新关键技术，突破最初从属于某一特定行业的界限，在学科建设上以"行业 +"模式力求实现对行业的服务从"一对一"到"一对多"的跨越发展。以南京林业大学为例，1952 年，以南京大学农学院森林系、华中林学院林学系为基础组建南京林学院，隶属林垦部，后归属林业部。2000 年，由国家林业局举办划转为江苏省政府举办、国家林业局与江苏省政府共建。最初开办的学科为林学、植物学、生态学、林产化学、林业机械等。随着西部大开发战略的部署实施，加速了我国林业产业从产业型到公益型发展的转型升级，让南林摆脱了传统林业行业

的约束，在保持和发挥林科特色的同时积极发展涉林和非林的相关学科，并通过传统林业学科分化带动了机械工程、环境科学与工程、土木工程、化学工程与技术、管理科学与工程、设计学等学科的发展，形成了"林业"学科领域的品牌效应与识别系统。进入 21 世纪的第一个十年，南林的学科结构已演变成林木遗传育种、森林保护学、森林培育、林产化学加工工程、木材科学与技术、生物质能源科学与技术、木材加工装备与信息化、家具设计与工程、林业经济管理，以及生物学、化学、计算机科学、人工智能等紧跟时代变迁的新的学科体系结构，并依托自己的强势学科不仅面向林业生产领域，而且还面向机械、交通、能源、土木、化工、材料、传媒及艺术设计等行业领域，从对林业行业的"一对一"服务演变为如今的"一对多"服务。

2018 年，中国林业教育学会发布《新林科共识》，号召林业高校"加快构建与新时代林业草原功能定位相适应的学科专业体系"，"推动多层次学科交叉融合，大力推进支撑国家公园建设、自然保护地管理、草原保护、林下经济开发等相关学科与专业建设，发展森林康养、乡村景观等新方向，补齐林业学科专业发展不平衡不充分的短板"；2019 年，《安吉共识》提出"实现以农林为特色优势的多科性协调协同发展"目标，倡议农林院校在学科发展上"推进农工、农理、农医、农文深度交叉融合创新发展……实现以农林为特色优势的多科性协调协同发展"，标识出传统林业学科应时而变的新方向，是主动面向林业生产领域的新知识、新技术需求和人才知识结构、能力素质更新发展诉求，与生命科学、信息科学、工程技术、人工智能、新能源、新材料及社会科学进行深度交叉和融合。

二、行业特色型大学学科体系建构的困境与转向

在洪堡的教育理念中，大学的职能不只在于提供已有的、现成的知识，更在于通过科学研究去探索、发现新的知识，"教学与研究相统一"的知识生产模式便纳入到大学组织体系之中。自近代以来，大学作为人类社会生活中最重要的知识生产组织，其知识生产模式处于由"模式Ⅰ"向"模式Ⅲ"的变迁之中。可是，无论是依据学术内在联系和规范要求进行知识编码的"模式Ⅰ"，还是主动构建学科知识内部网络以适应第二次工业革命行业发展需求的"模式Ⅱ"，亦或强调行业问题域导向、引领传统行业学科与基础科学及其它应用科学的知识网络聚合的"模式Ⅲ"，它们"并不是对其之前的学科知识生产模式的否定，而是使学科知识生产模式更加丰富和多元"。由于这一演变路径基于知识本位主义的哲学观，加之"功利化学科评价背离知识生产的根本逻辑，科层式治理加剧不同学科间的文化冲突"，使得按照知识衍生逻辑建构的行业学科群在第四次工业革命勃兴的人工智能、大数据、物联网等新兴技术发展与应用的喧嚣中日渐显示出其作为"座架"的保守性。

这里仍以林业学科在我国的发展为例。建国后 70 年间林业学科的演化及分化，在遵循"生成 – 成长 – 成熟 – 蜕变"的组织生命周期的同时，也充分体现出学科发展遵循知识生产模式的跃迁必然性——既符合国家、社会、行业需求的政治逻辑，又顺应人类普遍利益的公共利益，还适应于农林院校自身生存发展的竞争逻辑。历史地看，林业学科半个多世纪的分化和学科群的整合，主要经历三个阶段：第一阶段为林业学科体

系建设的萌芽期，始于 1952 年全国高等学校院系调整，29 所农林院校开始建设林业学科，另在 13 所农学院中保留或增设林学系发展林业学科。到 20 世纪 70 年代末，林业学科发展仍然局限在传统的、以种植为主的农学领域，辅以机械工程、植物保护、农业经济、土壤等，学科分化具有明显的林产行业特征。第二阶段为林业学科体系建设的探索期，从 70 年代末到 90 年代初，林业学科建设经历了单学科扩展、学科群组建、多学科交叉的发展阶段，初步形成一个涵盖农学、工学、理学、管理学等学科门类，以林学、林业工程学科为主体，以林业经济管理、风景园林学学科为支撑，以植物学、生态学、土壤学学科为基础的林业领域学科体系。只是，林业主要学科仍然分布在传统的农学、工学、理学、管理学领域，其他学科的专业设置数量都很少，林业学科的"综合化"发展，只是多学科门类而非学科间交叉、融合的综合化。第三阶段为林业学科体系建设的蓬勃期，进入 21 世纪后，西部大开发战略迅速推动农林院校传统林科向多学科非均衡发展，尤其是已经在林业相关领域形成明显比较优势和显著特色的林业高校，都从传统的林业学科分化建立起具有明显超越性的某个或某几个学科领域。然而不可避免的是，学科建设或多或少的存在涉林学科过度分化的问题，涉林学科"母鸡下蛋"式地派生非林学科使得学科之间交叉融合少、协同性弱，学科内部关系紊乱，学科竞争力不强。基于林产行业生产实践的具体问题与发展需求，虽然林业学科的分化与演化是出自传统林科与不同学科的互相借鉴、交流与合作，且又因科学知识全面整合的发展趋势让跨学科知识生产模式成为传统林业学科知识创新发展的新途径，但依然面临学科发展的创新"嗅觉"滞后、功利化学科评价背离知识生产逻辑、大多仅停留在简单或形式上的学科知识"汇聚"或"融合"三重困境。

首先，传统知识导向下的林业学科建设逻辑缺乏对"改造世界"的主动地现实关照，其跨学科的学科交叉与融合更多的体现了"为知识而知识"的盲目、片面与跟风。林业学科如何精准地以实践中衍生的问题为导向，进而瞄准国家林产科技与经济发展的战略性目标？如何整合现有的林业学科资源围绕国家生态文明建设这一整体目标开展交叉与融合？如何将林业学科体系建设与其他学科的发展战略进行聚焦，使其在交叉、融合、会聚过程中保持同频共振的用力方向？其次，热衷于迎合各类"量化指标"和评估要求的"跨学科"交叉与融合，致使林业学科建设出现趋同和单一化倾向，逐渐丧失其发展的内生动力。这一方面表现为林业学科建设在各主体权责范围划分上的迁延不清，知识创新缺乏应有的土壤，导致学科建设缺乏自主发展的动力，难以与产业和地方的社会需求对接；另一方面，学科交叉融合的组织形式十分有限，主要以学科交叉实验室和研究中心为主，使得学科交融流于形式，林业"新"学科组织呈现虚体化，学科隐性知识的发展缺乏有效的组织保障。第三，没有跳出纯粹的学科"叠加"和学术"加法"围墙，很难实现"林业＋"学科理论的创新。第四次工业革命的汹涌浪潮让大数据、物联网、生物技术、人工智能技术以迭代的方式不断更新发展，也裹挟着传统林业学科以"林业＋"的方式进行知识生产，驱动学科建设向着"以知识集群"为特点的"模式Ⅲ"方向大步迈进。但是，知识"集群"不等于单纯的学科知识做"加法"，而应关注"超越于所有学科之外的"知识。林业学科体系的当代建构应站在国家经济社会发展和全球"命运共同体"可持续发展的整体高度，通过对当代林业学科的最新发展与生产实践、社会实践及个体认知实践的整合，构建集政府、产业、大学与社会公众于一体的创新生态系统，以全面整合作用下的知识创新方式解决林产经济领域中的复杂问题。

"知识是学科的本质与生成元，学科是分门别类的知识集合或开放而非封闭的知识载体。"行业学科作为相对独立的知识系统，在学科传统、资源平台、制度变革、文化传承、社会需求等众多学术发展要素的合力作用下，经历了"交集"（跨学科合作）、"补集"（与其它学科知识互补）和"并集"（知识扩充），从单纯的行业学科发展为"行业+"学科体系，在学科建设上逐步形成以行业核心知识为中心辐射出的一个"知识场域"。但是，在认识论逻辑与社会化逻辑的交互作用下，行业学科与其它学科间的"交集""补集"或是"并集"都是以专精学科分立在先为前提，仅是基于解决本行业领域生产实践中带有复杂性与综合性的理论或现实问题而进行的各学科知识生产"合作"，更多侧重"知识集群"式的内部链接，较少注重不同知识生产主体合作构建"创新网络"，以致于难以在创新中探索新的知识范式融入到行业学科的知识生产中。不仅如此，单一或平面化的以学科"叠加"及各学科间知识生产"合作"的方式进行学科体系建设背离了现时代学科发展扎根国情社情、传统文化、制度特性的现实与需求，亦阉割了行业"新"学科知识、技术、实践及应用与社会伦理的联系，进一步导致学科发展的"座架"倾向。进入 21 世纪的第二个十年，科技创新呈现出的大融合、大交叉、大会聚趋势，正在深刻影响世界范围内的行业学科的前进态势与发展方向。我们该如何在"正处于百年未有之大变局"的历史新时期中，把握"变与

不变深刻交织"、实现行业学科向以生态系统为特征的创新 3.0
转型，向有组织的大科学研究、开放式的产学研合作、基于大
数据的新范式转变？

三、林基生态文明学科体系：结构、逻辑与内涵

加强传统行业学科的改造升级，推动高等教育与大数据、
人工智能、云计算等现代科学技术的结合，从而实现学科建设
路径多样化，这已被视为行业特色型大学实现转型发展、提高
学术水平、提升创新与服务能力的通用策略。2019 年 4 月，
教育部等相关部门发布"六卓越一拔尖"计划 2.0，旨在通过
学科建设的新范式掀起高等教育的"质量革命"。在这种背景
下，"新工科""新农科"乃至"新林科"这种独特的构词现象，
不仅体现出行业特色型大学学科建设对科技进步、行业变革及
其所促成的社会转型的回应，也代表行业特色型大学在第四
次工业革命浪潮中积极反思行业学科发展的新责任、新特征与
新使命。如何在"新农科""新工科"复合语境下，营造传统
行业学科自主进化、自发革新的组织发展生态，实现学科知识
的跨界、转移、融合与共享？如何立足于国家生态文明战略的
新形势、行业发展的新态势以及相涉科技领域的新趋势，以传
统孕育创新，以创新提升优势，实现学科体系的螺旋式递进发
展？如何弱化组织边界来激活跨学科甚至超学科研究的生命活
力，形成一个活泼、有序、共生、创新的行业学科生态网络？

作为一种发展理念，生态文明指的是人与自然、人与人、
人与社会和谐共生、良性循环、全面发展、持续繁荣为基本宗

旨的文化伦理形态。基于这一理念的"科学的生态学"和"人文的生态文明"视野，结合习近平生态文明"五个体系"论述，反思工业文明中无处不在的二元对立的思维方式及其赖以持存的文理割裂的教育模式，构建以传统行业生产领域为重要研究对象的生态文明学科体系，即以某一传统行业（比如石油、化工、交通、机械等）为重要研究对象，以行业学科为基础，以服务国家生态文明建设战略为使命的学科体系。例如，以传统林业生产领域为研究对象构建林基生态文明学科体系，一方面，基于"科学的生态学"视野，"林基"指的是以林为重要研究内容，以传统林业学科为基础，但不固守于传统林业学科服务或覆盖的行业生产领域；通过前瞻国家生态文明战略进程中可能（或即将）出现的复杂的现实问题，将不同学科领域的科学知识、理论方法与组织模式交叉碰撞、相互耦合。这一"生态"建构过程关注传统林业学科（林业工程、林学学科）与其它学科的相互关系，积极促动传统林业学科与不同学科领域的相互作用，"催生"超出传统林业学科范畴的新理念、新知识、新方法和新的组织模式，并形成一些战略目标导向的学科领域，产生在生态文明建设领域中的多元异质的功能性沟通网络和综合性解决方案。另一方面，基于"人文的生态文明"视野，林基生态文明学科体系着眼于国家生态文明战略的推进，体系内的各学科形成学术共同体，它们不以服从某一学科为唯一遵循，而是以更宽的学科视野、以更强的学科原创成果、以更高质量的各类人才培养能力，支撑和回应当前生态文明建设中的重大理论和实践问题，亦在这一建构过程中凸显传统林业学科、相关学科与教育教学、科研创新、学校治理、社会服务、省域经济发展等诸价值在高等教育体系中的共生、互动和让渡。

如图 1 所示，从空间结构来看，林基生态文明学科体系结构，是一个以林业工程和林学学科为基础，以人文学科、基础学科、应用学科、现代学科为四个顶点的三棱锥四面体结构模型。这一三棱锥模型基于"科学的生态学"和"人文的生态文明"的双重视角，导向传统林业学科与其他关涉学科有机共生、辩证互动的最终目的。从逻辑结构上看，"林基"与四个"顶点"（人文学科、基础学科、应用学科、现代学科）具有对应关系，即：①将传统林业学科（林业工程、林学学科）升级改造成为现代学科；②人文学科（生态经济、生态文化与传播、生态哲学等）面向国家生态文明建设战略奠立学科体系建设校本方案的价值基础；③在维持学科多样性前提下促进林业工程、风景园林与林学学科"三林协同"，带动应用学科（土木工程、制浆造纸、食品科学、林源食品、木材科学、生物化学等）的可持续发展，并通过反向带动，向上游提升基础学科（生物学、化学、物理学、数学）水平；④以参与和完成碳中和、碳达峰重大战略为平台，布局面向未来的人工智能、大数据、物联网等新兴学科。这一逻辑结构体现为基于"知识生产导向"和"行

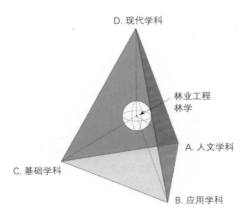

图 1　林基生态文明学科体系空间结构模型

业问题导向"构建的"林基"与四个"顶点"相互间的交叉、融合路径，即，深度连接学科生态系统各要素，激发学科系统功能的发挥，推进人文社会科学、基础学科、应用学科、现代学科与新兴学科的协同融合发展，逐步实现学科生态位的拓展与迁移，形成面向生态文明的学科体系。

林基生态文明学科体系的具体内涵，就是"以林为基，由林生长，从林深展，耦合创新"。从"科学的生态学"视野看，林基生态文明学科体系，既是一套符合最新林业科学知识体量、结构以及逻辑的知识分类体系，又是林业学科共同体对学生进行的具有较强意义的学科规训。一方面，林基生态文明的学科布局伴随着最新林业科学知识数量的累积和认知的深入而不断向远、向深拓展，形成与"林"密切关联的知识增长的谱系。这个谱系中既包含已建制化的某个知识门类（比如传统的林学、生态学等），也涵盖知识创造过程中某个专门的研究领域（比如森林机器人）。另一方面，"生态"要求摆脱局部的、短期的、功利的实体思维和线性思维的限制，用系统思维方式将各学科科学研究的行为习惯、组织模式等言传身教，形成共同的话语体系与研究范式，这不仅助益林业学科存续以及知识再生产，还有助于在人才培养过程中，对学生进行的由思考方式到行为规范的整体的、贯通的塑造和训练。从"人文的生态文明"视野看，扎根国情社情、传统文化、制度特性，林基生态文明学科体系的建立密切注意"林基"与四个"顶点"学科的知识、技术、实践及应用与社会伦理的联系，有效地避免了林业学科发展的"座架"倾向，同时在支持经济社会发展和回应国家战略需求方面，发挥林基生态文明学科布局作为一种社会建制应有的职责与使命。

发展理念

坚持特色引领　推进协调发展

以政治建设统领建强领导班子
推动学校事业高质量发展

　　首先感谢省委组织部、省委教育工委提供宝贵的学习交流平台，能够代表学校在如此高规格的会议上发言，倍感荣幸又觉重任在肩。在对标《关于加强高校党的政治建设的若干措施》《关于加强省属高校领导班子政治建设的若干措施》的基础上，结合学校实际，认真梳理总结了领导班子政治建设方面的有关举措，并融入了自身的体悟，与诸位同仁分享，愿以交流互鉴促进共同发展。今天，我发言的题目是：以政治建设统领建强领导班子 推动学校事业高质量发展。

　　南京林业大学作为首批入选国家"双一流"建设序列的省部共建高校，始终坚持社会主义办学方向，全面贯彻党的教育方针，不断落实立德树人根本任务，将党的政治建设摆在首位，扎实有效推进新时代领导班子政治建设，不断促进学校班子运行状态、校内政治生态、事业发展势态"三态"持续向好。下面，我分四个部分向大家进行汇报。

本文为作者 2020 年 10 月 28 日在江苏高校领导班子政治建设专题研修班上的交流发言。

一、坚定政治信仰，坚持不懈用习近平新时代中国特色社会主义思想武装头脑指导实践

重视从思想上建党，是马克思主义政党的本质特征和根本要求，也是我们党的优良传统和巨大优势。学校党委充分认识到思想政治建设对领导班子建设、对学校事业发展的重要作用，从思想上入手、从理想上着力，把坚定政治信仰作为首要任务，推动习近平新时代中国特色社会主义思想深入人心，推动领导班子和领导人员树牢"四个意识"、坚定"四个自信"、做到"两个维护"，以"学思践悟"促进"知行合一"，把学习成果转化为推动学校事业发展的实效。

（一）强化理论武装，把学习贯彻习近平新时代中国特色社会主义思想作为首要任务

学校党委坚持"四纳入三同步"，把学习贯彻习近平新时代中国特色社会主义思想作为首要政治任务，纳入学校重要议事日程，纳入党建工作责任制和意识形态工作责任制，纳入领导班子、领导干部目标管理，纳入党员教育、领导干部培训、校内巡察的重要内容；党委常委会第一时间学习传达习近平总书记重要讲话精神和党中央重大战略决策部署，同步研究安排落实；党委理论学习中心组第一时间组织专题学习研讨，同步推动学习贯彻往深里走、往心里走、往实里走；相关分管校领导和有关部门第一时间对标对表，同步将中央精神和上级要求贯彻融入学校具体工作中。制定出台《关于建立党委中心组学习考勤、档案、通报和考核制度的实施细则》等制度，进一步健全中心组学习机制。完善党委理论学习中心组集体学习领学

制度，中心组成员轮流领学、重点发言，其他班子成员谈学习体会，党委书记作总结点评。通过研讨专题、成员领学、重点发言和交流讨论相结合等方式，使集体研讨更加深入，并围绕热点难点问题，邀请知名专家作专题辅导。2017年以来，校党委理论学习中心组集体学习38次，召开专题辅导报告会20余场。

（二）突出学习重点，抓好习近平生态文明思想的学习实践

学校党委结合学科优势和社会责任，在全面系统学习新思想的基础上，突出重点学习习近平生态文明思想，将其列入党员教育、领导干部培训、主题教育和年度政治学习计划。引导领导干部深入理解习近平生态文明思想的核心价值和丰富内涵，从国家"五位一体"总体布局去理解和认识生态文明建设的重要地位，理解和认识林业对生态文明建设的基础作用，准确把握林业高校的责任担当，把服务祖国碧水青山的自发行为上升到能够主动投身党和国家生态文明建设战略的自觉行动。把生态文明思想贯穿人才培养全过程，着力培养具有"生态意识与责任担当"的时代新人，"生态特色文化融入人才培养全过程研究与实践"被列为教育部第二批高校思想政治工作精品项目；编纂《以习近平生态文明思想为指导的生态文明建设学习读本》，作为全校党员教育必读书目；成立中国特色生态文明建设与林业发展研究院、新时代生态文明建设案例研究中心等研究机构，为生态文明建设提供相关基础理论研究、政策研究和咨询服务。

（三）坚持知行合一，持续用新思想谋篇布局学校事业发展

学校党委坚持以持续的思想建设凝聚发展共识，用党的创新理论武装头脑、指导实践。学校入选"双一流"高校以来，通过"双一流"建设动员大会、领导干部学习研讨会、中层干部大会、部院联席会议等多种途径，不断统一思想，作为党委书记，我在会上围绕"建设什么样的南林，为什么这么建设"来凝聚共识，校长围绕"怎样建设这样的学校，如何建设"来部署任务。积极引导领导干部做解放思想的"领头雁"，全面辩证长远地看待宏观大势，在更高站位、更高层次上谋划推动学校各项事业发展。组织开展"十五年后的南林"解放思想大讨论，将学校事业发展放在国家实现"两个一百年"奋斗目标的大背景之中、放在世界百年未有之大变革之中、放在高等教育全球化的大趋势之中，着眼于"双一流"建设和高等教育强国国家战略、着眼于国家生态文明建设的重大需求、着眼于世界现代林业科技发展前沿、着眼于长三角一体化发展国家战略、着眼于"强富美高"新江苏建设去思考、讨论、回答国家"双一流"建设的南林之路和"中国特色，世界一流"的南林实践究竟是什么样的。以此形成共识，凝聚人心，为学校"十四五"规划的科学制定做好准备，为南林的未来发展奠定坚实的思想基础。

二、强化政治领导，全面落实党委领导下的校长负责制

加强高校党的政治建设，核心是落实党对学校工作的全面领导，加强高校领导班子政治建设、强化政治领导，关键就是全面落实党委领导下的校长负责制。学校党委深入践行党委领导下的校长负责制的丰富内涵，不断强化政治引领，通过构建健康稳定的班子运行状态，提高党委把方向、谋大局、定政策、促改革的能力和定力，为学校深入贯彻党的教育方针、坚持社会主义办学方向、落实立德树人根本任务提供坚强政治保障。

（一）树立牢固的规则意识，打好班子正常运行的底色

学校班子高度重视树牢懂规则、敬规则、守规则的规则意识，牢牢把握社会主义办学方向。新班子在上任后的第一次党委常委会，深入学习了《党委领导下的校长负责制实施细则》《党委行政会议制度和议事规则》《"三重一大"制度实施办法》《关于落实党风廉政建设党委主体责任、纪委监督责任的实施意见（试行）》等文件。班子通过集体学习、充分讨论，达成高度一致的共识："坚持和加强党的领导，坚持完善并认真执行党委领导下的校长负责制，认真执行议事规则与决策程序，发挥领导核心作用，切实履行一岗双责，廉洁自律、恪守为公"。新一届领导班子把深入学习党委领导下的校长负责制的具体内容作为首次常委会的首个议题，充分体现了对规则的敬畏和重视，把凝聚的共识全面固化为守初心担使命的理想信

念，成为班子始终遵循规则进行科学民主决策，为学校事业发展提供源源不断决策依据的不竭动力源泉！

（二）完善政治领导制度体系，筑牢班子稳定运行的底线

学校不断深化对党委领导下的校长负责制丰富内涵的认识，通过健全党委统一领导、党政分工合作、协调运行的工作机制，探索完善适应南林实际的政治领导制度体系。修订完善《关于坚持和完善党委领导下的校长负责制的实施细则》，制定出台《党委会会议议事规则》《校长办公会议议事规则》，优化了议事决策程序，对申报议题进行严格审核，要求议题申报前进行深入调查研究，研究论证不充分的不予上会；完善民主集中制实施过程，明确主要领导在常委会、校长办公会上要坚持"末位表态"；强化了会议决议的督查督办，明确议题提出单位须在规定时限内，书面反馈决议执行落实情况。同时，推动议事制度体系建设的重心下移，制定了《南京林业大学学院党政联席会议制度实施办法》《学院级党组织会议议事规则》，进一步规范学院级领导班子议事决策程序。创新建立"校院联动"的议事平台，出台《部院联席会议实施办法》，建立了"全体校领导＋管理部门党政负责人＋学院党政负责人"的部院联席会议制度，通过二级单位汇报、部院联席交流研讨、校领导点评的方式，形成了上下联动、左右贯通的新型议事规则。建立并完善了校领导联系基层、联系党外人士、联系学生工作、联系教学工作、接待师生等五项制度，结合校领导民主生活会、校领导接待日、主题教育、教职工代表大会等工作，定期征集师生意见，用畅通的交流渠道，最大限度回应师生关切、

解决师生难题，不断强化宗旨意识和为民情怀。落实党委巡察制度，充分发挥了巡察利剑作用，建立政治巡察和各项工作协同监督的联动机制，目前正在进行第四轮巡察，巡察工作将确保在一个任期内对校内各学院级党组织、党工委及相关部门实行全覆盖；把"两个维护"作为巡察根本政治内容，对领导班子政治建设面上情况进行"把脉"，深化督查整改成果运用，深挖系统性长期性的问题成因，推动制度体系建设，形成长效机制。

（三）贯彻民主集中制，提供班子高效运转的动力

学校班子始终站在政治和全局的高度，保持通畅的沟通交流，不断凝聚决策共识、提升决策效率，保障班子高效运转。我和校长保持经常性沟通，在重大事项决策前、重要会议召开前站在全局的高度，充分交流，取得一致意见；主要领导同班子其他成员每2周至少沟通1次，班子其他成员保持经常性沟通，班子成员之间的沟通频率实际上远远高于设定下限。我和校长在班子成立初期就达成共识：对于常委会和校长办公会职责边界的事项，本着效率优先的原则选择上会；两人都判定为特别重要事项，上常委会集体研究决策。单从常委会数据指标看，新班子成立至今，已召开常委会115次，研究议题419项、同比增加了50%以上，决策效率大幅提升，为学校事业的发展提供了源源不断的决策依据，成为推动学校深化改革的强劲源头动力。

（四）提升政治风险防范能力，牢牢掌握意识形态工作领导权

学校党委始终将意识形态工作摆在学校各项工作的重要位置，压紧压实党委主体责任，以建立健全意识形态工作责任制为牵引，以思想引领和价值观塑造为主线，以正面宣传和舆论引领为重点，以加强阵地管理为基础，不断完善意识形态工作大格局。实施学校维稳工作月报制、意识形态领域动态分析研判和情况报告制，每季度召开意识形态联席会议，排查意识形态风险点；围绕报告会、出版物、新媒体、互联网群组等阵地开展专项检查，围绕意识形态工作责任制对学院级党组织进行专题督查，切实牢牢掌握意识形态工作的领导权、主动权、管理权和话语权。

（五）落实立德树人根本任务，筑牢思想政治工作"生命线"

坚持把培养人作为首要问题，把立德树人作为根本任务来推进，努力构建全员全过程全方位育人的"大思政"格局。校领导班子带头巩固马克思主义指导地位，把牢社会主义办学方向，筑牢思想政治工作"生命线"。每年度召开思想政治工作会议，坚定为党育人、为国育才的政治立场。建立健全校领导上思政课制度。党委书记带头履行"思政教育一把手工程"，连续3年为南林新生开讲大学思政第一课，强化对青年学生的政治引领、价值引领；连续两年为新入职教师讲授入职第一课，强化师德师风教育；持续为党员代表讲专题党课，激发党员发挥示范引领作用。分管校领导带头讲形势与政策课，校领

导班子成员深入支部讲党课。聘任 10 位全国劳动模范、生态英雄等为学校思政特聘导师，为青年学生学习生活解疑解惑、把舵导航。持续推进"生态文明建设思政育人平台"建设，打造了"生态文化节""感动南林人物""十佳大学生""水杉剧场""美丽中国行""水杉支教走进思政课堂"等一批育人特色品牌，不断激发全校师生爱国爱校情怀和投身生态文明建设的责任担当。

三、提升政治能力，推进深化改革激发办学活力

全面落实党委领导下的校长负责制，营造安定团结的班子运行状态，是推动学校事业发展的根基工程，在根基工程的示范引领作用下，南林不断提升全体干部的政治能力、涵养学校政治生态，把政治建设的成效切实应用到深化改革的具体实践中，激发出新的办学活力。

（一）严格政治标准，深化干部选拔任用改革

严格执行政治标准要求，深化落实"五突出五强化"选人用人机制。修订《处级领导干部选拔任用办法》，规范选拔任用程序，强化民主推荐形式，把多层面民主推荐作为提高选人用人公信度重点，探索并成功试行了民主测评、民主推荐、定向推荐等有机结合。拓展选人用人思路，实行党政管理岗位统筹考虑，有效打通使用各类干部，实现干部资源全校一盘棋。健全干部能上能下机制，畅通领导干部退出渠道，出台《离任处级领导干部学术恢复期工作量考核暂行办法》，鼓励和引

导处级干部在任职一定年限后退出领导岗位，专职从事教学科研和管理工作。在 2017 年、2020 年换届中，共有 85 名处级干部退出领导岗位，其中有 38 位同志虽然符合续任年龄要求，但自愿转任到了一般管理岗位或回到教学科研岗位。进一步加大年轻干部的培养力度，推进年轻干部跨岗位任职，把有能力、能干事、干成事的年轻干部放到重点岗位、关键岗位进行锻炼和培养。2020 年换届后，提任处级领导干部 72 人，占现任处级干部总数的 38.9%，平均年龄在 2017 年换届的基础上（处级干部平均年龄由 48 岁降至 45 岁），由换届前的 45 岁降至换届后的 43 岁，80 后干部由 25 人增至 60 人，占到了处级干部总数的 32.4%。严格干部选拔任用规定，从严把好选人用人关，特别是政治关、廉洁关，做到新提任干部个人事项"凡提必核"、个人档案"凡提必审"，纪检监察意见"凡提必听"、线索具体的信访举报"凡提必查"。所有提任干部均由校领导进行任前谈话、纪委廉政谈话，真正选出一批忠诚、干净、担当、优秀的好干部，配备一批结构优、素质良、功能强的好班子，营造出一个风正劲足、朝气蓬勃的好面貌、好风气、好氛围，为学校发展目标的顺利实现提供坚强的组织保证。

（二）坚持党管人才，深化人事分配制度改革

坚持党管人才，深入实施人才强校战略。制定出台《"水杉学者"计划暂行实施办法》，大力实施海内外人才招聘计划，以领军人才为目标，实施"水杉学者""水杉英才"引才聚才计划，建立国际化尖端人才全职、柔性引进双轨制；分类培养领军人才，实施"卓越教学名师""水杉思政名师""学术领军

英才"系列人才培养工程，加大对现有人才的培养力度。建立人才特区，出台《一流学科特区首席科学家负责制实施办法》，以林业工程一流学科和林产化学与材料国际创新高地为突破口，通过扩大自主权等政策支持，探索建立创新性、前沿性人才特区。制定《标志性成果培育暂行办法》，围绕国家生态文明开展基础理论研究，为解决制约国家林业重大创新需求的"卡脖子"技术提供理论支撑。以职称薪酬改革为驱动，激发教师内生动力。深化职称评审分类评价，出台实施教学专长型、技术服务与推广型高级专业技术职务评聘办法，破除"五唯"，为专长型人才开辟职称晋升通道，激发教师潜心教学、投身科技服务社会。2019年9月3日，教育部新闻发布会介绍教师队伍建设进展成效，以我校为例说明高校破除"五唯"的典型经验，该项改革举措还被新华社、新华日报、澎湃新闻等数十家媒体报道。深入推进基于教师绩效完成情况，动态确定奖励性基本业绩津贴，打破职称薪酬等级藩篱，根据年度绩效完成情况，讲师可提档享受副教授、教授基本业绩津贴，教授可降档拿副教授、讲师的基本业绩津贴。

（三）坚持目标导向，创新绩效考核机制

学校聚焦国家"双一流"建设，以教师基本工作量、教学与科研业绩点等政策改革为突破口，以资金、项目等资源统筹配置为保障，以年度工作目标综合考核为抓手，统筹推进学校党的建设、内涵建设和机关作风建设，开拓性地构建了"目标–路径–保障–考核"一体化综合考核运行机制。制定实施《年度工作综合考核实施办法》《学院级党组织建设工作考核办法》《机关作风建设考评办法》等系列政策改革文件，并每年

进行动态调整优化，二级教学科研单位主要考核党建工作和内涵建设绩效目标任务，机关职能部门主要考核作风建设和业务工作。每年年初，学校主要领导与各单位部门主要负责人逐一沟通确定年度目标任务，签订责任书，年底按年度工作目标责任书对各单位完成情况进行全面考核，考核结果作为单位评优、绩效奖惩和下年度资源配置主要依据，并与干部考核、培养、使用挂钩。综合考核机制的深入实施，调动激发了全体教职员工的工作积极性创新性，形成了师生员工人人奋进、部门单位创先争优、学校事业高质量发展的良好局面。

四、深化政治建设成果运用，推动事业发展势态持续向好

学校扎实有力推进领导班子政治建设，增强领导班子的领导力、凝聚力和战斗力，领导班子整体功能持续增强，校内政治生态不断优化，事业发展态势持续向好，党的领导不断得到加强，带出了心齐气顺、风正劲足的干部队伍，营造了干事创业的良好氛围，基层党组织的战斗堡垒作用和党员先锋模范作用得到较好发挥，学校追赶超越步伐不断加快，事业发展步入快车道，实现健康高质量可持续发展。

（一）坚持内涵发展，学科建设高位推进

"林业工程一流学科"获评教育部"双一流"建设中期评估"充分肯定"高校。在今年九月召开的"双一流"建设周期总结自评专家论证会上，专家一致认为我校"林业工程一流学科"建设特色鲜明、成效显著，与世界同类学科相比，在木竹

复合材料制造、定制家具智能制造等研究领域实现国际领跑，学科已成为支撑我国林业高质量发展的主力军。在第四轮学科评估中，林学、林业工程获得 A+，"风景园林学"学科为 A−，进入 A+ 档学科的数量在江苏高校中排名并列第四。ESI 前 1% 学科 2018 年实现零的突破，目前已增至 5 个。

（二）坚持以本为本，人才培养成效显著

首批申报的 18 个专业全部获批国家级、省级一流本科专业建设点。木材科学与工程国内首个通过 SWST 国际专业认证，引领全国同类高校。获批国家级金课 10 门，国家虚拟仿真实验项目 7 门，位列江苏高校第一。省级优秀本科毕业设计（论文）数量连续 3 年全省前三。研究生创新能力显著提升，学术贡献率年均增长 40%。近 3 年，学校省内外录取分数较往年持续提高，生源质量不断提升。2019 年学校获评全国创新创业典型经验高校 50 强。

（三）聚焦国家战略，科学研究顶天立地

围绕我国林业高质量发展重大科技难题开展联合攻关，林业资源培育、先进生物质材料、气候变化等基础问题取得重大原始性创新突破。围绕生态文明领域基础研究和前沿技术，近 3 年在 *Nature*（2 篇）、*Nature* 子刊及 IF 大于 10.0 等期刊上发表高质量论文 55 篇，实现新突破；教师的人均学术贡献年均增长 30%。注重凝练重大研究成果，近 3 年获国家科技进步二等奖 6 项（主持 3 项），主持获省部科技进步一、二等奖 12 项。社会服务推广应用、把论文写在祖国的大地上是南林的特色和传统，学校深耕杨树、银杏、杉木和竹子等南方重要树

种，引领并支撑万亿级林业产业。陈岳武、施季森等四代科研人员持续 60 多年不间断对接福建洋口林场开展杉木育种科研与推广应用，培育出持续领先世界的杉木良种，使我国成为世界三个有能力进行林业第四代遗传改良的国家之一，他们"久久为功守初心，一棵杉木做到底"科研报国精神被凝练为"洋林精神"，获得"八闽楷模"的荣誉称号。学校竹类研究所专家团队十几年坚持在黔北开展科技扶贫，助力赤水、桐梓、正安县等地脱贫摘帽。在支撑江苏杨树、银杏产业的基础上，推进碧根果、蓝莓、海棠、石榴等特色经济林产业发展，破解农林剩余物利用瓶颈，开展美丽乡村乡土化景观改造，以科研成果转化助推"强富美高"新江苏建设。

学校近几年的探索和实践证明，只有把加强领导班子政治建设与破解学校发展难题相结合，与谋划学校改革发展形势下的任务相结合，与加快推进"双一流"建设、激发学校事业发展新动能相结合，使学校师生的思想统一度与学校战略融合度相吻合，才能激发内生动力、释放外在活力、形成巨大合力，不断推动学校事业向前发展。学校党委将继续坚持以习近平新时代中国特色社会主义思想为指导，以政治建设为统领，坚守"为党育人、为国育才"的使命担当，持续加强党对学校的领导和党的建设，加快推进学校"双一流"和高水平大学建设步伐，全面提升教育质量和服务能力，为国家和"强富美高"新江苏建设作出新的更大贡献。

南京林业大学"人与自然"雕塑

大学的使命与精神传承

　　每一所大学都应该有自己特殊的使命，没有崇高使命的大学不可能成为一所真正意义上的世界一流大学！不能深刻认识理解自己所在大学之使命的管理者，也不太可能历练成为一名优秀的大学管理者；大学的师生如果不能够真正认同所在大学之使命并将其内化为自己的责任，那么，这所大学的精神状态在很大程度上可能是涣散和平庸的。

　　中国社会历来尊师重教，以文化人，具有优良的教育传统与革新精神。儒家传统经典《大学》开宗明义，阐述了大学之宗旨理想乃"大学之道，在明明德，在亲民，在止于至善"，它以新民亲民为价值取向，以修身明德为成人之道，以追求世界大同为至善理想，具有崇高的使命意识和强烈的责任担当，止于至善以亲民而明其明德，其境界之高远，巍巍乎似泰山、如昆仑！铸就了一代代中国优秀知识分子以肩负起"为天地立心，为生民立命，为往圣继绝学，为万世开太平"为崇高使命的精神传统，炼就了中国亿万民众以"天下兴亡，匹夫有责"为己任的普遍觉悟与精神气质，激励着一代代中国人前赴后

本文刊载于《南京林业大学学报》第 737 期，全文发表在 2022 年 5 月 27 日《新华日报》第 8 版。

继，奋勇拼搏，忍辱负重，自强不息。今天，这些优秀的传统文化精神与马克思主义基本原理相结合，迸发出了强大的生命力，汇聚起推动中华民族伟大复兴的蓬勃力量。崇高的使命意识与强烈的社会责任感是中华民族精神文化的内核，是中华民族生存发展之不竭动力和精神源泉。

现代大学之使命，或着眼于人类之大观，或着眼于国家民族之兴旺，或着眼于一行一业之进步，或着眼于一域一地之发展，无论着眼于哪一种视角，均须找准自己的使命、定位与责任。培养具有崇高使命意识与强烈社会责任感的优秀人才是高校立德树人的根本任务，是大学的根与魂。

中国的行业高校群体是时代的产物，在计划经济年代，各行业高校的使命与任务是清晰而明确的，其根本使命就是服务国家经济社会建设的各类行业领域，为国家培养大批高级专门人才，支撑并推动行业发展和科技进步。历史地看，大部分行业高校切实肩负起了这份沉甸甸的使命与责任，也极大地促进了新中国的建设与发展。

从 20 世纪 80 年代起，随着我国改革开放不断向纵深发展，国家的经济体制逐渐由计划经济向社会主义市场经济转变，国家的行政管理体制因此而发生变革，高校的管理体制也相应发生了巨大变化。至 20 世纪末，大部分行业高校划拨由高校所在地的省级行政区主管，少部分由教育部直管，只有极少部分高校因行业特殊性而仍然延续隶属行业部门主管的方式。受这一变化与转向的深刻影响，再加之 21 世纪初叶我国大学招生规模的快速扩张，使原来规模较小、学科相对单一的单科性行业高校，在相对较短时间内拓展成为在校生达数万的多科性大学，在这一演化发展的进程中，每一所高校都在重新审视自己的使命与责任！ 20 多年来行业高校变化发展的深层逻辑，都与其对自身在新形势下的使命责任的重新认识密不可分，大致可以分为几种情形：

一部分行业高校以迅速扩张为主旨，扩招生专业、扩研究生学位点、扩师资队伍体量、扩校园空间规模，有的甚至通过多校合并的方式，在形式上成为了综合性大学，校名也一改再改地去行业化，原来的行业特色优势学科不断被淡化，甚至边缘化，特别是农林水地矿油气等相对比较艰苦一些行业的高校，所受到的冲击最大。这一类大学在淡忘自己的过去中，一时又难以找到新的自我，呈现出大而不强的状态，以至于一些高校错失了进入国家"双一流"建设高校行列的机遇。

另一部分行业高校虽然也扩大了招生规模而成为多科性大学，但仍然坚持特色办学，且强调特色优先，甚至特色特权，其他学科专业仅仅作为学校规模扩张后的资源性支撑而存在，为优势特色学科发展提供资源保障，学校的整体发展出现了严重失衡，这类高校虽保持了原有的特色优势，但却没有解决好新形势下特色发展与多学科协调发展之间的矛盾，不利于学校的可持续发展。

大部分高校处于这两者之间的情形，在实践中探索，在观望中徘徊，少了一些原先由行业主管时对自身使命与责任的明晰与坚定，时常会有些茫然动摇、患得患失。当然，也有少部分高校很好地解决了坚持特色优势与多学科协调发展的矛盾，从而实现了高质量可持续发展，真正获得了转型后的凤凰涅槃。

南京林业大学完整继承了原中央大学和金陵大学林科，于 1952 年独立建校，当时隶属于国家林垦部（后改为国家林业部）。1955年由原武汉大学、南昌大学和湖北农学院林科组成的华中农学院林学系并入后，五脉汇合，再铸基业。从办学传统看，五脉中当数中央大学的影响最为宏大与深远。这种影响不仅来自于她其时国内最高学府的地位，更来自于她集聚的大师及其威望。当时的国立中央大学规模恢宏、大师云集，盛名于亚洲！成贤街上群贤毕至，六朝松下群英荟萃。由今日南林的坐标去回望百廿年的峥嵘岁月，当时中央大学林科亦呈群星璀璨，人才辈出之盛况。中国近代林业事业的主要先驱和开拓者们[①]，包括李寅恭、梁希、凌道扬以及郑万钧等先生都曾在此开坛授课。更为重要的是，在这里，近代中国"林钟"的声音开始响彻，从此，余音阵阵，绵延不绝，警世厉行；在这里，"活化石"水杉被发现并命名，由此，选种育苗，绿荫撒向了世界各地，开枝散叶，造福人类。

梁希先生正是林钟的敲击人。梁希，中国科学院学部委员，中国杰出的林学家、教育家和社会活动家，中国近代林业的开拓者、林业界德高望重的一代宗师和新中国林业事业的奠基人。他最年富力强的时光，是在前国立中央大学度过的，在这里他连续工作达16年之久，历经了抗战西迁、东还复校、解放前夕的护校爱国运动。他曾为支持学生的爱国行动、阻止中央大学迁台同国民党反动派进行了坚决的斗争，人称"红色教授"；他参加了首届全国政协会议，出席了开国大典，为中国的解放事业、林业与教育事业作出了不可磨灭的重大贡献。1946年元旦，他为《林钟》[①]复刊题词时，愤懑于国民党政府统治下"党国要人们，年年3月12日，站在五光十彩的标语

---

① 王希群，等 . 中国林业事业的先驱和开拓者 [M]. 北京：中国林业出版社，2018.

x

中间、花枝招展的彩牌底下，用漂亮的词句和严肃的态度，不厌不倦地训话，训了十多年，天苍苍，水茫茫，万山依旧荒，而且荒得更甚了"的不堪现实，发出了振聋发聩的打林钟号召，立下了让"黄河流碧水，赤地变青山"的铿锵誓言，其情兮至真，其言兮亦壮，其愿兮巨宏，其志兮弥坚！只可惜，这一美好愿景，在反动腐败的国民党政府统治下的旧中国根本不可能得以实现。新中国成立后，在周恩来总理的劝荐下，当时已年近古稀的他，勇毅出任了首任林垦部部长，才真正擘画并开启了"无山不绿、有水皆清、四时花香、万壑鸟鸣，替河山装成锦绣，把国土绘成丹青"的美丽中国新征程。他是新中国林业事业的奠基者，始终践行着"为人民服务万死不辞"的初心与诺言，鞠躬尽瘁、死而后已。

长期以来，梁希先生的让"黄河流碧水，赤地变青山"的铮铮誓言，事实上成为了南林人的初心使命与责任担当，为南林立了心、铸了魂。著名林学家陈嵘先生曾道劲有力地书写了梁希先生这一名句，并落款解读为"中国林业之前途"，我以为，正因把这一前途命运内化成了南林人的使命责任与实践担当，才激励着一代代南林人始终坚持"少年打钟打到壮，壮年

陈嵘先生所书梁希先生的名句

打钟打到老，老年打钟打到死，死了，还靠徒弟徒子徒孙打下去"的决心，薪火相传，奋力书写着树木树人的壮丽画卷！根据这一使命的意义内涵，110周年校庆后，学校创作了校歌《为了碧水青山》，成为今天南林人传唱的经典。无疑，梁希先生的杰出贡献与优秀品质，对南林优良办学传统的形成产生了非常深远的影响，让"黄河流碧水，赤地变青山"宏图伟愿，链接起了历史和当下，成为历代南林人在百又二十年中一以贯之、始终坚守、矢志不渝的办学初心与使命担当！它是南林人热爱祖国、林业报国的精神源泉，已固化成为南林精神文化的本质核心。梁希先生身上这种赤子之心、爱国之情、兴林之愿以及敢于担当、乐于奉献、向善向上的优秀品质，我们称之为"梁希精神"！

郑万钧先生乃水杉的主要发现和命名者。郑万钧，中国科学院学部委员，我国著名林学家、树木分类学家、林业教育学家，发现并命名了100多个树木新种和3个新属，建立的裸子植物新分类系统被称为郑万钧系统，被世界植物分类学界广泛使用。他曾任中央大学森林系主任，在南京林学院独立建校的初创时期，从1952年至1962年，他担任了副院长、院长，事实上连续主持学校工作长达10年之久。他曾在前江苏一农求学，后留学法国，获法国图卢兹大学博士学位。在原国立中央大学任教期间，他和同事发现并命名了"活化石"水杉，这一重大科研成果，被誉为20世纪世界植物界最伟大的发现。以郑万钧先生为代表的在当时国立中央大学和中央林业实验所工作的一批林学专家们，在那个战火纷飞的年代，先后多次深入深山，采集标本，反复比较，认真鉴别，深入研究，终于在1948年5月，郑万钧先生与他的老

水杉模式标本

师胡先骕先生一起，以其深厚的学养和严谨的态度，正式认定其为新属新种，科学命名其为水杉，并联名公开发表了学术论文。试想，在那样战火纷飞、艰苦卓绝、困难重重的年代里，老一辈科学家们坚毅执着、永不言弃，历经8年之久才正式定名发表，水杉发现与命名的科学性毋容置疑，得到了历史的检验！这充分体现了南林老一辈科学家严谨求实的科学态度和团结进取的合作精神、求真务实的科学方法和谦虚谦让的高尚品格！时至今日，郑万钧先生认定水杉新种新属时所采集的"模式标本"仍然完好地保存在学校植物标本馆中，成为南林博物馆最具历史价值的馆藏珍宝！郑万钧先生治学严谨、作风正派、为人厚重、励精图治，对南林优良学风的形成产生了深远的影响。郑万钧先生等老一辈南林科学家在水杉发现的过程中，充分彰显了追求真理、严谨治学、淡泊名利、勇于探索的科学精神，这种精神像水杉一样挺拔、高大、正直，业已成为激励一代代南林人严谨求真、追求卓越、争创一流的精神源泉，我们称之为"水杉精神"。

如果说，梁希精神给南林确立的是初心使命与责任担当，那么，水杉精神给南林确立的则是科学态度与学术品格。前者回答了南林为何而办为谁而办的方向问题，集中体现的是初心使命；后者回答了怎样办好南林、办成什么样南林的发展理念问题，体现的是路径与追求。前者以国家行业的发展为己任，崇高而远大，后者以求真务实为归旨、以追求卓越做出国际一流水平的高深学问为目标，坚毅而笃定；前者是根与魂，后者是胆与识，两者缺一不可，彰显着南林要追求的是有灵魂的卓越之价值取向！可以说，百廿年来，以梁希先生、郑万钧先生等为代表的一辈辈南林事业的先驱和继承者们，用实际行动生动诠释了南林的办学初心与使命担当，形成了以梁希精神和水杉精神为代表的南林精神和南林气质，成为支撑起南林生存发展、举旗定向、追求卓越、争创一流的深远且持久的精神脊梁。梁希精神和水杉精神这两座光辉璀璨的精神丰碑，是南林最宝贵的精神财富，它滋养了一代又一代南林人，已融进了南林人的血脉基因并实践发展、延续传承。一代代南林人在梁希精神和水杉精神激励下，担当起"为了碧水青山"而树木树人的崇高使命与历史重任，为中国的林业事业发展书写出了一幅幅壮美的南林画卷。

回望历史，南林作为国家林业部门主管的行业高校独立办学近半个世纪，为新中国林业事业发展做出了巨大贡献，赢得了良好的社会声誉，形成了优良的办学传统。改革开放以来，特别是进入 21 世纪以来，学校由行业主管变成江苏省管，在国家高等教育规模扩张的改革洪流中，南林的在校生规模已从 1999 年的 4900 余人增长至目前的 3 万余人，本科招生专业也从 17 个扩展到 73 个；硕士博士学位点也得到了快速发展，现有 8 个博士学位授权一级学科、26 个硕士学位授权一级学科和 19 个硕士专业学位授权类别，涉及理、工、农、文、管、经、法、艺八大门类，从规模上形式上看，南林也已经实实在在地由一所单科性行业大学转变为林科特色鲜明的多科性大学，在这一转型发展演进过程中，南林人始终在探寻着适合南林发展的路径和方法，我们既有改革的阵痛与发展的忧愁，也有进步的酣畅与成功的喜悦，但不变的是，南林始终坚持特色发展根基不动摇。

今天，中国特色社会主义进入了新时代，生态文明建设成为中国特色社会主义事业"五位一体"总体布局中的重要一位。2018 年 5 月，习近平总书记在全国生态环境保护大会上的重要讲话中指出，"随着经济社会发展和实践深入，从当年的两个文明到三位一体、四位一体，再到今天的五位一体，这是重大理论和实践创新，更带来了发展理念和发展方式的深刻转变。"以习近平总书记为核心的党中央把生态文明建设纳入中国特色社会主义事业总体布局，融入经济建设、政治建设、文化建设、社会建设各方面和全过程，凸显了生态文明建设极为重要的战略地位和前所未有的战略高度。生态文明建设内涵极其丰富，涉及经济社会发展的方方面面，既涵盖了林业发展，但又远不限于此，也不能简单等同于生态建设和环境保护。简言之，生态文明建设既包含着生态环境的保护与修复，更涉及生产方式的绿色化和生活方式的绿色化，生产、生活、生态三个维度缺一不可。

新时代赋予了南林新的使命。南林作为以林为特色的首批国家"双一流"建设高校，必须不断自觉深化对生态文明建设重大意义和深刻内涵的理解与认识，站在新的历史起点上，重新审视、诠释和把握"黄河流碧水，赤地变青山"这一初心使命的时代内涵和重大意义，为学校未来的可持续高质量发展扎根铸魂。

毫无疑问，生态文明建设与林业事业的发展密切相关。如果说，过去南林人将"让黄河流碧水，赤地变青山"这种崇高的行业报国情怀，内化成为南林的使命与担当，那么，今天，绿水青山不再仅仅是绿水青山，绿水青山还是金山银山！既要绿水青山，也要金山银山；既是绿水青山，也是金山银山，这是中国式现代化发展的辩证统一。生态文明建设是推动中国经济社会低碳绿色高质量发展，真正实现人与自然和谐共生，构建更具发展张力的人类文明新形态的重要组成部分！对于以林科为特色优势的南林而言，必须主动拓宽学校的服务面向格局，从过去主要单一面向服务林业行业的发展，逐渐过渡为服务面向更为宏大的国家生态文明建设，这将是南林主动对接时代命题，推进教学、科研、服务社会的供给侧改革，开辟发展新境界的必然选择，我们必须进一步解放思想、抢抓机遇、主动作为、锐意改革、奋力拼搏，以敢为人先的开拓者姿态，以更加坚定的勇气与魄力，将学科特色优势有效转换为服务生态文明建设的新能力新贡献，科学谋划、主动对接、积极投身于国家生态文明建设的广阔战场，提供南林智慧、发出南林声音、作出南林贡献、展现南林风采，只有切实为国家现代化建设作出了一流贡献的高校，才真正能够发展成为一所中国特色、世界一流、具有自己独特风格的高水平大学！我认为，这就是新时代赋予南林的全新使命内涵。

欲知大道，必先为史，回望过去，是为了更好地创造未来！如今，梁希先生让"黄河流碧水，赤地变青山"的最初夙愿正逐步变成现实，美丽中国建设迈出了重大步伐，我国生态环境保护发生历史性、转折性、全局性变化。但是，立足新时代"两个大局"，"为了碧水青山"承载着更为广阔且深刻的新内涵，其使命更为崇高、责任更加重大。时下，我们不仅仅要站在林业看林业，站在行业看行业，还必须站在中国现代化建设总体布局的高度来重新审视"碧水青山"的重要价值与重大意义。今日的南林，作为首批国家"双一流"建设高校，唯有继续传承与发扬南林先辈们留下的宝贵精神，知行合一、前赴后继、奋勇拼搏，方能扛起时代新使命，阔步迈向新未来。

今年，南林即将迎来120周年华诞，此刻，我们更需回顾南林百廿年的办学历史，总结经验再出发；我们更需继承与发扬"梁希精神"与"水杉精神"，传承优良的办学传统，不忘初心、牢记使命建新功；我们需要更加精准地对标国家生态文明战略和"双碳"目标，加快构建"林基生态文明学科体系"，抢占新赛道、跑出加速度，真正实现特色引领下的多学科协调发展，努力实现新的历史性跨越；我们需要更加深入贯彻"以人为本，特色引领，协调发展，追求卓越"的办学理念，不辱使命，不负时代，把南林早日建成特色鲜明的世界一流大学！在深入推进包括生态文明建设在内的中国特色社会主义建设伟大事业和实现中华民族伟大复兴的进程中，真正展现南林责任与南林担当！

梁希先生

"为了碧水青山"是
南林人的初心和使命

今晚，由中国林学会和南京林业大学共同完成的原创叙事体文献纪实剧《林钟声声——献给新中国杰出的林业开拓者梁希》即将开演，这也是南京林业大学"不忘初心、牢记使命"主题教育的重要内容之一，在此，我谨代表学校向长期关心爱护支持南京林业大学发展的各位领导、专家学者表示热烈的欢迎和衷心的感谢！向辛勤付出的编创人员、演职人员致以亲切的慰问！

今年是新中国成立 70 周年，习近平总书记 9 月 5 日在《给全国涉农高校书记校长和专家代表的回信》中指出："新中国成立 70 年来，全国涉农高校牢记办学使命，精心培育英才，加强科研创新，为'三农'事业发展作出了积极贡献。"70 年来，中国林业事业建设发展的巨大成就，离不开一代代林业人的努力奋斗和开拓进取，更离不开新中国林业事业奠基者们和开拓者们的艰苦创业。本场演出，将真实再现梁希先生为国家林业事业殚精竭虑的不凡历程，以此向以梁希先生为代表的老一辈林业教育家、林业科技工作者致敬！以此追忆南林办学初

本文为作者于 2019 年 11 月在纪实剧《林钟声声》初演时的致辞。

心，坚定我们在新时代生态文明建设中的历史使命！

梁希先生，是我国近现代林业事业的开拓者之一，是新中国林业高等教育的擘划者，是我国林产化工学科的奠基人。梁希先生一生大部分时间从事林业教育和林产化工研究，1949年10月19日，梁希先生受邀出任新中国首任林垦部部长。在他提议下，国务院同意分别在北京、南京、哈尔滨设立3所林业高校，奠定了我国林业高等教育的基本格局。

梁希先生与南林有着非常深厚的渊源。1933至1949年，他在南京林业大学前身国立中央大学森林系工作长达16年之久。在此期间，他忧感于"林业之兴废，关系国家之兴废"，愤敲"林钟"，发出了"誓让黄河流碧水，赤地变青山"的呐喊！梁希先生为新中国成立甘洒热血以及爱国爱林的精神和"为人民服务，万死不辞"的担当精神，对我校优良办学传统的形成具有非常深远的影响。"为了碧水青山"，成为我们南林人的初心和使命！她是南林人热爱祖国、行业报国的精神源泉！

来宾们，同志们，同学们！回望历史，我们初心不改！今天，站在新的历史起点上，我们要传承梁希先生为新中国的诞生而甘洒热血、为新中国林业事业发展鞠躬尽瘁的爱国精神，勇担生态文明建设之使命，薪火相传、接续奋斗，为实现梁希先生提出的"无山不绿、有水皆清、四时花香、万壑鸟鸣，替河山装成锦绣，把国土绘成丹青"的美丽愿景，为中华民族伟大复兴中国梦和美丽中国建设作出更大贡献！

最后，预祝演出取得圆满成功！谢谢大家！

深刻把握新办学理念内涵
推动学校事业发展谱新篇章

　　人是理性的动物，人的行为受到其思想理念的支配。习近平总书记多次强调"思想引领行动，理念指导实践"，可见，思想理念属于上层建筑范畴，是行动的顶层指引和根本遵循，对于做好工作具有重大意义。从学校的发展情况来看，无论是国家"双一流"建设方案，还是江苏省高水平大学建设高峰计划建设方案，都要求把阐述学校办学理念放在方案的首要位置。研究办学理念是一件大事，是思想建设的底层逻辑，必须高度重视。

　　2021年7月1日，学校党委常委会深入研究行业高校办学规律、南林"双一流"和高水平大学建设实践，决定将办学理念由"以人为本、特色发展、追求卓越"调整为"以人为本、特色引领、协调发展、追求卓越"。这是学校事业发展从一个阶段到另一个阶段后对原有办学理念的自然跃升，也是学校推进"双一流"与高水平大学建设的必然选择。

　　在新办学理念中，"以人为本"和"追求卓越"保持不变。"以人为本"是以师生为本，是落实以人民为中心、努力办好人民

本文为作者在 2021 年 9 月 1 日中层干部大会上的讲话（摘录），刊载于《南京林业大学学报》第 728 期。

满意的中国特色社会主义大学的根本要求，是办学的出发点和落脚点；也是学校的价值引领和价值取向，是营造良好的政治生态和学术生态的根本保证，贯穿于办学治校的各个方面。"追求卓越"是在坚持以人为本的根基上，通过特色引领、协调发展的具体实践，所呈现的奋斗姿态和确立的远大目标，因此，追求卓越既是过程，也是结果；追求卓越就是要打破平庸、超越自我，努力把事情做到极致，自觉追求达到止于至善的理想境界，是推动组织和个人改革创新、不断发展的内生动力。南林人的"追求卓越"是建立在"以人为本"根基之上的有灵魂的卓越，必须通过"特色引领、协调发展"的路径推动实现。

"特色引领、协调发展"强调要处理好局部与整体之间的哲学逻辑关系。"特色引领、协调发展"是学校的发展理念，本质上体现的是局部与整体、先发与后发的关系问题。不谋全局者，不足以谋一域；不谋万世者，不足以谋一时。全局与长远发展决定局部与一时，也即整体将起支配地位，起决定性作用；同时，整体也是由局部所构成，局部的发展程度也将直接影响整体的发展水平。因此，如何与时俱进、动态调整，将这两者的关系进行有机协调，实现辩证的统一，将直接影响发展的质效。

"特色引领、协调发展"是在学校具体探索实践中逐步优化形成的。实践是检验真理的唯一标准，实践、认识、再实践、再认识，是我们认识世界、改造世界的思想武器。回顾本届校党委领导班子4年来的治校实践，其关键还是体现在如何科学处理好学校特色发展与整体发展这对关系上。学校十六次党代会确立了三大阶段性发展目标，其中，加强林业工程与林学学科建设，确保国家"双一流"建设第一轮验收通过并顺利进入下一轮，这一目标巩固提升了立校之本，体现的是重视特色引领；而"百强"

高校建设目标则体现的是重视学校整体发展。为此，学校专门设置发展规划处，并组织深入研究分析多个社会（第三方）评价指标体系、国家教育部学科评估指标体系、江苏省综合考核指标体系，结合学校自身对大学内涵建设与发展规律的认识与把握，创造性地将这些关键要素统一到学校特有的绩效目标管理与考核制度体系之中，建立起了新的运行模式，并提出了一系列深化改革的举措并动态调整、不断优化，激发了全校教职员工干事创业的积极性和创造性，形成了比学赶超、人人奋进的精神面貌，营造了良好的政治生态和学术生态，学校取得了历史性的发展成就。实践表明，学校处理特色引领与协调发展之间的关系是科学合理的，把它定型固化为学校的办学理念是合适的，我们要坚持和完善与这一理念相适应的制度体系。

"特色引领、协调发展"是当今中国高等教育探索深化行业特色高校建设的方向路径选择。行业特色高校是在中国特殊历史时期形成的一类大学，具有鲜明的行业背景，随着改革开放持续不断深化，中国行业特色高校经历了深刻地变化调整。近期，在国家"双一流"建设、江苏省高水平大学建设的评价和新一轮建设方案编制中，出现一些新变化和新要求，集中体现在要处理好特色引领与协调发展之间关系，实质上也是在探索行业特色高校建设"中国特色、世界一流"大学的路径问题。2017 年，学校入选国家一流学科建设高校时，国家只要求学校编制一流学科建设方案，要求突出特色发展，并未对学校的整体发展提出专门要求，但在今年第一轮建设期满进行评价时，却要求针对一流学科建设和学校整体发展成效均须做出评价。在新一轮建设方案编制中，明确要求学校同时编制一流学科建设方案和学校整体建设方案，并对马理论学科和基础学科建设提出了专门要求，可见，国家对一流学科的建设引领与大学整体发展之间的关系愈发重视。2017年，第一轮江苏省高水平大学建设计划强调要以学校整体进入全国百强为主要目标，但在今年新一轮的建设方案编制中，要求高校"要找准定位，从战略层面上全面思考、整体规划学校的发展优势和办学特色，要在保持现有特色的同时，发展新特色、创造新优势，在凝练特色中走向卓越，以卓越发展引领江苏高水平大学建设"，精辟且及时地分析了特色引领与大学整体之间的辩证统一关系，这与国家"双一流"建设有关变化一脉相承、高度吻合，我们必须仔细体会、深刻把握。

当前，中国特色社会主义现代化建设进入新发展阶段，新发展阶段是我国社会经济发展迈向高质量发展的阶段，对行业特色高校"特色引领、协调发展"之路赋予了新的使命担当。

一是要推进研究型大学建设，强化高校基础研究主力军作用。习近平总书记在2021年两院院士大会、中国科学技术协会第十次代表大会上发表重要讲话，把研究型大学定义为国家战略科技力量的四大重要组成部分之一，并专门论述了研究型大学建设方向，可见建设研究型大学的意义之重大。在国家"双一流"建设中，无论是42所"世界一流大学"建设高校，还是95所"世界一流学科"建设高校，其目标都是"中国特色、世界一流"，均应致力于为强化国家战略科技力量而服务，理应是研究型的大学。南林作为首批入选国家"双一流"建设高校，应该深入思考如何加速研究型大学建设、继续发挥好重大科技突破的生力军作用、突出强化基础研究主力军作用。建设研究型大学必须坚定走"特色引领、协调发展"之路，以"中国特色、世界一流"为指引，强化特色优势，并发挥其引领带动作用，不断向更高更深层次拓展学科研究领域，推动建成一所特色鲜明的世界一流研究型大学。要深刻认识当今经济社会发展趋势和各类科技创新组织的社会分工变革，找准学校角色定位，充分发挥好基础研究主力军作用，要在强化基础学科支撑作用的同时，同步加强基础学科本身的建设，推动基础学科和相关学科交叉融合、转型升级，从而形成广阔而坚实的学科高原，积聚起支撑学校特色发展和强化基础学科自身发展相统一的磅礴力量，这是行业特色高校转型发展创建世界一流大学的必由之路。

二是要结合学校特色优势，主动对接国家战略，构建推动学校持续发展的特色学科生态体系。在未来南林的建设之中，我们要清晰地把握住新时代社会主义事业发展的大背景和总依据，要强化同国家战略对接，在服务国家战略中作出新贡献、赢得新机遇、实现新发展。生态文明建设是中国特色社会主义事业"五位一体"总体布局中的重要"一位"，将拓展融合至中国现代化建设的各个维度，空间广阔、大有可为！生态文明建设既与林业密切相关，却又不仅限于传统林业，参与其中，既能发挥学校林科特色优势，又能不断拓展壮大相关学科领域，实现新发展。因此，学校理应主动对接时代命题、国家战略，推进教学科研服务社会的供给侧改革，推动服务面向从服务林业行业向服务国家生态文明建设发展。学校参与国家生态文明建设战略，要突出优势和重点，找准切入点和契合点，在具体实践中逐步构建起与学校发展相适应的"林基生态文明学科体系"；巩固拔高现有"林基"高峰学科，让特色优势更突出，同时依托高峰学科的引领作用，推动支撑学科和基础学科的交叉融合、转型升级，谋划新的高峰学科，壮大高原学科，这是"特色引领、协调发展"的重要实践内容。要把握生态文明建

2022 年 6 月 27 日，蒋建清同志为南京林业大学研究生毕业生拨穗

设发展态势、不断提升战略对接的敏锐度。教育部 7 月底印发了《高等学校碳中和科技创新行动计划》，计划在高校系统布局建设一批碳中和领域科技创新平台，汇聚一批高水平创新团队，在若干高校率先建成世界一流碳中和相关学科和专业。我们要依托"林基生态文明学科体系"战略构想，认真研究、主动对接、抢占先机、加快步伐，推动相关学科在具体探索实践中实现新突破，赢得新发展，形成新特色。

新调整的办学理念是学校党委在继承优良办学传统的基础之上，对思想理念建设层面的一次与时俱进的重要发展；是立足新发展阶段、贯彻新发展理念、服务构建新发展格局，在南林改革发展实践成效中分析凝练所得，对于探索新时代行业特色高校发展的南林路径具有重要意义，我们要深化认识、充分发挥办学理念的价值引领作用，高位谋划、持续推进学校发展事业再谱新篇章。

百年名校南林："树木与树人"

南京林业大学的校训是"诚朴雄伟，树木树人"。"树木"是林业教育的特殊性和学科特色，"树人"是高等教育的普遍性和根本任务。长期以来，这句话作为南林师生共有的精神财富，赓续久远、薪火相传。

在新的时代条件下，校训精神也应不断升华演进。在与新同学、新老师的交流中，我反复思索，如何在坚守传承学校精神文化的同时，进一步探索校训与社会主义核心价值观的契合点，不断赋予校训精神新的时代元素。为谁"树木"、怎样"树木"？为谁"树人"、怎样"树人"？在认真研读了习近平总书记今年在两院院士大会和全国教育大会上的重要讲话后，我对这个议题有了更为深入的思考。

一、"树木"：为"绿水青山"种下常青"致富林"

"树木"，是学校传统优势林科的职责与使命。在新时代，作为一所行业特色型高校，要逐步探索"双一流"建设的实践

本文刊载于 2018 年 10 月 23 日《新华日报》第 16 版。

路径，必然要在服务国家战略中找到新方位，在服务行业发展中承担新使命。

"创新决胜未来，改革关乎国运。科技领域是最需要不断改革的领域。""要把满足人民对美好生活的向往作为科技创新的落脚点，把惠民、利民、富民、改善民生作为科技创新的重要方向。"习近平总书记在今年两院院士大会上说的这番话，让我颇有感触。

科技需要"顶天"，服务于国家战略；科技也需要"立地"，服务于民生需求。

当前，生态文明建设作为战略性、长期性、高层次、全方位的国家战略，承载了全面振兴、统筹发展、民族复兴的伟大目标和崇高使命。同时，人民群众对天蓝、地绿、水清、宜居的美好向往，也已成为全面建成小康社会的迫切需要。

林业高校是生态科学技术研究的主力军，要为生态文明建设和经济社会发展提供技术支撑。近些年，学校出台了一揽子科技创新奖扶计划，鼓励科技工作者立足国家需要，围绕用材、经济和观赏等树种的选育、资源培育和加工利用，森林生态和湿地保护与利用，林产品精深加工，制浆造纸，木材科学与技术和家具设计等领域开展科学研究，申报的生态环保类科研项目占学校科研总项目数的 70% 以上，仅 2017 年，此类科研项目经费达 1.25 亿元。

林业高校是生态科技的研发中心、荟萃之地，发挥生态科技的社会服务功能，是林业高校推进生态社会建设的根本途径。这些年，学校采取有力措施，大力推进林业科技成果的市场化、产业化，使其更广泛地应用到实际生产过程中，转化为保护和修复生态平衡的先进生产力，引领更多企业走上可持续发展之路。"不止要把论文写在大地上，更要写在那些还贫困的土地上"。学校始终鼓励一线科研工作者将科研成果转化为现实的生产力，以贫困地区的科技需求为导向，以技术和智力扶贫为主要手段，以校地、校企合作为载体，在中国大地上种下一片片郁郁苍苍的"致富林"。

二、"树人"：为美丽中国培养绿色"生力军"

习近平总书记在全国教育大会上的讲话，围绕培养什么人、怎样培养人、为谁培养人这一根本问题进行了全面而深入的阐述，明确提出培养德智体美劳全面发展的社会主义建设者和接班人。

作为以林科为优势的高等学校，我们要切实肩负起培养"绿色人才"的育人使命，将生态文明教育融入学校教育与管理的全过程，努力培养德才兼备、全面发展的生态文明建设者。

立足生态文明教育主阵地，构建生态文明教育长效机制。今天，美丽中国已经成为全社会的共识。作为林业学子，不论是什么专业背景，都不能做美丽中国建设的"吃瓜群众"。学校根据专业类型和学生学习能力的不同，以分类培养绿色发展的探索引领者、绿色发展的积极推动者、绿色发展的自觉实践者为目标，构建了以"绿色发展基因培植"为核心内容的本科人才培养体系，将生态教育贯彻到课堂教学中，着力培养学生绿色发展理念、绿色担当社会责任、可持续发展观、生态价值观以及生态环境与生态文明建设能力。

与此同时，积极提升第二课堂活动层次，拓展生态文明教育途径。通过开展"生态文化节""水杉大讲堂""水杉剧社"等品牌活动，确保生态文明教育活动的长期化；通过搭建"美丽中国行"等社会实践平台，确保生态文明道德实践的经常化；通过搭建"水杉大学生创业园"等创新创业平台，确保生态文明发展的可持续化，让学生在加深对生态文明内涵的理解与把握基础上，充分发挥主观能动性，创造生动活泼、形式多样的校园文化活动，为学校校园文化的发展不断注入文明和谐的新内涵。

古谚常以"树木"与"树人"作比，细想一番，的确颇为贴切。无论"树木"还是"树人"，都要守得住初心、耐得住寂寞，广泛地汲取营养，方能根深蒂固、枝繁叶茂。

对于今天的南林人而言，"树木树人"不只是校园里一句高悬的铭文，"树木"要为国运民生服务，"树人"要为国家和民族未来铸魂。如此，这句话方能从"墙面"走向"地面"，真正导引广大师生自觉投身于实现中华民族伟大复兴中国梦的历史洪流之中，作出无愧于新时代的新业绩。

推进研究型大学建设
勇当基础研究主力军

  当今世界，科技创新已经成为综合国力竞争的决定性因素。党的十九届五中全会把创新提升到国家现代化建设的核心地位，提出要坚持创新驱动发展，全面塑造发展新优势。5月30日，习近平总书记在2021年两院院士大会、中国科协第十次代表大会上作重要讲话，再次将科技创新推向新的高度。结合学校事业发展实际，我想谈一谈对总书记重要讲话中关于高校在科技创新方面使命担当的认识和理解，供大家交流参考。

  总书记分析了科技创新发展的国内外环境大势，阐释了当今科技革命、产业革命现状及未来科技创新走向，明确了我国在科技创新领域面临的机遇和挑战，进而指出"强化国家战略科技力量，提升国家创新体系整体效能。世界科技强国竞争，比拼的是国家战略科技力量。国家实验室、国家科研机构、高水平研究型大学、科技领军企业都是国家战略科技力量的重要组成部分，要自觉履行高水平科技自立自强的使命担当"。随后，又对高水平研究型大学的使命担当作了

本文为作者在2021年6月8日校科协年会上的讲话（节选），刊载于《南京林业大学学报》第724期。后刊载于2022年4月19日《新华日报》第10版。

专门论述，他指出，"高水平研究型大学要把发展科技第一生产力、培养人才第一资源、增强创新第一动力更好结合起来，发挥基础研究深厚、学科交叉融合的优势，成为基础研究的主力军和重大科技突破的生力军。要强化研究型大学建设同国家战略目标、战略任务的对接，加强基础前沿探索和关键技术突破，努力构建中国特色、中国风格、中国气派的学科体系、学术体系、话语体系，为培养更多杰出人才作出贡献。"

总书记的讲话为高校科技工作指明了方向、提出了要求，南林作为国家"双一流"建设中的一流学科建设高校，我们要深刻领会总书记讲话精神，积极主动对接国家科技创新发展战略，敢于勇于善于在"强化国家战略科技力量，提升国家创新体系整体效能"方面作出新的一流贡献。

我们要深化对研究型大学内涵的认知，在更高层次上谋划学校未来的发展定位与方向。关于研究型大学，目前并没有一个非常明确的定义，通常是指把研究放在首位，致力于高层次的人才培养与科技研发的大学，具备培养和造就出高层次的研究型人才、产生出高水平的学术研究成果并拥有卓越的师资队伍等条件。一百年前，蔡元培先生曾说过，大学是研究高深学问的地方，其理念指向与今天的研究型大学内涵是基本一致的。在国内，我们大致可以认为，国家"双一流"建设中的一流大学建设高校是研究型大学，A类36所，B类6所，那么，如何来看待其他95所一流学科建设高校呢？它们是研究型大学吗？我个人认为，习近平总书记所指的高水平研究型大学是国家战略科技力量的重要组成部分，不仅仅指的是这42所一流大学建设高校，也包含了95所一流学科建设高校！"双一流"高校建设计划是国家进入新发展阶段后，在高等教育领域的顶层设计，代表中国高等教育发展的最高水平，创建"中国特色，世界一流"高水平大学，是中国建设创新型国家、实现现代化的必然要求，所有入选该建设计划的高校，都是国家战略科技力量的重要组成部分，要自觉履行高水平科技自立自强的使命担当。在具体建设实践中，均是通过建设一流学科（北京大学以 41 个一流学科在数量上排首位，最少的有 1 个一流学科）为具体路径，从在这一点上看，无论是一流大学建设高校，即 A 类或 B 类，还是其他 95 所一流学科建设高校，都是相同的。因此，可以这么认为，虽然 95 所一流学科建设高校之间的发展状况各有不同，有的甚至差异显著，但作为国家"双一流"建设中的一流学科建设点，均代表了中国目前在该学科领域的最高水平，其目标都是"中国特色，世界一流"，理应是研究型的，进而，以一流学科建设为引领，带动学校整体水平不断上升，其最终目标也是要建设成为世界高水平的研究型大学。从这个意义上来看，南林作为首批入选国家"双一流"建设的一流学科建设高校和江苏高水平建设大学，可以说，努力发展，尽早使南林建设成为一所高水平研究型大学是我们进行"双一流"建设的应有之义，应该成为我们南林人的基本共识。

我们也要清醒地认识到，把南林建设成为一所高水平的研究型大学任重而道远。今年 4 月 20 日，习近平总书记在视察清华大学时强调，"追求一流是一个永无止境、不断超越的过程，要明确方向、突出重点。"南林的特色优势学科集中在林科方面，我们要坚定不移地持续推进建设好这个特色优势，它过去是、现在是、将来也仍然是且必须是我们的重点，是学校的特色优势，是南林的立校之本。学校现有 8 个博士学位授权一级学科，24 个硕士学位授权一级学科等，但学科间的发展水平是极不均衡的，林学、林业工程、风景园林学三个学科在全国第四轮学科评估中取得了两个 A+、一个 A- 的好成绩，居于国内同类学科前列，属于第一方阵，但是，其他学科的发展水平亟待提升。虽然近几年学校总体发展较快，但作为一所特色鲜明的多科性大学，要在追求一流这个"永无止境、不断超越的过程"中始终挺立于潮头，我们就必须牢牢抓住学科建设这个"牛鼻子"，坚持特色发展与多学科协调发展两手抓、两手都要硬，不断深化改革、锐意进取。如果没有世上海拔最高的青藏高原，也难以形成世界第一高峰珠穆朗玛峰，因此，全校要形成一个有机整体，高峰高原学科之间必须有机联动、交叉融合、互相支撑、协同进步，使高峰更高，高原更加宽广厚实，形成以特色优势学科为引领、多学科协调发展的良好格局，不断提升学校高层次创新型人才的培养水平和原创性重大科研成果的产出与转化水平。

我们要深刻认识总书记关于高水平研究型大学要"成为基础研究的主力军和重大科技突破的生力军"的讲话精神。自1952 年独立办学以来，南林作为一所行业特色高校，长期耕耘于林业行业，在当时林业行业的重大科技突破方面发挥了重要的生力军作用。如在杨树培育及加工产业、竹林培育与竹木材加工产业、杉木种子园建立及良种选育等很多方面贡献卓著、影响深远。然而，总体而言，学校的侧重点更偏向于应用研究和应用基础研究方面。改革开放以来，中国的经济社会发生了广泛而深刻的变革，行业特色高校的内涵、任务与使命也随之发生了重大变化，从规模扩张到内涵建设，从行业单科性向多科性转变等。现在，中国特色社会主义进入新时代，发展进入新阶段，行业特色高校的使命和担当也必须与时俱进地进行调整，特别是在中国高校以"世界一流"为参照系的大背景下，作为代表中国行业领域最高水平的一批国家一流学科建设高校，如何加强基础研究，"加强基础前沿探索和关键技术突破"，名副其实成为国家基础研究的主力军，这是摆在我们这样的行业特色高校面前的一道时代命题和重大任务。为此，我想，我们不仅必须进一步巩固提升在应用研究、应用基础研究方面的特色优势，继续当好重大科技突破的"生力军"，更必须从已有的应用研究、应用基础研究优势出发，尽快扎实推进向基础研究的延伸与拓展，真正建立起基础研究深厚、学科交叉融合的优势，尽早成为相关领域基础研究的"主力军"。就南林的学科特色而言，首先要大力推进生命科学、化学等相关基础学科的建设与发展，夯实林科的高原学科基础，进而为重大原创性成果的突破打好基础。

我们要深刻认识总书记关于"要强化研究型大学建设同国家战略目标、战略任务的对接"的重要指示精神。在中国现代化的建设进程中，生态文明建设具有重要的战略地位，它是"五位一体"总体布局中的一位，已拓展融合至中国现代化建设的各个维度，空间广阔、大有可为。对于南林而言，应该进一步解放思想、开阔视野、抢抓机遇、锐意改革，研究如何面向更为宏大的国家生态文明建设，并将学科特色有效转换为参与生态文明建设的优势，不断提升服务国家现代化建设的能力和水平；同时，还要深入思考、主动对接，在"夯实长三角地区绿色发展基础""修复长江生态环境"、国家农高区建设、"强富美高"新江苏建设中发挥更为重要的作用。

立足国家战略和区域经济社会发展需求，积极拓宽服务面向格局，既是南林主动对接时代发展命题、推进科技创新供给侧改革、开辟发展新境界的必然选择，也是我们调整学科结构、优化学科布局，构建多学科协调发展新格局的根本遵循和核心指引。

南京林业大学老图书馆

发展战略

聚焦『双一流』建设　坚持『五大战略』

紧抓"双一流"建设重大历史性机遇
全面开启"新南林"建设的宏伟篇章

　　新学期伊始，我们在这里隆重集会，召开"双一流"建设动员大会。历史将铭记今天这个日子。今天是动员，也是宣言，南京林业大学从今天开始要以崭新的姿态与面貌开启新的征程！

　　2017 年，在全校师生员工的共同努力下，学校发生许多重大变化，取得很多重要成就。顺利完成校领导班子换届；成功召开校第十六次党代会；接受了省委巡视和教育部本科教学工作审核评估；完成了正处级领导干部聘任工作；淮安校区实现公办本一招生；在全国第四轮学科评估中取得两个"A+"、一个"A-"，位列全国林业类高校第一、江苏高校第四。特别是学校入选国家"双一流"建设高校名单，这是南林发展史上具有里程碑意义的重大标志性成就，必将对学校发展产生极其积极而深远的影响！

　　根据新形势，学校第十六次党代会提出了今后 5 年及更长一段时期的发展目标，2018 年是开局之年，十分关键。刚才，王浩校长就如何推进"双一流"建设进行了部署。王校长从"四

本文为作者于 2018 年 3 月 7 日在体育馆举行的全校"双一流"建设动员大会上的讲话。

个突破""四个提升""两个保障"等三个方面提出了明确要求，指导性、针对性、可操作性都非常强，请大家认真学习领会，切实抓好落实。推进"双一流"建设是一项系统工程，涉及人才培养、科学研究、社会服务、文化传承和党的建设等方方面面，需要师生员工统一思想、形成共识，凝心聚力、共同奋斗。下面，我讲三个方面的认识与思考，与同志们共勉。

一、深刻领会"双一流"建设重大意义

（一）国家"双一流"建设体现国家意志

改革开放以来，中国经济建设快速发展，高等教育作用与地位日益凸显。国家对高等教育领域先后进行了三次体现国家意志的重大战略部署。

第一次是"211 工程"。最早启动代表国家意志的建设计划，即面向 21 世纪、重点建设 100 所左右的高等学校和一批重点学科的建设工程，于 1995 年 11 月经国务院批准后正式启动。"211 工程"是新中国成立以来由国家立项在高等教育领域进行的规模最大、层次最高的重点建设工作，先后共入选建设高校 112 所。

第二次是"985 工程"。1998 年 5 月，时任国家主席江泽民同志在庆祝北京大学建校 100 周年大会上向全社会宣告："为了实现现代化，我国要有若干所具有世界先进水平的一流大学"，世称"985 工程"，这是国家对于高等教育发展的又一体现国家意志的重大决策。1999 年 1 月，国务院批转教育部《面向 21 世纪教育振兴行动计划》，"985 工程"正式启动建设，先后共入选建设高校 39 所。

"985 工程"与"211 工程",经过十多年的建设,快速推动了中国高等教育的发展,提升了一批重点建设高校的综合实力和国际影响力,缩小了我国高等教育与西方高等教育强国间的差距,产生了非常巨大的社会影响力,几乎成为中国高水平大学的代名词。

在"985 工程"与"211 工程"实施后期,为探索深化国家科技体制改革,教育部和财政部于 2012 年 5 月还启动了"2011 计划",即高等学校创新能力提升计划,2013、2014 年共认定了两批 38 个协同创新中心,分布在 32 个高校。

第三次就是现在的"双一流"建设。经过近 5 年左右时间的酝酿,2015 年 8 月,习近平总书记主持第 15 次中央深改革组会议,审议通过了《统筹推进世界一流大学和一流学科建设总体方案》。2015 年 10 月,国务院印发 64 号文,决定统筹推进建设世界一流大学和一流学科。2016 年 6 月,教育部官网发布关于失效一批规范性文件的通知,宣布《"985 工程"建设实施管理办法》《"211 工程"建设实施管理办法》等一批规范性文件失效,宣告"211 工程""985 工程"正式完成历史使命而终止。2017 年 1 月,经国务院同意,教育部、财政部、国家发展和改革委员会印发《统筹推进世界一流大学和一流学科建设实施办法(暂行)》。2017 年 9 月,教育部网站正式公布了"双一流"建设高校和建设学科名单。

回顾这段历史,可以看出,从"211 工程"到"985 工程",特别是现在的"双一流"建设,是党中央根据国家发展的实际情况,深思熟虑后作出的重大战略部署,体现了国家意志。"双一流"建设方案的实施,标志着中国高等教育在国际舞台上将由追赶逐渐开始转向并跑,并努力走向引领。这一适应国家新时代发展、体现国家意志的重大战略决策，将从本质上提升中国高等教育综合实力和国际竞争力，为实现"两个一百年"奋斗目标和中华民族伟大复兴的中国梦提供有力支撑。我们一定要站在新时代中国特色社会主义建设发展的高度来学懂弄通这一建设计划的重大而深远的意义。

（二）准确把握"双一流"建设的核心要求与任务

"双一流"建设的核心要求是八个字：中国特色，世界一流，即扎根中国大地办大学，积极探索世界一流大学建设的中国道路、中国模式，使我国高等教育发展方向同我国发展的现实目标和未来方向紧密联系在一起。

"双一流"建设明确 10 项重点任务，建设任务和改革任务各 5 项。

建设任务。一是建设一流师资队伍。强化高层次人才的支撑和引领作用，加快培养和引进一批一流科学家、学科领军人物和创新团队，培养造就一支优秀教师队伍。二是培养拔尖创新人才。突出人才培养的核心地位，着力培养具有国家使命感和社会责任心，富有创新精神和实践能力的各类创新型、应用型、复合型的优秀人才。三是提升科学研究水平。以国家重大需求为导向，提升高水平科学研究能力，着力提升解决重大问题和原始创新的能力，推进科研组织模式创新。打造具有中国特色和世界影响的新型高校智库。四是传承创新优秀文化。加强大学文化建设，把社会主义核心价值观融入教育教学全过程，发挥中华优秀传统文化的教化育人作用。五是着力推进成果转化。深化产教融合，着力提高高校对产业转型升级的贡献率，推动重大科学创新、关键技术突破转变为先进生产力，增强高校创新资源对经济社会发展的驱动力。

改革任务。一是加强和改进党对高校的领导。坚持和完善党委领导下的校长负责制，牢牢把握高校意识形态工作领导权，全面推进高校党的建设各项工作。二是完善内部治理结构。加快形成以章程为统领的完善、规范、统一的制度体系，加强学术组织建设，完善民主管理和监督。三是实现关键环节突破。加快推进人事制度、人才培养模式、科研体制机制、资源募集机制等方面的改革。四是构建社会参与机制。加快建立健全社会支持和监督学校发展的长效机制。建立健全理事会制度，加快完善与行业、企业密切合作模式。五是推进国际交流合作。加强与世界一流大学和学术机构的实质性合作，加强国际协同创新，切实提高我国高等教育的国际竞争力和话语权。

从这 10 项重点任务可以看出，"双一流"建设要求非常高，特别强调打造一流师资、培养一流人才，产出一流成果，满足国家重大战略需求、回答解决区域行业重大理论现实问题，为国家现代化建设和推动人类文明进步做出重大贡献。立意高远，使命光荣！

（三）把握机遇、迎接挑战，乘势而上

首批公布的"双一流"建设高校共计 137 所，其中世界一流大学建设高校 42 所（其中，A 类 36 所，B 类 6 所），世界一流学科建设高校 95 所，一流建设学科 465 个（其中，自定学科 44 个）。在这 137 所高校中，原"211"高校 112 所全部入选，新增 25 所。南林是全国农林类非"985"非"211"高校中唯一入选"双一流"的高校，南林人理应扬眉吐气、引以为荣！

南林具有悠久的办学历史，学统端正、学风优良，与北林、东林同属原国家林业部三所重点高校。北京林业大学、东北林业大学相继进入"211 工程"，我校没能进入教育部、没有挺进"985"和"211"，这曾经是南林人心中的"痛"，学校的办学压力一直很大。近 20 年来，在江苏省委省政府、国家林业局和社会各界的关心支持下，几代南林人不懈怠、不气馁，化压力为动力，艰苦奋斗、开拓创新、勤俭办学，终于在国家第三次高等教育战略决策部署中重新进入"国家第一方阵"。这是几代南林人咬紧牙关苦干实干、攻坚克难、奋发奋进取得的成果。在此，我谨代表学校党政向支持关心南林发展的社会各界表示衷心的感谢！向一直为南林发展辛勤耕耘的老师、同学、干部和员工们表示崇高的敬意！

一流学科建设是学校在新时代发展的最大机遇。这个机遇实际上不仅仅是进入了一流学科建设行列会得到一些建设经费，更重要的是，学校成为国家意志实现中的重要一员，其社会影响力非常巨大。远的不说，我们今年毕业生，很多人已经深切地体会到"双一流"给我们带来的实实在在的获得感！

机遇来之不易，挑战更加严峻！

首先，我们面临动态竞争的挑战。"双一流"建设实施方案明确，五年一个建设周期，不搞终身制，开放竞争（211 工程不是开放体系），动态监管、动态调整。国家是动真格的，与以往两次不同，三所原 985 高校被列为 B 类即是一个强烈的信号。现在，无论是否入选，各高校均在纷纷研究制定新的发展战略，入选者希望继续保持，没有入选者正在全力争取在下一轮竞争中可以入选，这就是"使市场在资源配置中起决定性作用"的具体体现。对此，我们一定要有清醒的认识，未来高校之间的竞争将更加激烈。据了解，目前省内江苏大学、南京医科大学、南京工业大学、扬州大学等综合实力进入百强的高校正在整合资源、重点突破，力争在下个建设周期挤进"双一流"大门，同类农林高校，如华南农业大学、福建农林大学、浙江农林大学等也在纷纷调整计划，争取重点突破。正是前有标兵，后有追兵！你追我赶，刻不容缓、时不我待！事实上，根据统计，在第四轮学科评估中，有38所非"双一流"高校获得49个A类学科。我校林业工程学科虽然在第三次科学评估中排名第二，在第四轮学科评中排名A+，但并不具有绝对领先优势。

其次，林业工程学科并非已经达到世界一流，仍处于建设中。学科人才培养、科学研究、师资队伍等方面离世界一流学科的标准还有很大的差距。如何把优势转化为胜势，把机遇转化为成果，真正把林业工程学科建设成为世界一流学科，任重而道远。

最后，竞争规则、评价规则还有可能发生变化。有人说，我校第四轮学科评估中取得了很好的成绩，是不是就意味着我校在下一轮的动态调整中就会高枕无忧了，实际并非如此。正如王校长刚才所讲，我们这次取得这么好的成果，既是优势特色的体现，也是策略性的成果。但是这种策略下次管不管用、起不起作用还很难说。特别是在当前，很多数据资料表明，学校发展遇到了新瓶颈，例如，我们的综合排名这几年一直徘徊在150名左右，我们的科研经费也基本上维持在一定的数额，等等。因此，我们此次虽然入选了建设高校，很光荣很高兴很重要，但我们要保持清醒的头脑，进去了，还要保得住，要乘势而上，要带动我们学校整体有一个本质的实力飞跃，争取林学等优势学科也能进入建设序列。我想，过去曾经在低谷时，我们不曾妄自菲薄，今天，在机遇来临之时，同样也不能妄自尊大，要居安而思危，以更高的标准来重新审视衡量我们的工作，改革创新，二次创业，乘势而上，才能立于不败之地！

二、正确认识大学排行榜

正确认识大学排行榜，正确认识"百强高校"与"双一流"的关系，统筹推进一流学科建设与整体发展，对全面完成党代会确定的发展目标具有十分重要的战略意义。

（一）正确认识大学排行榜

无论谈到"双一流"还是"百强高校"，都离不开大学排名。社会上有多种大学排行榜，无论我们怎么看，它们都在那！在今天这样一个信息传布极快极广的时代，这些排行榜事实上已经深深地影响着人们的认知和行为，从招生到就业，从校企合作到社会捐赠等，很多社会行为的背后，或多或少地均受到了这些大学排行榜的影响，甚至连一些政府部门在评价大学与配置资源时，也将某些排行榜作为重要的决策依据。因此，作为大学中的我们，应该如何面对这样现实？

我觉得，无论这些排行榜对我们是否有利，均应该客观理性地进行分析。黑格尔曾经说过，凡是合理的都是存在的，凡是存在的都是合理的。对于大学排行榜，我们应不回避、不鄙视，也不必仰视，而是要正视和重视！

事实上，不同排行榜各有侧重，虽然不能完全代表大学办学的实际情况，但也从不同的角度为我们提供一定的参考。仔细分析这些排行榜的指标体系，从课程建设、学生创新创业水平、就业情况，到科研项目、平台、师资、论文、专利、教学科研奖、国际合作、社会声誉、社会捐赠等指标，有些确实是我们内涵建设的重点。因此，要根据学校发展的实际情况予以足够的重视，但也决不能唯排行榜，生搬硬套。例如，武书连大学排行榜指标体系中一篇 SCI 论文不管是一区还是四区，都是计 2 分。这么做可能是出于统计方便，但是我们不能这么照搬。我校新制定的绩效方案明确论文分区记分，如在《Nature》发表论文为 10000 点，而一篇四区论文只计 140 点。再例如，武书连大学排行榜指标体系中平台建设、人才数量、科研项目等都没有计分，但一个大学没有人才没有项目没有平台，怎么可能成为一所好大学。这些在我们的绩效目标中不仅均被计算在内，而且还将其列为今年重中之重工作，这些均是学校不唯排名的具体体现。

（二）正确认识一流学科与百强高校之间关系

大学是由许多不同的学科专业组成的，因为办学历史与办学定位等原因，各学科之间的发展是不均衡的，有些学科成为了一所大学的优势与特色，如我们南林，因"林"而建，因"林"而兴。面向国家林业发展需要，学校建成一批高水平的涉林学科，形成了以林学、林业工程为代表的高峰学科群。第四轮学科评估结果显示，我校这两个学科均为 A+，是前 2% 的国内顶尖学科！风景园林学为 A-，为全国排名 5% 至 10% 的学科。显然，"林"是我们最大的优势和特色，也是我们建设世界一流学科的基础，一定要作为重中之重来建设。

另一方面，改革开放以来，特别是近 20 年来，因国家经济社会发展需要，我国高等教育格局发生巨大变化，大部分行业性高校均转变成为多科性大学，甚至综合性大学。南林也不例外，现在有 8 个一级学科博士授权点、22 个一级学科硕士学位授权点、74 个学士学位授权点，覆盖了理、工、农、文、管、经、哲、法、艺，九大学科门类。但我们也必须清醒地看到，学校各学科专业之间发展差异很大。在第四轮学科评估中，我们共申报 12 个，没有入选 B 类的学科，有 6 个进入 C 类（其中，2 个 C+：机械、轻工，3 个 C：土木、化工、环境，1 个 C–：交通），3 个未进入 C 类。由此可以看出，我们有高峰学科群，但缺少高原学科群。

只有在平均海拔 4000 米的青藏高原之上，才能形成世界最高的珠穆朗玛峰。俗话说，独木难成林，双"木"为"林"，三"木"为"森"。我们既不可能回到原来行业高校背景下学科布局模式中去，也不可能简单地走铺摊子扩规模发展之路。世界上几乎没有哪所一流大学是全科性的，哈佛、麻省也各有侧重，卡内基梅隆是以计算机学科首先建成世界一流学科为引领而成长起来的世界一流大学。现在中国的高等教育已经完成规模扩张期，全面进入内涵建设期，提升办学质量成为今后主要任务。南理工规模比我们大，但本科专业现在已经优化调整为 51 个；2 月 28 日，国务院学位办公布了 129 所高校撤销340 个硕士博士学位点，力度空前。我们一定要正确研判与把握中国高等教育发展大势，以建设"双一流"为契机，有所为、有所不为，面向国家林业发展重大需求，面向江苏经济社会发展重大需求，进一步坚决地优化调整专业结构，建立良好的学科生态体系，夯实基础、打造高原，为高峰提供坚实支撑，为南林可持续发展源源不断地注入新的活力！

我们可以这样认为，一流学科建设与百强高校建设是局部与整体的关系。"单兵挺进"很难建成世界一流学科，没有"一流学科"的高校也很难成为真正的"百强高校"。换一句话说，要建设百强高校，没有一流学科不行，只有一流学科又不够。前者强调的是大学之特色，后者强调的是综合实力；前者要先发，成为标杆，后者要紧紧跟上，成为支撑；前者在建设一流过程中要有机地带动其他学科发展，后者要在支持一流学科建设中发展壮大自己特色与实力，共同形成具有相互支撑关系的学科生态体系。也正因此，我们必须在建设好一流学科的同时，要坚决地优化调整学科专业结构，加强其他学科建设，扎实提高学校综合办学实力，两手抓、两手都要硬！

（三）正确认识学校在武书连排行榜中的演变与面临的压力

最近，一些大学排行榜又在纷纷公布今年大学排名，掀起阵阵涟漪、引发年度热议，有声无声地影响着人们对中国大学的一些看法。以从事大学排行榜时间最长、社会影响力较大的武书连榜为例，南林今年是第 145 位，比去年上升 5 位。去年暑假，学校组织人员专门对武书连排名体系和学校 2008 年以来的情况进行研究分析，结果可以用八个字形容：形势严峻，压力很大！

近 10 年，学校综合排名一直徘徊在 140 ～ 160 名，近 3 年排名有所上升，但是上升趋势不明显。北京林业大学、南京邮电大学、南京医科大学、扬州大学、南京信息工程大学等，他们均在这 10 年进入百强。特别是南京邮电大学、南京信息工程大学，这次也与我们一样入选了"双一流"，均是行业高校。南京邮电大学从 2008 年 231 名，上升到 2018 年 96 名；南信大从 2008 年 164 名，跃升到 2018 年 88 名。南林 10 年在徘徊，2008 年是 142 名，今年 145 名，最低是 2014 年 163 名。江苏高校中，近 10 年里，综合排名跑到我们前面的高校有 5 所，除了前面说过的南京邮电大学和南京信息工程大学已进入百强外，还有南通大学今年是 130 名，江苏师大 132 名，南京医科大学 142 名。由此可见大学之间竞争是多么激烈，总体呈现出不进则退、慢进亦退的局面，每前进一步都要付出很大的努力。我们必须奋起直追，才可能迎头赶上！

三、牢固树立使命担当意识

正是基于以上两个方面的认识与思考，学校党委在广泛听取师生员工意见建议的基础上，经认真分析研判，形成了 16 次党代会报告，核心内容简要地可以概括为一、二、三、四、十。

一个愿景，即建设世界一流林业大学。

两个面向，即面向国家林业发展重大需求，面向江苏经济社会发展重大需求。

三大阶段目标，即确保林业工程在世界一流学科建设行列，争取林学进入世界一流学科建设行列；3 ～ 4 个学科进入 ESI 全球排名前 1%；综合办学实力进入全国百强。

四大战略，即特色立校战略，人才强校战略，国际化战略，信息化战略。

十大任务，即

深化改革，着力完善以目标为导向的体制机制；

突出特色，着力优化以林业工程、林学位先导学科体系；

立德树人，着力提高人才培养质量；

人才强校，着力建设高水平师资队伍；

创新驱动，着力增强科学研究和社会服务能力；

面向国际，着力提升国际化办学水平；

文化引领，着力提升学校软实力；

统筹优化，着力建设高效服务保障体系；

信息支撑，着力推进智慧校园建设；

统揽全局，着力加强党的建设。

一分部署，九分落实。习近平总书记指出：如果不沉下心来抓落实，再好的目标，再好的蓝图，也只是镜中花、水中月。建设"双一流"，关键是如何将王校长刚才部署的任务一项项落到实处。

观念决定行动，改革首先是观念的改革。20年的坚守，南林终于迎来了这次千载难逢的发展机遇，作为现实中的我们，千万不要当局者迷，盲目乐观、迷失方向。面对这个历史性机遇，必须进一步解放思想，转变观念，深化改革，真抓实干，乘势而上。如果因为我们今天不够努力，因循守旧、固步自封、不敢想敢干、不开拓创新，而错过了这一历史性发展机遇，我们将遗憾终身，对不起历史，对不起国家的期望，也对不起几代南林人为之奋斗而开创的光辉事业！

为此，在思想层面上，全校上下一定要牢固树立五个意识。

（一）牢固树立服务新时代的使命意识

"双一流"建设是国家意志，这就意味着南林要肩负起国家使命。南林是中国特色社会主义大学，扎根中国办大学，"中国特色、世界一流"中的中国特色强调的就是必须为中国发展作贡献。再一次回到第一方阵的南林，将与北京林业大学、东北林业大学一起并肩服务于新时代国家重大战略。因此，要站得更高，看得更远，时刻将能否担当起担当好这个崇高使命作为我们工作的最高标准，内化于心，外化于行。作为林业特色高校的第一方阵，必须要在新时代中国特色社会主义建设事业中发挥特殊不可替代的作用，尤其要在国家"五位一体"建设中，充分发挥学科和人才优势，秉承习近平总书记绿水青山就是金山银山"两山论"和绿色发展理念，针对制约我国林业林产创新发展重大理论和共性关键技术做出南林贡献，成为国家生态文明建设的生力军，成为名副其实的"国家队"！

（二）牢固树立追求卓越的一流意识

"中国特色，世界一流"是"双一流"建设的核心任务。世界一流意味着什么？我们每一位师生员工都要问问自己，我的学习、工作离一流还有多远？当然，南林今天还不是世界一流林业大学，但"双一流"建设给我们指出了明确的建设目标，要朝这个方向不断努力。因此，今天的南林人要有"高山仰止，景行行止；虽不能至，然心向往之"的追求境界。

世界一流的参考系是全世界，虽然没有明确的定量标准，但就定性而言，还是有些共同的特征。如，有没有国际公认的大师级师资，或者说，一个学者他向往的学术圣地在哪？南林新庄这个地方能否成为全世界林业领域顶尖学者云集的学术圣地？又如，南林能否成为世界范围内凡有志从事林业类学习研究的学生的首选高校？再如，南林能否发表影响世界的科研成果和学术论文？等等。因此，我们的师资水平、教学水平、科研水平、管理水平、育人环境等均要放到这样一个全新的更高更宽的视角下去重新审视，否则我们就可能在不知不觉陷入温水煮青蛙或坐井观天、小富即安的意识状态中去。

古人云，法乎其上，仅得其中；法乎其中，仅得其下；法乎其下，则无所得也。

全校要把对标一流作为工作基本要求，把争创一流作为自觉追求。我们在科学研究、人才培养、社会服务、大学治理等方方面面都有"高标"的定位，要把这些内涵和要求转化为一流意识、一流标准、一流目标。要真正让一流意识内化于心、外化于行、融入日常、贯穿始终，让一流成为新时代南林人的价值追求和个性品质。通过一流的工作，创造一流的业绩，产出一流的成果，以一流的一砖一瓦搭建起"双一流"的高楼大厦。

我们既然吹响了建设"双一流"的号角，开弓没有回头箭，只有振奋精神，奋勇向前，争创一流！

（三）牢固树立开拓创新的竞争意识

四十年改革开放，改革的重点之一就是"使市场在资源配置中起决定性作用"。市场经济就是竞争经济，其最本质的特征是物竞天择、优胜劣汰！

这里举三个例子。

例1，上海错失阿里巴巴。2016年2月24日《新华日报》第15版，有一篇整版文章，是徐匡迪的演讲。他说，为什么阿里巴巴能够在杭州发展起来？他认为杭州有一个比较宽松的环境。阿里巴巴曾经到过上海，上海的委局办都不同意，他们说，营业税怎么收？我只能听你说，你说卖多少就交多少？商品质量如何检测？卖假货谁来打击？……上海的业务部门都很精明，但太精明反而不高明。最后这个商机到了浙江，杭州比较开明，说我看你3年，3年中，第一，不要发大案子；第二，每年营业额要翻番；第三，要用大量的大学毕业生，因为我现在大学生就业有问题。现在，地球人都知道马云，马云在杭州用了3万多大学毕业生。这个例子启发我们，体制机制创新，深化改革，说到底就是激发企业创新积极性、人员创业活力。水土不服要改良水土！

例2，柳传志错看李书福。柳传志最近在亚布力中国企业家论坛18届年会上说，我错看了李书福。他说，在2001年12月23日央视《对话》栏目上，李书福说要做汽车，大家（当时在场的还有王石、段永基、张朝阳）觉得太可笑了，认为不可能。李书福是背着挎包给人照相出身的，后来做了一个摩托车公司就很了不起了。他说要做汽车，连我在内都绝对不相信。李书福当时说，世界在变、社会在变、人类在变、什么都在变，这个世界本来就是一个大迷宫，你如果用原来老的思想、传统观念来看新的世界，你怎么能够在这个大迷宫里边走出自己道路来。17年过去了，事实证明，李书福不仅收购了沃尔沃，最近又公布用90亿美元收购戴姆勒，成为奔驰母公司最大股东。这个例子启发我们，在市场经济、日新月异的时代，一切皆有可能，连"梦"都不敢做的人，怎么可能美梦成真！

例3，沙钢创造奇迹。我与沙钢合作20余年，深深地感到在市场经济大浪中，他们披荆斩棘、开拓创新、敢为人先、勇于竞争的精神。从一个45万元创业起步的小作坊，从无到有，在张家港长江边矗立起一座现代化的世界级钢铁新城。现有员工 3 万余名，2017 年实现销售收入 2200 亿元、利税 254 亿元。沙钢在中国企业 500 强中名列第 84 位，中国制造业 500 强中名列第 31 位，连续 9 年跻身世界企业 500 强。沙钢的发展给我们很多启发，在今天中国社会现代化进程中，浩浩荡荡、势不可挡，在这么一个大有作为的伟大时代，滚滚向前的历史车轮是不会停下来等你的。你不作为他作为，没有沈文荣，也一定会出现李文荣、张文荣！

市场化原则不仅适用于经济领域，也已经成为现代中国的一个基本共识。这次"双一流"实行开放竞争、滚动支持即为这一原则的体现。"双一流"强调的不是"身份"，而是"建设"，建设拼的是内涵、是质量、是水平、是特色。全校上下一定要树立强烈的竞争意识。当前，学校发展中仍然存在着一些制约"双一流"建设的问题，无论传统优势学科还是其他学科都面临着更加激励的竞争。同时，农林类高校长期在计划体制内，有计划经济体制色彩和思维惯性，如果不克服思想上的僵化和惰性，不破除影响发展的各种观念性、体制性和环境性障碍，不敢于较真碰硬，不勇于攻坚克难，就很难建好真正的"双一流"！

我们要牢固树立危机意识、忧患意识，坚定不移地深化改革，着力构建充满活力、富有效率、更为开放、公正公平、有利"双一流"建设的良性竞争体制机制，让师生员工能够更好地干事创业！

（四）牢固树立担当作为的实干意识

空谈误国、实干兴邦，成绩都是干出来的。我在浙江大学、东南大学学习工作过较长时间，客观地说，他们的硬件条件是比我们南林好，但更重要的是他们的软环境。他们并不因为硬件条件好而有半点松懈，事实上比我们更努力更用功。世界上一流大学几乎都没有严格意义上的假期，假期只是针对教学型大学而言的。一流大学的发展水平，某种程度上说，只要看看晚上和假期的实验室、图书馆、服务部门等的忙碌程度就大致可以有一个判断。

有人说，南林的小日子比较好过，这可不是一句点赞的话。在硬件条件并不占优的情况下，我们凭什么不比人家更努力付出而建成世界一流？虽然学科有差异，但国家对"双一流"的标准并不因为起点不同而不同，比的是谁先到达终点。罗马不是一天建成的，千里之行，始于足下，南林作为新入选"国家队"队员，任重而道远，建设的道路不会平坦，但爱拼才会赢！

我们要以只争朝夕、时不我待的精神，以清正廉洁、高效务实的作风，以"朝受命、夕饮冰"的使命感，以"昼无为、夜难寐"的紧迫感，勇担责任，狠抓落实，为各项工作的推进不断按下"快进键"。南林要以卓越的成就赢得尊严！

（五）牢固树立全校一盘棋的全局意识

"双一流"建设是一个系统工程，涵盖人才培养、师资队伍、科学研究、社会服务、党的建设方方面面，涉及每个单位、每位师生，需要牢固树立"全校一盘棋"意识。各部门、各学院要树立"师生为本、服务至上"理念，紧紧围绕"双一流"建设来做好科学化管理、人性化管理、规范化管理、精细化管理，切实为"双一流"建设提供组织保障和管理服务支撑。

党员干部要发挥排头兵作用，提高政治站位，坚持身体力行，带头攻坚克难，带头追赶超越，以自身的模范作用凝聚师生力量。教师要发挥主体作用，坚持立德树人原则、遵循教书育人规律、弘扬高尚师德师风，以优秀的教学科研成果支撑学校内涵发展。学生要增强爱校荣校意识，努力学习知识本领、提高实践创新能力、树立正确价值观和远大理想，让自己成长为具有良好政治素质、一流学习能力、扎实专业知识基础、广阔国际视野的高素质人才，将青春梦想与学校发展紧密结合。广大师生要充分认识到，只有学校"双一流"建设取得更大的进步和成就，才会为个人成长开辟更为广阔的空间；只有一流大学卓越的声誉和一流学科厚实的支撑，才能为实现个人抱负创造更坚实的基础。全校上下要同舟共济，形成聚焦一流、共创一流的强大合力与浓厚氛围。

老师们，同学们，同志们，新时代带来新愿景，新使命呼唤新作为，新目标需要新担当。建设新南林的美好蓝图已经绘就，成就梦想的关键在于落实。俄国寓言大师克雷洛夫有一句名言："现实是此岸，理想是彼岸，中间隔着湍急的河流，行动则是架在河上的桥梁。"我们这一代南林人躬逢盛事，当不负芳华，要牢固树立荣誉感、使命感、责任感，勇挑重担，改革创新，以"功成不必在我"的胸怀，撸起袖子加油干，努力为建设新南林作出新贡献！

南林的明天一定会更美好！

广泛凝聚共识　科学谋划未来

　　国家实施"双一流"建设，打破了身份固化，坚持竞争开放、动态调整，要求对标国外一流高校及一流学科，提升国际竞争力。因此，入选"双一流"，对我们而言，既是机遇，又是挑战！我们的竞争对手已不再局限于一定地域内、行业内，而是扩大至全国、甚至全球范围！在激烈、复杂竞争中，我们决不能固步自封、停下脚步，而是要持续发力、久久为功，方能在复杂多变的形势中，实现弯道超车，矗立时代潮头！

　　我们要坚定理想信念，不断凝聚发展共识。

　　目前，学校已建立并动态完善了以"发展进位"为核心的闭环管理体系，学校发展态势持续向好，发展事业捷报频传！在实践成效的有力证明下，绝大部分教职员工早已打消疑虑，形成更为广泛的发展共识，大家凝心聚力、靶向作战，积极投身于学校改革发展实践，这也为以后我们继续取得更大的成功提供了动力强劲的思想引擎！

　　2018 年 12 月 29 日，习近平总书记在全国政协新年茶话会上强调"要把加强思想政治引领、广泛凝聚共识作为履职工

本文为作者在 2020 年 8 月 29 日中层干部大会上的讲话，刊载于《南京林业大学学报》第728 期。

作的中心环节"。2017 年 9 月以来，我们通过"双一流"建设动员大会、中层干部大会、部院联席会议等多种途径，不断统一思想，凝心聚力建设"双一流"、追逐百强梦，在全校师生员工的不懈努力下，我们现在距离圆梦百强仅有一步之遥，这就是凝聚共识的力量！在事业发展的不同阶段，所需凝聚的共识内容也是不同的，我们的事业已迈向更高层次发展，追求也随之进一步升华，**我们要凝聚未来发展定位的共识**：要深刻学习领会习近平总书记关于教育工作的重要论述，以辩证思维看待新发展阶段的新机遇新挑战，科学研判南林在"百年未有之大变局"这一时代背景中所面临的机遇和挑战，进一步解放思想，全力做好内涵建设，聚焦如何定位学校远景战略目标？聚焦如何定位学校 2025 年、2035 年综合排名？我们要在新时代背景下，在行业发展、区域社会发展、国家发展中，寻求真问题，发现真需求，做好真学问，才能更好地推进"双一流"建设，真正成为特色鲜明的世界一流大学。要集思广益，共同勾勒出南林发展战略目标的蓝图，为科学编制"十四五"发展规划和"2035"中长期规划献计献策。我们要凝聚推进新校区建设的共识：空间办学资源一直是制约学校发展的瓶颈，也是南林人不能释怀的"心病"，因此，推进新校区建设，拓展办学资源，势在必行！目前，我们已与溧水区人民政府签订了白马校区建设合作协议，但是如何统筹规划现有办学空间，做好新老校区的功能定位？如何把好事办好，做好教职工住宅建设相关工作？如何借助溧水白马获批农高区的政策东风，推动学校学科布局、科技创新、团队引进、国际合作交流等方面长远规划？都是需要我们不断研究论证的问题。无论是南林未来的发展定位，还是新校区的建设方向，都需要每一位教职员工贡献智慧，我们共同去思考去热议去论证的过程，恰恰就是我们进一步明晰目标、凝聚共识的过程，也只有再次凝聚新阶段的发展共识，我们才能翻篇归零再出发，奋勇争先再拼搏！在高质量发展的路上行稳致远！

我们要进一步解放思想、站高望远，科学谋划南林未来。

"十四五"规划具有重大意义。解放思想、精准谋划、科学编制"十四五"规划对加速南林未来的发展具有极其重要的意义，有利于进一步明晰学校的远景和近期目标，有利于进一步凝聚发展共识、汇聚多方广阔力量，更好地"按图索骥"，靶向、高效地推动学校事业向前发展！我们要集思广益、集聚智慧，把加强顶层设计和坚持问计于民统一起来，切实把发展机遇研判准，把困难挑战分析透，把南林人的美好发展愿景实现好！

"十四五"规划要体现全局性。"十四五"时期是我国全面建成小康社会、实现第一个百年奋斗目标之后，乘势而上开启全面建设社会主义现代化国家新征程、向第二个百年奋斗目标进军的第一个五年，对于我国经济社会发展至关重要。南林的发展定位，既要契合国内外高等教育发展方向和趋势，也要主动对接新时代国家重大战略、长三角一体化发展需求，特别是国家生态文明建设和"强富美高"新江苏建设需要，从全球视野、全局观点、长远视角谋划好在更高层次上推进"双一流"建设和高水平大学建设的时间表和路线图，为学校事业健康、可持续、高质量发展提供坚强的规划支撑和科学的政策指引。

"十四五"规划要体现科学性。规划既要加强顶层设计、体现远景的整体发展战略，也要聚焦规划期内的发展重点。要注重处理好"2035"中长期规划和"十四五"发展规划的关系，处理好内涵发展与外延扩展之间的关系，处理好事业发展重点突破与全面提升的关系；要遵循人才成长规律、教育教学规律，把立德树人、培养德智体美劳全面发展的社会主义建设者和接班人，作为规划的落脚点，为国家高等教育的发展、政治经济社会发展提供强有力的人才支撑和科技支撑。

南京林业大学图书馆

构建学校事业发展新格局
开辟高质量发展新境界

学校事业正昂首阔步迈入"后百强时期"，在新的起点上，如何谋新篇，开新局，超越自我，实现新的更高水平更高质量的内涵发展，是我们每一位南林人都应该思考的重大问题，在这里我想着重谈谈两个方面的思考。

一是如何立足"百强"看"百强"？

进入百强之后，站在新高度新起点上，我们应该如何重新审视看待百强？

2010 年中国大学排行榜中位列 90 到 100 名的 11 所高校，到 2020 年时，位次已发生巨大变动。其中，9 所高校退到了百强之外。这个事实告诉我们，在波澜壮阔改革创新快速发展的新时代，任何简单地守成想法和做法都将是不可行的！守是守不住的，开拓进取将是唯一选项。从中我们还可以得到另一个重要启示：中国高等教育的发展格局还远没有定型，仍然处于动态变化、激烈竞争、快速发展的阶段，各类高校均有可能

本文为作者在 2021 年 3 月 3 日中层干部大会上的讲话（摘录），刊载于《南京林业大学学报》第 720 期。

在中国现代化建设的伟大征程中发展成为一所优秀的大学，甚至成为一所世界一流水平的大学。南林能否位列其中？关键在于我们心中有一个怎样的"南林梦"！在于我们对于南林的未来有一个什么样的自我定位和自我认知！

进百强，仅仅是南林发展过程中一个非常重要的阶段性目标，并不是学校发展的终极目标。我们要有"雄关漫道真如铁，而今迈步从头越"的精气神，以"从头越"的豪情与胆识，跨越百强，奋勇争先，全面推动学校事业发展进入新阶段。

二是如何跳出"百强"看"百强"？

南林进入"后百强时期"，学校该如何行稳致远，如何更上一层楼，是我们每一位南林人必须回答的新问题、大问题。

自 2019 年 11 月起，全校开启"十五年后的南林"解放思想大讨论，这个大讨论的目的正是为"后百强时期"的南林发展作思想层面的预热和准备。目前，在即将正式跨入百强之际，我们仍要进一步深化学习、深化讨论，进一步解放思想、凝聚共识，在解放思想中形成新的发展共识，为开辟学校事业发展新境界奠定良好的思想基础。

南林的未来应该如何发展，今天我想从学校的服务面向定位、学科布局和资源瓶颈等几个角度谈点认识。

一要拓宽学校服务面向的格局。对于一所高校而言，服务面向定位的意义十分重大，决定了其办学方向、面向对象和发展前景。在南林"后百强时期"新发展阶段中，我们能否继续行稳致远，取决于我们是否清晰地把握住新时代社会主义事业发展的大背景和总依据。

在我国开启全面建设社会主义现代化新征程中，生态文明建设已成为中国特色社会主义"五位一体"总体布局中的其中"一位"，具有十分重要的战略地位！在未来中国的发展大势中，生态文明建设将拓展融合至中国现代化建设的各个维度，空间广阔、大有可为！

生态文明建设涵盖林业发展，但又远不限于此，它既与林业密切相关，又为学校提供了发展新兴、交叉学科的可能性与必要性。参与其中，既能充分发挥我们的林科特色优势，又能不断拓展壮大现有学科领域，实现新发展。因此，对于以林科为特色的南林而言，必须主动拓宽学校服务面向的格局，从主要面向服务林业发展，研究如何面向更为宏大的国家生态文明建设，这也是南林主动对接时代命题、推进教学科研服务社会的供给侧改革、开辟发展新境界的必然选择。

我们应该致力于将林科优势特色有效转换为参与生态文明建设的优势特色，科学谋划、主动对接、积极投身于国家生态文明建设主战场，以更为广阔的生态文明视角主动寻找具有巨大发展前景的契合点，开新局育新机谋新篇，在服务国家建设中施展抱负、大展宏图。

二要优化学校学科发展的格局。从规模上形式上来看，南林已由单科性大学转变为多科性大学，要建成高水平的多科性大学，必须正确把握特色发展和多学科协调发展的关系，深化学科运行机制改革，推动构建活力更强的学科协调发展新格局。

我们要坚定不移地聚力打造高峰学科。一如既往地坚持特色发展不动摇，林业工程、林学等学科过去是、现在是、将来也仍然是且必须是我们坚持的特色和优势，这是学校的立校之本！我们要围绕国内国际林业学科发展趋势、国家一流学科建设要求和国家重大战略需求，持续聚力打造高峰学科。

我们也要坚定不移地在更高水平上推动学科布局的优化和协调发展。一是要积极拓宽加强与林业事业关联密切的支撑学科和基础学科，推动其不断提升目标定位、强化对高峰学科建设的进一步支撑作用；推进高峰学科与近缘、关联学科的交叉融合，凝练研究新方向，拓展研究新领域，为学科融合发展提供新动力。同时，在高峰学科发展的引领和反哺下，有效推进相关支撑学科和基础学科的协同发展，为打造新的高峰学科积聚力量。二是要主动对接国家生态文明建设重大需求，发挥特色优势，寻找参与生态文明建设的有效契合点，积极拓展现有优势学科面向领域；同时，结合学校实际，积极谋划增设在生态文明建设中支撑作用显著、发展空间广阔的新学科。三是积极对标国家重大发展战略、区域经济社会发展等重大需求，依托人工智能、大数据等信息领域新技术，谋划增设具有巨大发展前景的新兴学科、交叉学科，开辟学校事业发展新的战略增长点；要高度重视信息技术等对其他学科的融合与发展作用。

三要拓展学校办学空间格局和拓宽办学资源渠道。学校高度重视、积极推进新校区建设，因为其意义重大，事关学校未来发展。无论是拓宽服务面向的格局，对接生态文明建设，还是优化学科发展格局，谋划增设立足国家和区域经济社会发展需要的新兴学科、交叉学科，布局事业发展新的战略增长点，都需要有能够支撑起未来发展的办学空间资源，这是实现"后百强时期"新发展目标最为重要的物质基础。溧水白马获批国家农高区，为推进学校建设新校区提供了前所未有的机遇，既带来了政策资源优势，又有与农高区共建共荣的发展前景优势，我们要建设好新校区，统筹规划好新庄校区与白马新校区等的功能定位，为南林新百年基业的发展奠定良好的基础。

谋划"后百强时期"南林新发展格局中，有些同志心中还有些顾虑，归结起来，多数是担心资源不足，"巧妇难为无米之炊"，资源不足确实往往是制约发展的瓶颈问题，这个问题不能被动消极的依托"等靠要"来解决，而是应该主动积极的适应市场竞争、牢固树立"向发展要资源"的理念。

中国改革开放取得举世瞩目伟大成就，其中市场化取向的改革至为重要，市场的规则不仅影响着经济领域，也影响着社会资源配置的方方面面。市场逻辑的本质是竞争，是为社会和他人创造价值的竞争。公办高校办学的资源通常是由两部分组成的：一是计划性资源，以生均拨款为主；二是竞争性资源，其配置方式遵循市场规则，无论是政府增量改革部分，还是各类横向社会服务收入，甚至各类捐赠，都是竞争性的，都基本遵循市场规则。因此，只有敢于竞争、善于竞争者，才能够在改革开放的发展大潮中抢抓机遇、脱颖而出、矗立潮头，否则，就有可能错失机遇，落后于时代，甚至成为时代的"弃儿"。

近几年，学校快速发展的一个重要原因就是南林人敢于主动出击、超前谋划，在积极参与经济社会发展的过程中，争取更多更好的资源，用以支撑学校的可持续发展。我们已有不少这样的案例，如砥砺跨越百强，如推进新校区与国家农高区共建，又如虚拟仿真、国家自然科学基金等实现新突破等。我们在积极参与竞争中增强了自身的实力，获得了发展，在发展中又进一步增强了我们的竞争力，如此良性循环，方能持续发展。

因此，资源问题本质上要靠发展来解决，发展是硬道理，是第一要务，人才是第一资源，我们应该进一步解放思想、转变观念，牢固树立起"向发展要资源"的理念，不断提升南林人的竞争力与发展格局，为学校健康高质量可持续发展积聚起强大的力量。

六朝松下　玄武湖畔

战略目标、方向与路径

规划不同于计划，规划相对比较宏观，是方向性的，虽然很多细节仍需在实践中不断完善，但方向本身也是至关重要的，我们只有朝着正确的方向去干，才能把事业干成干好。因此，深刻理解学校"十四五"规划和 2035 远景目标的战略思想、战略目标以及与之匹配的战略路径，才能把牢学校未来发展之"魂"、把准学校事业的发展方向，更好地推进规划的落实落地。

一、战略思想

学校"十四五"规划和 2035 远景目标的战略思想主要体现在三个维度。

一是要紧扣习近平新时代中国特色社会主义思想理论体系的国家维度。十九大报告指出，到 2035 年中国基本实现社会主义现代化，到 2050 年建成富强民主文明和谐美丽社会主义现代化强国，将"美丽"写入报告，作为社会主义现代化

本文为作者在 2021 年 5 月 27 日领导干部党史学习教育专题读书班上的讲话（摘录），刊载于《南京林业大学学报》第 728 期。

强国建设的五大目标之一；十九届五中全会再次强调，要"全面贯彻新发展理念"，并将"生态文明建设实现新进步"作为"十四五"时期经济社会发展的主要目标之一；国家加速推进生态文明建设，着力实现"碳达峰、碳中和"的宏大目标。在国家的宏观规划之下，会逐步出台相关政策与配套措施，南林作为国家"双一流"建设高校，现在又跨入全国高校百强之列，在国家发展的伟大历史进程中会有怎样的发展机遇？能为国家现代化建设做出什么样的贡献？关键取决于我们能否准确把握顺应大势，找准学校定位，找到服务国家发展战略的有效契合点。

二是要精准对接江苏区域经济社会发展需要的社会服务维度。江苏是经济大省强省，我们立足省会南京办学具有得天独厚的优势，如经济优势、区位优势、政策优势等，要想用好这些优势实现新发展，就必须主动对接江苏区域经济社会发展的需要。作为江苏省属高校，作为江苏高水平大学高峰计划A类建设高校，我们理应将服务地方经济社会发展作为事业发展的有机组成部分，这也是高校服务社会职能的具体表现。我们要深入研究分析对标江苏"十四五"规划和2035年远景目标，自觉响应习近平总书记视察江苏重要讲话指示精神，为江苏推进"在改革创新、推动高质量发展上争当表率，在服务全国构建新发展格局上争做示范，在率先实现社会主义现代化上走在前列"的具体实践中贡献南林力量，在服务"强富美高"新江苏建设的进程中实现自身发展。

三是要立足南林的历史和现实的自身价值体系维度。南林历史悠久、学统端庄、学风朴实，有着优良的办学传统。以梁希、郑万钧、陈岳武、王明麻、张齐生等为代表的老一辈南林学者，在相关领域做出了卓越的贡献，他们秉持求真务实的严谨科学精神，扎根中国大地开展研究，他们的科研成果为国家林业事业发展和区域经济社会发展做出了突出贡献，为南林在那个时代赢得了广泛的声誉。今天我们作为国家"双一流"建设和全国百强高校，我们更须继承和弘扬南林的历史传统、赓续南林的精神血脉，在新时代开拓创新、接续奋斗，做出南林人的新贡献。

二、战略目标

基于战略思想，学校拟定了未来发展的战略目标，在"十四五"规划中体现为"三步走"。"三步走"的目标设定也是基于高等教育发展规律和一定的历史逻辑。学校"十四五"规划所设定的目标既有定性描述，也有定量描述；既有学校整体的发展目标，也有具体学科的发展目标。"三步走"战略目标中，第一步到 2025 年，我们要"建成特色鲜明的世界知名大学"是定性描述，要有"3 个学科确保在 A 类、2～3 个学科确保在 B 类"是定量描述，要"跨入全国 70 强，全球 700 强"是学校整体发展的定量描述，所以，我们"十四五"期间的量化目标的准确表述应是"3A3B70700"；同理，第二步到 2035 年，量化目标应是"5A10B50500"，并建成"特色鲜明的世界高水平大学"；及至第三步到 2050 年建成"特色鲜明的世界一流大学"。

学校的"十四五"规划和 2035 远景目标实际上所体现的是内涵建设与社会评价有机统一。如果说"70700""50500"是我们提出的关于学校整体建设的，"3A3 B""5A10B"目标实际上就是在紧抓内涵建设，因为这些指标背后的学科评估都是国家评价，是高校内涵建设的核心所在。国家层面评价高等学校有两套体系。一套是"985""211"和"双一流"体系，虽然也是以学科为基础的，但更侧重从整体去宏观评价。还有一套是国务院学位办持续开展的5年一次的学科评估体系，现在在进行的是第五轮，这是国家层面对高校学科进行的最权威的评估。这两个方面是有机统一的，我们要两手抓、两手都要硬！实际上，过去3年，我们就是基于学科评估体系和高校整体发展的综合性评价体系，结合我们自身对大学内涵建设与发展规律的认识与把握，创造性地将这些关键要素统一到学校特有的绩效目标管理与考核制度体系之中，建立起了新的运行模式。实践证明，这套办法是有效的，是一条与南林发展实际相匹配的创造性的好路子，当然我们还要立足不同阶段学校改革发展的实际，不断优化完善南林的这套管理体系，推动学校事业不断向前发展。

我们所设定的战略目标不仅体现了内涵发展与社会评价的有机统一，同时也是南林人"追求卓越"的必然要求。老一辈南林人秉持"追求卓越"的精神追求，经过坚持不懈的奋斗，为中国林业事业发展中做出了卓越的贡献；作为新时代的南林人，我们要继承和发扬"追求卓越"的优良传统，科学设定、逐步实现学校未来事业发展的阶段目标，在今后一段时期，锚定学校"十四五"规划和2035远景目标，以"团结、朴实"之态，谋"勤奋、进取"之功，以"追求卓越"驱动事业发展，以事业发展弘扬"追求卓越"，始终保持"雄关漫道真如铁，而今迈步从头越"的雄心壮志，始终坚定"中国特色、世界一流"的方向目标。

三、战略路径

有了战略思想之"纲",确立了战略目标的"航向",还必须构建切实有效的战略路径,方能推动事业行稳致远。战略路径怎么选择,我认为,内涵建设的核心是学科建设,我们要牢牢抓住学科建设这个牛鼻子。

大学分科而设,尽管学科之间存在着不同程度的交叉与重合,但一个学科之所以能够成为独立的一级学科,是因为其具有相对系统且独立的学科知识体系。大学内涵建设的核心是学科建设,以学科建设为龙头,教学科研为两翼,是大学发展的基本逻辑。国家层面近二十年来,进行了四次全国性的学科评估,现在正在进行第五轮学科评估工作,正是抓在了关键处。随着对学科建设内涵认识的不断深化,学科评估的内容与指标体系也在不断地丰富与完善之中。作为研究型大学,国家"双一流"建设高校,我们要不断深化对学科建设内涵与发展规律的认识,优化学科布局、深化学科建设,这才是我们战略路径实现的核心抓手。

我认为,学科的核心与灵魂是知识创新和技术创新。一个学科的生命力在于该学科的知识体系和技术体系能否得到不断地丰富与发展,研究型大学、"双一流"建设高校的学科建设水平,关键要看其能否通过科学研究与人才培养为该学科贡献新的知识和新的技术,从而推动该学科的持续向前发展。当一个学科没有新知识和新技术产生的动力和可能性的时候,它也就停止发展了;当一个学科没能够站在该学科的前沿、贡献新的知识或者新的技术时,它就不能够与研究型大学的发展定位相匹配,更不能与世界一流学科建设的定位相匹配。这样的学科也许其发展已经渐趋成熟，其知识体系已大致完备，慢慢地将作为人类知识体系中的常识而进入通识教育范畴，或者将调整进入以应用型人才培养或技能型人才培养为主的专业（职业）教育体系。

对于大部分应用性学科而言，其是否具有旺盛的学科生命力，我认为，大致可以从以下四个方面进行分析判断。

第一，来自学科内生发展的驱动力。一个学科的诞生，是基于其对客观世界、或对人类社会发展与运行规律认识的独特视角。一个学科从诞生到成熟，本质上是在该认识视角下不断进行知识创新与技术创新的过程，是知识与技术不断积累与完善的过程。学者们往往因为觉得还没有完全弄清楚其客观规律而不停地进行探索研究，譬如，在物理学中，人类一直在探究着对于更为微观层次的物质世界的认知，从分子、原子、质子、中子、电子到夸克，迄今也仍未穷尽；又如在物理学与材料科学中，从在接近绝对零度附近发现超导现象，到 BCS 理论试图解释超导现象，到 20 世纪 90 年代初发现氧化物高温超导体，历经百年，该研究领域仍然在不断产生新知识与新技术，迄今，与超导现象有关的研究成果已被授予了五次诺贝尔物理奖，这就是学科发展内生驱动力的典型案例。

第二，来自基础学科进步的支撑力。数学被称为一切科学之母，在自然科学中，数理化天地生等被归之为理科，属于基础学科，这些学科是人类知识积累的基础，它们的发展往往会很大程度地影响到其它应用性学科的发展。如半导体物理学的发展，影响了电子科学与技术等学科的发展，推动了人类社会进入信息时代；又如分子遗传学和基因技术的突破，影响了农学、林学等学科的发展，今天，像南林这样的以植物为主要研究对象的高校，其遗传育种研究方向，从研究方法、研究技术到分类、评价等，无不深刻地受到生命科学领域新突破新技术的影响，接受着来自这些基础学科进步与突破带来的巨大的支撑力量。

第三，来自与信息等其他学科交叉融合的激活力。学科之间虽然有一定的边界，但不同学科之间的交叉融合是学科发展的重要途径之一。信息科学与技术是近半个多世纪来发展最快的学科，它深刻影响与改变了人类社会的发展与运行状态，以至于有人称人类进入了信息时代。确实，信息类学科通过不断地发展与分解，衍生出了众多的一级学科，包括电子科学与技术、信息与通信工程、控制科学与工程、计算机科学与技术、电气工程，2011年国务院学位委员会批准新设立了软件工程一级学科，2020年又增设了集成电路科学与工程为一级学科，2021年再增设了网络空间安全为一级学科，这些变化从一个侧面反映了电子信息与计算机关联类学科快速进步的状态，也说明了该学科领域强大的生命力。电子信息与计算机网络技术无处不在，它深深地嵌入到几乎所有其他学科之中，并深刻影响与改变着其他学科的研究范式，其他学科也因与信息技术的交叉融合，产生了新的活力与生机，当前，互联网、大数据、人工智能等新技术仍在蓬勃发展之中。因此，南林的传统优势学科如何与人类发展最快最有活力的信息技术相结合，是我们在优化学科结构、调整学科研究方向时需要重点思考的一个重要维度。

第四，来自应用需求的牵引力。需求牵引是学科发展的重要力量。人类知识的积累一方面来自于因好奇心而不断追求真理的过程，另一方面来自于因社会生产力与生活水平提升的需要而不断发明创造各种新技术的过程。当前，中国特色社会主义现代化建设进入新时代，面向世界科技前沿、面向经济主战场、面向国家重大需求、面向人民生命健康，需要"双一流"建设高校，研究型大学的学科建设勇于自我革新，在不断为国家建设作出重大贡献中建成中国特色、世界一流。

概而言之，一个学科的生命力旺盛与否，要考察其学科自身是否还具有强大的内生驱动力，要考察与其相关联的基础学科是否有了新的突破与新的支撑，要考察其与最新兴的前沿技术是否交叉融合，要考察其是否紧密结合了国家重大需求。

就南林而言，如何优化学科布局、深化学科建设，是值得我们深入思考的、事关学校未来发展战略路径选择的重大课题。

林基生态文明学科体系是学校依托国家重大战略、立足自身实际，针对学科建设提出的一种新的理论，虽然还有待进一步完善，但却是一种自觉的有益的探索和尝试。要理解林基生态文明学科体系就需要准确把握国家生态文明建设的深刻内涵。"生态"本是自然科学概念，其后加上"文明"二字，内涵和外延都得到了极大的拓展。从国家对生态文明的相关表述来看，生态文明起码有三层含义，即生产方式绿色化、生活方式绿色化以及生态的保护与修复。如此宏大的国家战略命题，作为林业行业特色高校的南林理应发挥特色优势，主动对接，勇于作为。因此，我们要坚定特色发展不动摇，始终确保林业工程、林学、风景园林等优势学科过去是、现在是、将来也仍然是且必须是我们的特色和优势；同时，我们也必须清醒认识到，仅依靠几个优势学科无法支撑起一流大学建设的全部，也无法满足国家生态文明建设的需要。全校现有七十多个本科专业，已经具备了综合性大学的样式，但形似不代表神似，很多时候我们还在用单科性大学的思维方式去处理实际问题。南林要实现跨越式发展，必须要从思想、学科等方方面面上进行转变，围绕建设林科特色鲜明的、多学科协调发展的世界一流大学目标进行转型升级。

林基生态文明学科体系是学校以特色优势为根基、以国家生态文明建设需求为导向，重新审视、调整优化的未来学科体系。在过去的 20 年，南林在由单科性大学向多科性大学转变的进程中，往往是被动跟随的，甚至仅注重规模扩张；现在围绕林基生态文明学科体系建设，推动学科建设理念由被动转向为主动，从而赋予学科建设持续推进强大动力。这一理念的提出尚处在讨论阶段，也仍有需要完善的地方，需要集全校师生的智慧进一步优化完善，但是这个理念的提出，标志着南林已经形成了学科建设的自觉，这是学校发展进程中"质"的飞越。要探索南林事业发展的特色之路，必须要有超前的理念作为先导，并以此为基础在实际建设层面不断调整优化适应南林未来发展的学科结构，在深化学科建设的征程中，推进学校事业健康可持续高质量发展。

南京林业大学新体育馆

奋勇实践树自信
整装开启新征程

在新学期开学之际，我们在此召开中层干部大会，今天会议的主要任务是，深入学习贯彻习近平新时代中国特色社会主义思想，回顾思考近年来学校事业的发展历程，研究部署今年的重点工作。下面，我谈几点意见。

一、五年砥砺前行，奋斗铸就辉煌

自 2017 年入选国家"双一流"建设高校以来，学校抢抓这一事业发展的重大历史机遇，锚定十六次党代会三大奋斗目标，强化顶层设计，持续深化改革，坚持解放思想，不断凝聚共识；全校干部师生员工只争朝夕、真抓实干、不畏艰难、砥砺奋进，用智慧和汗水强力支撑学校事业飞速发展，取得了历史性成就！

一是以一流学科建设为引领，办学特色优势持续彰显。"双一流"建设方面，在首轮国家"双一流"建设成效评价中获教育部专家组充分肯定，"学校办学实力和学科建设水平显著增

本文为作者在 2022 年 2 月 23 日中层干部大会上的讲话（摘录），刊载于《南京林业大学学报》第 734 期。

强，建设目标达成度高"，林业工程学科建设成效位于第一档，成为支撑我国林业高质量发展的主力军。依托强有力的建设成效，学校成功入选2021—2025年新一轮国家"双一流"高校建设名单，并高质量编制完成一流学科和学校整体建设方案，开启"双一流"建设的新征程。ESI学科建设方面，自2018年5月工程学首次进入ESI学科全球前1%以来，学校先后有7个学科进入ESI学科全球前1%。今年1月最新数据显示，学校ESI排名位列全国农林类高校第七、林业类高校第二。无论是"双一流"建设，还是ESI学科进步，实质上都是坚持"特色引领"，不断强基固本、做特做强的过程。5年来，学校坚持特色发展不动摇，以一流学科建设为引领，使我们的特色优势不断凸显、标签名片更为光亮，在奋进历程中也逐渐明晰了"特色鲜明的世界一流大学"的宏伟建设目标，这既是立校之本，也彰显着南林人"追求卓越"的勇毅品质。

二是以"百强"高校建设为牵引，综合办学实力不断攀升。在一流学科建设的引领下，学校以"百强"高校建设为有力牵引，持续对标找差，经过持久发力和不断优化，逐步实现由"数量积累"到"质量聚变"，学校在全国各类综合评价排行榜中表现突出、位次拔节突破。举校上下用势如破竹的南林速度诠释了南林人毅然崛起的决心，星光不负赶路人，凭借"百强"高校建设的突出成效，学校顺势突破，成功入选江苏高水平大学建设高峰计划A类建设高校，跻身省属高校第一梯队，为推动学校事业发展获取了新资源、注入了新动能、赢得了新机遇。无论是"百强"高校建设，还是江苏高水平大学建设，其实质都是坚持"协调发展"，推动协同互促、整体提升的过程。

三是以内涵建设为核心，高质量发展驱动源不断铸强。深入实施人才强校战略，人才引培质效不断优化。2017年至今，学校累计引进各类人才489人，引进人才数量逐年攀升，2021年度引进122人，较2017年度翻了1倍，5年间基本实现年均100人的引人目标；新增入选国家级人才、团队项目14项，实现新突破。坚持为党育人、为国育才，人才培养质量显著提高。2017年以来，五大学科竞赛破茧成蝶、全面开花，"挑战杯"竞赛和创青春竞赛累计获国奖8项，其中国赛一等奖1项；"互联网+"大赛累计获国奖15项，其中国赛金奖5项；大学生英语竞赛特等奖获奖数蝉联四届全国第一；全国大学生艺术展演获国奖5项，其中国赛一等奖4项；大学生、研究生数学建模竞赛累计获国赛一等奖7项。2018年以来，国家级虚拟仿真实验教学项目入选数量连续3年位列全省第一，今年又有5项推荐进入国家评审。推进研究型大学建设，基础研究水平持续攀升。国家自然基金获批数连续4年递增，2021年获批81项，创历史新高，跃居全国林业高校第一、农林高校第六；国家社科基金重大项目、国务院研究室决策咨询研究重点课题等均实现历史性突破。在国际顶尖期刊《Nature》《Science》上陆续发表多篇论文，主持荣获国家科技进步二等奖2项。学校在2月发布的自然指数榜单中位列农林高校第五、林业高校第一，在自然科学领域高质量科研产出水平和基础研究影响力显著增强。前瞻谋划、科学规划，事业发展蓝图逐渐清晰。学校对标新时代新使命，把握高等教育和行业特色高校发展规律，推动办学理念提质跃升，树立高位发展新航标；积极拓展服务面向格局，主动对接国家生态文明建设和"双碳"工作，动态调整硕士学位授权点和本科专业，积极探索构建"林基生态文明学科体系"，引领学校事业高位发展；积极扩展办学空间资源，依托溧水白马国家农高区政策资源优势，大力推进新校区建设，为扩大事业基本盘、开辟战略增长点夯实空间资源基础。如果说一流学科建设和"百强"高校建设是偏显性的，决定着学校事业短期和中期的发展成效，那么内涵建设在很大程度上则是隐性的，需要绵绵发力、久久为功，虽然短期见效慢，却是修炼内功的必经途径。5 年来，南林在推动事业快速发展的同时，十分重视同步强化内涵建设。"博观而约取，厚积而薄发"，在不断探索和持续深化的过程中，内涵建设成效已逐渐显现，这将为学校未来中长期发展事业提供源源不断的后劲，也决定着南林人"追求卓越"所能跨越的时间长度和企及的发展高度。

二、总结经验启示，整装开创未来

1965 年，毛泽东在会见李宗仁夫妇时，问李宗仁的机要秘书程思远："你知道我靠什么吃饭吗？"来宾无以作答，毛泽东沉思片刻后说："我是靠总结经验吃饭的。以前我们人民解放军打仗，在每个战役后，总来一次总结经验。"一代伟人把自己的看家本领说成是"总结经验"，可见总结经验对于事业发展之极端重要。立足南林事业发展的新起点新目标，学校还有很远的路要走、很多的坎要迈，我们要及时回顾总结、复盘反思，盘点南林实践的成功要素，持续强特色、补短板，才能继续从成功走向成功，开启建设"特色鲜明的世界一流大学"的豪迈新征程。

一是以南林精神文化自信催发原生动力。习近平总书记指出，"坚定道路自信、理论自信、制度自信，说到底是要坚定文化自信"，"文化自信是一个国家、一个民族发展中最基本、最深沉、最持久的力量"。对于南林而言，精神文化的自信同样极为重要，是学校存在成长超越之"魂"，失去了精神文化的自信，即使一时成功、超越，终将在历史的更替中迷茫反复、无法延续；而坚守精神文化的自信，即使一时落后，也终将在精神文化之"魂"的原生驱动下自觉奋起、涅槃重生。南林的精神文化自信源自何方？我想主要来源于历史和现在的积淀。南林源于中央大学，其时大师云集、规模恢宏，对南林的影响最为深远，以梁希先生、郑万钧先生等为代表的老一辈南林人，用实际行动生动诠释了南林的办学初心与使命担当，树立起了爱国爱林和争创一流的两座精神丰碑，并将之融入血脉基因，实践发展、延续传承，激励着一代代南林人肩负起"碧水青山"的光荣使命，为中国近现代林业事业和经济社会发展做出了不朽的贡献；一代代南林人始终坚持"追求卓越"，在波澜壮阔的奋斗历程中，形成了聚焦真问题、发现真需求、做出真学问的优异品质。持续丰富的南林精神，在历史和现在均迸发出亮眼、持久的光芒，我们理应为南林崇高的精神文化感到自豪，更应从中发掘原生动力、汲取赓续辉煌的磅礴力量。今日的南林，站在前人的肩膀上，正昂首阔步奋进于新时代，我们秉承"诚朴雄伟"、坚定"树木树人"，构建起和谐进取、绿色担当、务实创新、争创一流的新时代南林人文精神，通过解放思想、锐意改革，在激昂实践中勇于胜利、善于胜利、敢于胜利，突破极限、不断超越，摘取了新硕果、赢得了新胜利，继续谱写着支撑国家林业事业发展和生态文明建设的全新篇章，这正是新时代南林人坚守文化根脉并不断丰富精神文化自信内涵的豪迈过程。未来我们还需更加坚定精神文化的自信，继承并发扬在 120 年沧桑历程中所砥砺形成的以服务经济社会发展为使命担当的南林精神谱系，自觉扛起新时代赋予南林的新使命，聚焦国家生态文明建设重大需求，充分发挥自身优势、用力发掘贡献潜能，推动由"行业高校"向"行业特色高校"的蜕变，以坚定的精神文化自信、崇高的使命担当、有力的担当作为，不断拓展眼界和胸怀的广度、提升起点和目标的高度。

二是以统一思想凝聚强劲合力。人心齐则泰山移。中国是拥有 14 亿人口的泱泱大国，之所以能够取得当前举世瞩目的伟大成就、实现中华民族伟大复兴进入不可逆转的历史进程，成功的秘诀就是在中国共产党的领导下，全国人民勠力同心，朝着共同的目标坚持不懈奋斗。过去几年里，我们通过"双一流"建设动员大会、中层干部大会、部院联席会议、党建工作例会等多种途径，不断统一思想、凝聚共识，聚力建设"双一流"、追逐百强梦，在全校师生员工的精诚团结和不懈努力下，我们成功跨越了一个个曾经看似不可逾越的极限。据悉，在即将发布的中国大学评价排行榜中，我们有望突破 80 位、挺进"7"字头！曾经，进百强是我们的目标，而今，我们不但提前跨越，还大幅超额完成了这一目标。"70700"已经近在咫尺，"50500"也不再遥不可及，这就是统一思想、凝聚共识、形成合力所释放的巨大能量。立足高位新起点，进步的难度会指数级增加、速度会慢慢趋缓，在发展的进程中不免会带来新问题和新挑战。此时，我们更需进一步统一思想、明确方向、凝聚力量，把思想统一到推动"十四五"规划逐步落地上来、统一到深化研究型大学内涵建设上来、统一到更为高远的"特色鲜明的世界一流大学"建设目标上来。这需要我们在座的各位中层干部，尤其是教学单位的党政负责人充分发挥"头雁"引领作用，做细做实做好思想工作，确保全校上下目标一致、力量凝聚，再谱干事创业新篇章。

三是以体制机制改革成就非凡业绩。世界著名作家、大思想家斯宾塞·约翰逊曾经说过"唯一不变的是变化本身"。时代在发展、形势在变化，倘若固守原有的发展逻辑，终将被时代甩在身后。五年来，学校立足时代使命，统筹推动"双一流"、百强高校和内涵建设，持续深化改革，创新体制机制，克服固有制约弊端，适应时下发展需要，创造性地将学科评估、社会评价、内涵发展等关键要素集成统一到绩效目标管理与考核制度体系之中，并动态调整优化，建立起了南林特有的综合性全新运行模式。教育部近期发布的 2022 年工作要点指出，要"逐步淡化一流大学建设高校和一流学科建设高校的身份色彩，选择具有鲜明特色和综合优势的建设高校赋予一定建设自主权，探索分类特色发展模式"。这也证明了以一流学科建设为引领、以多维要素集成为本质的南林运行新模式的前瞻性与科学性。这一重大改革创新集成成果，强力推动学校取得历史性的发展成就，也深刻印证了以解放思想为先导、以改革创新为动力，是干事创业的不二选择。但成功没有恒定"公式"，"中华民族伟大复兴的战略全局"和"百年未有之大变局"仍在不断演变发展，国家生态文明建设和"双碳"工作仍在不断探索推进。南林要想迈得更高、走得更远，必须一如既往的审时度势、改革创新，在实现高质量内涵发展的道路上，在落实"十四五"规划、推进迈向 2035 远景目标的征途中，将持续深化体制机制改革融入到骨子里血脉中、推进至深水区无人区，坚持并持续优化南林特有的发展运行模式，保持战略定力，提升作战水平，再创非凡业绩。

南京信息工程大学东门（南京信息工程大学党委宣传部提供）

国际化：南信大的"天梯"

2015 年 12 月 17 日，世界气象组织候任秘书长、芬兰气象局局长佩蒂瑞·塔拉斯一行到南京信息工程大学（简称"南信大"）访问交流，肯定了南信大为世界气象组织培训所作的贡献。

"未来高校间的竞争，一定是国际化的竞争！"这是南信大党委书记李廉水常说的一句话。科学研究国际化、师资队伍国际化、制度创新国际化……10 年来，南信大走出了一条"垂直拉升，顶层跨越"的国际化发展之路。

一、国际化科研产出国际化成果

每周五上午，是耶鲁大学与南信大大气环境中心的视频例会时间。两校学者通过越洋视频，介绍研究进展，探讨学术问题。自该中心 2011 年成立以来，这样的例会从未间断。

南信大与享誉全球的耶鲁大学建立合作机构，在国内同类院校中是少有的。在耶鲁大学终身教授、中心主任李旭辉的带

本文刊载于《光明日报》2016 年 1 月 16 日头版头条。

领下，大气环境中心围绕地气交换与气候变化、城市气象学、空气质量预报等方向展开研究，获得教育部"创新团队发展计划"的滚动支持，研究成果在《自然》等高水平学术期刊发表。短短4年，该中心就成为全球大气环境研究的重镇。

荷兰皇家气象研究所、英国剑桥大学李约瑟研究中心、美国俄克拉荷马大学强风暴分析预报中心……在南信大国际科研合作中，重量级伙伴还有很多。南信大还与多所世界名校共建气候与环境变化的联合实验室，成为全国首批获准立项建设的3个国际合作实验室之一。

牵头研发新一代地球系统模式"Nuist model"；推翻南北极气候相反成因说，新解"跷跷板"理论；将台风路径预报精度又提高10多公里……这些重量级研究成果，无一不是国际科研合作的结晶。

二、国际化师资引领国际化学科

2014年，美国气象学会会士、国际资料同化领域的领衔专家邹晓蕾辞去美国的教职，回国担任南信大大气科学学院院长，在国内外气象界引发不小的震动。

作为国际气象资料四维变分同化研究与业务应用的开创者之一，邹晓蕾率先对地球同步卫星资料的同化及在数值模式中的运用进行研究，主持"风云3号""风云4号"卫星资料同化工作。在她的带动下，越来越多的顶尖科学家正向南信大汇聚。

引进时定团队、定岗位、定职责；引进后给舞台、给条件、给经费。2006年起，南信大连续八次面向海外招聘高层次人才，引进哈佛、耶鲁、剑桥等大学的高层次人才200多人，17个学院院长中13人为"外来户"。学校专任教师国际化率56.7%，走在全国高校前列。

国际化、精英化的师资队伍成为南信大学科提升的最大引擎。在教育部三次学科评估中，该校大气科学一级学科从榜上无名发展到全国第一。2015年7月，该校地球科学又进入ESI国际学科排名全球前1%。

不仅如此，其他学科也以大气科学为核心交叉融合、繁荣发展，比如计算机与软件学院孙星明教授团队率先将以传感器网络为核心的物联网技术引入加密气象观测领域；电子与信息工程学院葛俊祥教授团队成功研发国内首台地基94千兆赫毫米波测云雷达"天剑一号"。

三、国际化制度畅通国际化道路

起步早、进展快，南信大从国际化中尝到了甜头。但南信大人深知，只有通过合理的制度设计，才能使国际化成为学校发展的持续驱动力。

国家"海外学者"李天明教授正主持973计划项目"热带和中高纬季节内振荡的动力机理及延伸期预报方法研究"，身在国外的他依然可以全天候投身研究。这得益于南信大在美国夏威夷大学设立的"中美大气海洋研究中心"。该中心为南信大聚集优秀科研人员，与夏威夷大学海洋与地球科学技术学院的3个教授团队签约，李天明的团队便是其中之一。

将研究机构设到国外著名大学，对南信大而言，不是第一次。2015年9月，南信大与美国密歇根州立大学开展深度国际化试点，共建"中美计算机科学研究中心"，探索开放课题联合发布等合作项目。此外，南信大还在英国雷丁大学、美国乔治梅森大学设立海外课程培训基地，每年选派中青年骨干教师赴基地接受6个月的培训，并在耶鲁等名校设立博士、博士后基金，招收优秀人才定向培养。

南信大校长蒋建清将国际化比喻为"天梯"。沿着"天梯"，南信大一步步迈向世界一流。

六朝松下　玄武湖畔

根本任务

聚焦重点工作　提高改革实效

大力培养研究生创新能力
为建设科技强国提供人才支撑

　　研究生教育是国民教育的顶端和国家创新体系的生力军，承担着高端人才供给和科学技术创新的双重使命。培养造就有远大政治理想、社会责任担当、改革创新精神、实践动手能力的高层次创新人才，既是研究生教育的根本使命，也关乎国家现代化建设的推进层次度和国家未来的发展水平，研究生教育水平某种程度上标志着国家的核心竞争力，因此，办好研究生教育责任重大、使命光荣。

　　当前，我国正处于十分关键的历史时期，"世界正经历百年未有之大变局"。新中国成立70余年来，中国创造了世所罕见的经济快速发展奇迹，现在的经济总量稳居世界第二，仅次于美国，但是，大并不等于强，GDP不只是数量问题，更要强调结构和质量。现在，中国虽然已经崛起，中美虽然都是10万亿量级俱乐部成员，但中美国力的现实差距仍很大，现代化程度、软硬实力匹配方面的对比仍悬殊。即便如此，美国已经把中国作为最大的战略竞争对手，采取了一系列全方位打

本文为作者于2020年12月23日在全校研究生教育会议上的讲话（节选），刊载于《南京林业大学学报》第718期。相关思想后经进一步整理后单独成文，以"培养研究生创新能力的三个关键"为题，刊载于2022年4月25日《中国教育报》第5版。

压我国的措施，如中美贸易摩擦、打压华为等。这些行为均是在设法摧毁有可能成为国际产业链顶端的中国高新技术企业，试图让中国永远处于国际产业链的中低端，阻止中华民族的伟大复兴。纵观世界近 200 多年的发展史，三次工业革命均发端于西方，它们占据了世界科技创新的前沿，并长期居于世界各类关键产业链的顶端，形成了垄断与霸权。因此，可以说，中国能否实现建设现代化国家的目标，关键在创新！

国际间的竞争说到底是人才与科技的竞争。在我国，创新从来没有像今天这样被提到了前所未有的高度。2018 年 3 月，习近平总书记参加十三届全国人大一次会议广东代表团审议时强调，"发展是第一要务，人才是第一资源，创新是第一动力"。这一论断高度概括了人才与创新在国家发展中具有举足轻重的作用。中共中央"十四五"规划建议中，"创新"出现 47 次、"科技"出现 36 次、"人才"出现 25 次。这些高频词、关键词的背后，充分体现了以习近平同志为核心的党中央对创新发展的高度重视，深刻揭示了创新人才培养的极端重要性。

目前，培养学生的创新能力已基本成为我国各级教育的共识，研究生教育是国民教育体系中作为国家最高层次的学历教育阶段，创新能力的培养是这一阶段最重要的核心任务。从学历教育体系而言，研究生教育阶段集初等教育阶段、中等教育阶段到大学教育阶段之大成，它既是一个累积的过程，也是一个进一步集成再升华提高的过程。可以说，研究生创新能力的高低基本上代表了一所大学学术水平的高低，也将在相当程度上代表了一个国家教育水平的高低，并最终将影响和决定这个国家创新能力的总体水平。

研究生教育阶段是以学位论文为核心的培养过程，研究生培养阶段的大部分时间是在完成学位论文上，学位论文质量是一名学生创新能力的集中体现。创新能力是综合能力，是改变现存事物、创造新事物的本质力量，是一种提供新思想、新理论和新方法的能力。

创新的要素很多，我认为以下三种要素特别重要。一是科学精神的养成。科学的本质是发现真理，判天地之美，析万物之理，求真务实，要把追求真理作为人生的目标和价值，要耐得住寂寞和辛苦，星光不问赶路人，岁月不负有心人。南林许多老一辈优秀学者为我们树立了良好的榜样，如以郑万钧先生为代表的一批学者，历时近十年，在那个战火纷飞的年代，发现并最终命名水杉，成为 20 世纪世界植物界最伟大的发现；以陈岳武老师为代表的几代南林人，在福建洋口林场，他们历经 60 多个春秋，锲而不舍、潜心科研，创造了"世界杉木看中国，中国杉木看洋口"的骄人业绩，真正把文章写在中国最需要的大地上，被称为洋林精神，这些都是我们南林宝贵的精神财富，历代南林人坚持求真务实的科学精神，树立了严谨朴实、追求卓越的优良学术传统，我们要学习、继承和发扬光大。二是掌握科学研究的方法。通过学位论文的选题、开题、试验设计与开展、结果分析和凝练、学术表达等一系列具体培养环节，让学生学会如何开展科学研究，掌握科学研究的基本方法，能够独立从事科学研究活动。三是要具备良好的创新思维。中国的学生特别是研究生最需要补充两样东西。一是批判性思维。当代世界著名的教育哲学家、美国哈佛大学教授谢费勒认为，"批判思想在教育活动的概念和组织中是第一重要的。"中国传统教育认为，"师者，传道、授业、解惑也"。但今天我们重新审视这句话时，总觉得缺少了点什么。师者要解惑，但更要引导学生善于质疑！一个能够把所有问题都回答出来，而让学生没有了疑问的老师未必是一个能够培养学生创新能力的好老师，善于批判和质疑才能对未知领域提出具体问题，才能为解决问题提供创新的方向。二是想象力。爱因斯坦说过，想象力比知识更重要。中国人有重视读书的优良传统，但太注重已知知识的积累，对未知世界往往缺少了奇思妙想，考试也大都以死记硬背的知识为主要内容，而忽略了想象力的培养。如果不想象人类是否能够像鸟一样飞翔，也许不太会有飞机的发明和创造，从某种意义上说化学元素周期表也是门捷列夫"想"出来的，苯环的分子结构是德国化学家凯库勒"梦想"出来的！在科学发现史上，这样的例子不胜枚举，所以说，批判性思维和想象力是创新思维、创新能力培养中两个特别重要的因素，作为高层次人才培养和科技创新主阵地的研究生教育更要重视这一点。

2017 年 9 月 17 日，蒋建清同志为南京林业大学"十佳大学生"颁奖

以"三育理念"
构建大思政格局

　　作为一所以林业立家的高校，如何结合林业特色，做好思想政治教育工作，培养造就兼具科学素养和人文精神的优秀人才？近日，记者走进南林，与该校党委书记蒋建清促膝长谈。

　　蒋建清说，结合全国高校思政工作会议精神和全国教育大会精神，南京林业大学以课堂教育、实践培育、环境化育"三育理念"构建大思政格局，通过立根固本、深植厚培，全面落实"育新人"的时代使命。

　　不久前，中国工程院院士、南林教授曹福亮给师生上了一堂生动的思政课，他运用林业前沿研究成果，阐释马克思主义原理，大大激发了学生对思政课的兴趣。"最大限度发挥课堂教学的育人主渠道作用，是提升高校思想政治教育实效的关键抓手。"蒋建清说，高校立德树人，并非仅仅是思政课程的事，更需要思政课教师主讲的"思政课程"与专业课教师的"课程思政"有机结合。目前，南林正在逐步构建"德林交融"的思政育人体系——思想政治理论课、专业教育课、通识素养课三位一体，鼓励广大教师善挖掘、巧引导、重身教，既要当好授

本文刊载于《光明日报》2019 年 1 月 3 日第 10 版。

业解惑的"经师"，更要当好为人师表的"人师"。

　　每年春天，南林竹类研究所的师生们都会来到黔北的田间地头，为当地农民排忧解难。"高校育人，不仅是知识的灌输，更是能力的培养，对于农林高校更是如此。"蒋建清认为，学校必须加强对学生实践能力的培养，通过实践教育实现知识教育和能力教育的统一，促进"育智"向"育能"的转化。为此，南林依托"思政—实践"育人平台，推进科教融合、校企联合，利用节假日组织学生深入自然村，开展科技服务和生态知识普及教育，让学生"学之于农村"并"用之于农村"，在实践过程中提高自身的思想政治水平和专业能力。

　　"一所大学不仅要有一流的物质条件，更重要的是拥有一流的文化内涵。"在蒋建清看来，经过岁月沉淀又融合中西之长的办学传统、人文底蕴、校园风采，形成一种引导激励全校师生的精神动力，这才是一所大学的精髓和灵魂。为了激励新生，蒋建清走上讲台，从校园中的几处文化景观着眼，给大一新生们细述了南林历史上"树木树人"与"树人树木"等几个故事。"这些故事是莘莘学子成长成才的生动教材，于润物无声中加强对他们使命感、责任感和荣誉感的教育，激励他们沉下心去、脚踏实地，让朝气蓬勃的青春梦想与绿水青山的时代使命同频共振。"

　　"课堂教育是高校立德树人的种子，实践培育是立德树人的土壤，环境化育是立德树人的灵魂。高等教育要回归常识、回归本分、回归初心、回归梦想，必须始终坚持立德树人，瞄准培养德智体美劳全面发展的社会主义建设者和接班人这一根本目标，把社会主义核心价值观教育融入人才培养全过程。"蒋建清说。

2021 年 11 月 3 日，蒋建清同志为南京林业大学 2021 级新同学讲授大学"第一课"

不负时代，不负韶华
做一名有远大理想的优秀大学生

　　去年初，突如其来的新冠肺炎疫情打破了我们原有的生产生活秩序，在这一场惊心动魄的抗疫大战中，在党中央的英明决策和坚强领导下，中国经受住了艰苦卓绝的历史性大考，环顾全球，目前只有中国人民在常态化疫情防控下，全社会的生产生活秩序保持着比较正常的状态。对比中外抗疫情况，充分展现了中国精神、中国力量、中国担当！充分体现了中国人民的向心力和凝聚力！也充分暴露了以美国为首的一批西方国家所谓的人权、自由、民主、平等的虚伪。

　　在座的各位同学都是在抗击疫情中完成了高中学业，顺利进入南林继续深造学习。今年，6000 多名新同学来到南林，成为了"林家大院"的一份子，我代表学校向大家表示最热烈的欢迎！

　　今年是我第四次在这里给全体大一新生讲课。年年岁岁事相似，岁岁年年人不同！去年 9 月 13 日晚，我看了一个电视节目，是著名歌唱家吴碧霞女士刚演唱完《红楼梦》后谈的感受，她说，"我每次吟诵曹雪芹的诗，唱王立平老师写的红楼

本文为作者于 2021 年 11 月 3 日在新体育馆为 2021 级新生讲"开学第一课"时的讲稿。

梦电视剧的歌，都有新的体会和感受，希望每一次演唱都有新的提升"。这是一名艺术家对自己一种很高很严的要求。作为大学老师，我也很有同感，我珍惜每一次给学生讲课的机会，从每一次讲座的备课与现场讲解中，都会有新的感受、体会和提升，我也希望今天的这堂课能讲得比去年更好一些。

今年入学的同学，大多是 2002、2003 年出生的，是标准的世纪新人！生在新世纪，赶上新时代，你们必将见证与参与国家"强起来"的伟大事业，你们也必将是强国一代！

今天，我想着重谈三个问题。

一是，南林是什么？

二是，新时代的南林有什么样的特殊使命？

三是，你想成为一个什么样的人？

一、首先，我想谈谈南林是什么？

每一个南林人都会有自己心目中的南林印象，都会有属于自己的答案，随着时间的推移，可能还是常答常新的。初进南林，同学们可能会说，我知道，南林是一所百年名校、南林是一所国家"双一流"高校、南林是一所以林科为特色的大学、南林在紫金山麓玄武湖畔、南林的樱花很美等，这些全都对，都是南林的特征或者说标签。

但今天，我特别想跟大家分享的是南林的精神特征。大学四年，同学们除了掌握一门专业知识外，最重要的是，在南林这个大园子里的四年大学生活，在你们身上会留下什么样的南林印记，这个精神印记不论你是否觉察，都将陪伴你终生，对你的人生产生极其深远的影响，所以同学们要用心感受与体会。我来南林工作四年多来，也一直在体悟南林的优秀精神传统，今天跟同学们分享的是我个人的一点心得，希望能对大家有所启迪。

（一）历史与精神特征

认识南林，首先要对南林的历史和精神有一个基本了解。

同学们已经参观过校史馆，大家都知道南林是五脉汇合而成，这个历史事实我就不再重复叙述了，可我一直在思考的是五脉汇合对于我们今天的南林有着怎样的影响？我们从中能汲取什么样的养分来激励我们奋力前行？

我个人觉得有三个方面的内容是我们应该特别重视的。

一是，五脉汇合中，中央大学对我们今天的影响是最为深远的。中央大学在当时大师云集、规模恢宏，是当时中国乃至亚洲最好的大学，1952 年开始，中央大学经过几次调整，一分为九，形成了江苏高等教育的基本格局。今天，南京高等教育资源比较丰富，仅次于北京、上海，这与中央大学有密切关系。2002 年，南京大学、东南大学、南京师范大学、河海大学、南京农业大学、南京林业大学、南京工业大学、江南大学和江苏大学 9 所高校迎来原国立中央大学百年华诞，江苏省政府特意向 9 所高校赠送了"百年九鼎"以示纪念。赠给南林的鼎就矗立在逸夫楼与教五楼前的广场上，同学们应该都看到了，这个铜鼎是我们南林人身份的象征，不仅象征着我们"出身名门""学统端正"的辉煌过去，更激励着我们新时代南林人肩负使命，创建一流的美好未来。这 9 所高校全部是全国百强高校，其中 7 所是国家"双一流"建设高校，明年，将迎来两个甲子暨 120 周年校庆盛典！

此外，南林校训的前四个字"诚朴雄伟"，也是来源于中央大学，是罗家伦校长于 1932 年 10 月 11 日就任中央大学校长时提出来的（原文见《中央大学之使命》），他担任中央大学校长 9 年，贡献巨大，现在的南京大学也是以"诚朴雄伟"为校训的前四个字（后四个是"励学敦行"）。我们要深入研究南林的历史，今天，我们仍然要从这种优秀传统中去主动地、自觉地、有意识地汲取养分，继承并弘扬我们的优秀传统和精神财富。

中央大学的原址在四牌楼 2 号，现东南大学的老校区，我在那个校园里学习工作了 20 年，她那恢宏的民国建筑、参天的法国梧桐、千年的六朝古松，无不散发着知识、思想与智慧的光芒，同学们应该安排时间去那里看看，那也是南林的文脉之根。

二是，梁希先生与南林人爱国奉献的使命担当。

梁希（1883 年 12 月 28 日至 1958 年 12 月 10 日），中国科学院学部委员（院士），中国杰出的林学家、教育家和社会活动家，中国近代林学的开拓者、林业界德高望重的一代宗师和新中国林业事业的奠基人。

1916 年，梁希从日本东京帝国大学农学部林科毕业回国，先后任教于北京农专、浙江大学；1933 年 8 月至 1949 年南京解放，任中央大学森林系教授、系主任；1949 年 1 月 31 日，梁希与胡小石、郑集三位教授出任南京大学校务维持委员会常务委员。1949 年 8 月中央大学改名南京大学，8 月 10 日，梁希先生担任校务委员会主席（委员会由 19 位教授和 2 位学生代表组成，潘菽、涂长望、钱钟韩、金善宝、管致中均为委员）。梁希先生连续在中央大学工作时间长达 16 年之久，这也是他最年富力强的时候，对于我们今天南林的爱国传统、办学定位和使命以及优良学风的形成影响巨大！

林钟与林人的使命。梁希先生对于旧中国政治腐败是有切身体会的，战乱连年，林业根本不被当局重视，教育与科研经费极端困难，梁希克服了重重困难和险阻，坚持教育与科研结合，教学与育人结合，发展我国林业教育与科学事业。1946年1月，梁希为中央大学森林刊物《林钟》题写复刊词，在对忽视林业建设的国民党政府进行抨击同时，向林人们提出了著名的敲击"林钟"号召：

"林人们，提起精神来，鼓起勇气来，挺起胸膛来，举起手，拿起锤子来，打钟，打林钟！一击不效再击，再击不效三击，三击不效，十百千万击。少年打钟打到壮，壮年打钟打到老，老年打钟打到死，死了，还要徒子徒孙打下去。林人们！要打得准，打得猛，打得紧！一直打到黄河流碧水，赤地变青山。"

他的这一号召影响深远，直到今天，我们校歌的歌名就是"为了碧水青山"，我想这就是我们林人的使命、担当与追求！也是我们南林最重要的精神支柱！

在梁希先生身上，还有许多其他优秀的品质值得我们去继承与发扬，特别是他的赤子之心，爱国之情。同学们设想一下，1949年解放前夕的南京是一种什么样的局面，其斗争之艰巨与生命之危险是可想而知的。1948年，在白色恐怖的南京，身为中央大学教授的梁希号召学者们关心政治、争取民主，愿为新中国诞生而甘洒热血，有一首他写的诗可见当时形势之紧张：

迎曙光

以身殉道一身轻，

与子同仇倍有情。

起看星河含曙意，

愿将鲜血荐黎明。

在梁希先生与一批爱国进步学者的共同努力下，中央大学的主体被完好地保持了下来，成为我们新中国建设的重要力量，现在台湾也还有一所叫中央大学的高校，但再也没有了当年的那种气魄和实力。所以爱国是我们南林具有的特别的精神传统，同学们要好好地体会与继承！

（1949年5月上旬，梁希作为民主人士在北京参加了中央人民政府筹备会议。在9月召开的第一届全国人民政治协商会议上，他提议成立林垦部。周恩来采纳了他的意见，并提名梁希为林垦部部长。梁希感到很不安，就写了一张条子送给周恩来："年近七十，才力不堪胜任，仍以回南京教书为宜。"周恩来看后提笔写了一句话："为人民服务，当仁不让。"回复给梁希。梁希看了回条，激动地写下了："为人民服务，万死不辞。"交给周恩来。从此这位年近古稀的老人在林业领导岗位上为新中国的林业事业倾注了全部心血，为新中国林业建设作出了重大贡献。）

1949年，新中国建立后，梁希任中央林垦部首任部长。

1952年，由首任林垦部部长梁希提议，教育部在北京召开会议，决定合并一批大学的森林系。根据全国各大林区和师资力量，在华北、华东、东北三个大区设立北京、南京、东北三所林学院。由于我国幅员辽阔，各地区的森林植被和生产方式各有差别，所以当时考虑在专业设置上合理布局，各林学院除了设立专业基础课外，还要根据不同地区的森林特点和生产方式设置不同的专业。北京在华北平原，这一地区有大片的荒山、荒地，重点加强造林专业的师资力量，北京林学院重点建设造林专业。东北的森林面积大，原始森林多，每年的木材生产量大，重点加强采运方面的师资力量，使采运成为东北林学院的重点系。南方的林产工业比较发达，又有原来南京大学、金陵大学等森林系多年延续的办学基础，师资力量也比较强，就在南京林学院重点设立了林产化工专业。全国林业高校三足鼎立的局面从此铺开，南林也从此肩负起振兴南方林业、修复长江以南地区自然生态的光荣使命。

梁希先生对南林优良办学传统的形成具有非常深远的影响，"为了碧水青山"，是我们南林人的初心和使命！它是南林人热爱祖国、行业报国的精神源泉。梁希先生身上这种赤子之心、爱国之情，敢于担当、勇于奉献的优秀品质，我们也称之为梁希精神！

三是，郑万钧先生与求真务实的科学精神。

郑万钧，中国科学院学部委员（院士），著名林学家、树木分类学家、林业教育学家，中国近代林业开拓者之一。

水杉被公认为是世界 20 世纪植物界"伟大的发现"。水杉发现的科学价值，在于它是一种"活化石"，其祖先在距今 1 亿年前，广布于北半球北纬 35° ~ 80° 地区，当时至少有 10 种。近 200 万年来，北半球发生多次冰川，古水杉几乎灭绝，仅剩此一种幸存于我国川鄂边境一带。所以很长一段时期内，许多学者只见过水杉化石，不知道还有活的水杉遗存下来。曾任南京林学院院长的郑万钧教授在水杉的发现、保护和发展方面做出了重要贡献。

1941 年 2 月，我国著名林学家、中央大学教授干铎路过四川万县靠湖北边境的谋道溪，看到一株巨大的古树，高有 30 多米，胸围有 7 米多，引起他极大兴趣，经观察并不认识，可惜当时是冬天，树叶尚未发出，没有采集标本。干铎先生将此信息告诉了当时万县农校教务主任杨龙兴，并委托其采集标本，后又传到了时任中央林业实验所技正的王战。此后，干铎先生也曾在许多场合谈起过此"神树"。

1943 年夏天，王战到鄂西神农架原始森林考察，路过并找到了这棵树，采集了一份有叶有果的标本，但王战并不认识该植物，错误地将其鉴定为"水松"，没有真正认识到所采标本的价值。

1945 年，这份标本转到了时任中央大学森林系主任郑万钧手里。他第一眼见到水杉枝叶碎片和球果后，就非常肯定地认为是新属、新种，并给出了属、种名称。

但是，王战先生采集的这个标本是不完整的，为了系统地进行研究和科学认定，1946 年的 2 月和 5 月间，郑万钧先生两次派他的研究生、中央大学森林系技术员薛纪如前往采集有花、幼果和枝叶的水杉标本（模式标本），并对其形态、特征进行了进一步了解。但因当时文献资料不多，于是郑万钧进行拉丁文描述，并连同标本寄往他的老师、北平静生生物研究所胡先骕教授处，托他查阅文献并帮助确认。据此，胡先骕查阅到日本科学家三木茂 1941 年发表在日本《植物学》杂志上关于发现和定名水杉化石的学术论文，后来，经两老共同讨论后认为，他们研究的水杉属和水杉与日本古植物学家三木茂发表的化石属是同一类植物，于是才将其统一在 *Metasequoia* Miki

这一化石属名下，这是郑先生和胡先生师生的伟大功绩。

1947 年 8 月，郑万钧又派助教华敬灿前往谋道溪和水杉坝一带采集标本，以便为水杉的研究和正式发表提供依据。

1948 年 5 月，郑万钧与胡先骕联名在《静生生物调查所汇报（新编）》第 1 卷第 2 期上发表《水杉新科及生存之水杉新种》一文，将水杉的学名确定为 *Metasequoia glyptostroboides* Hu et Cheng，明确了水杉在植物进化系统中的重要地位。这一成果得到了国内外植物学、树木学和古生物学界的高度评价。美国加州大学伯克利分校教授钱耐（Chaney）评价说："发现活水杉的意义至少等于发现一头活恐龙。"

按照国际植物命名法规，标本的采集人和新植物的命名人是有本质区别的，两者在新植物发现的作用是不能等同的。只有高水平的植物分类学家在新植物的发现中才起决定性作用，通过正确的命名和反映其在系统演化位置的重要性，揭示其科学价值，这就是为什么说郑万钧先生和胡先骕先生是现代现存水杉发现者的缘由。

水杉命名后，南京成为全国乃至全世界第一批种植水杉的地区，第一批苗木就种植在中山陵、中央大学下关林场（现南京师范大学附中附近）、御道街两旁。现在，我们在新图书馆旁的笔直挺拔的一片水杉林是 20 世纪 60 年代初栽种的。

从发现水杉至今，这个古老的化石树种表现出极大的生命力和适应性。在国内北起辽宁、北京、延安，南到两广和云贵高原，东起东海和台湾，西到四川盆地，都已栽培成功。在国外，水杉的引种遍及亚、非、欧、美等大洲，已经在 50 多个国家安家落户。在抗美援朝时期，朝鲜的金日成主席就亲自用花盆培育中国政府赠予的水杉树种；1978 年，邓小平同志去尼泊尔王国访问时，把中国的水杉树种栽种在尼泊尔皇家植物园里；美国前总统尼克松还把他心爱的游艇命名为"水杉号"。美丽的水杉好似友好的使者，以它古朴秀雅的身形把我国人民的深厚友谊传播到世界各地。

求真，是科学研究最重要最本质的内在逻辑，是科学之所以成为科学的根基，也是人类认知自然的必由之路！以郑万钧先生为代表的老一辈南林科学家，在水杉的发现过程中，从发现到定名历经8年，他们在那么困难的抗战年代，克服艰难险阻，数次去深山采集标本鉴定，反复确认后最终才定论发表，这充分彰显了"求真务实"的严谨科学精神！南林人也把它概括为"水杉精神"，它挺拔、高大、正直的形象和追求卓越的学术传统，已成为激励一代代南林人不懈奋斗追求真理的精神源泉。

五脉汇合，可以说，汇集了当时中国最优秀的一批林科学者到南林（中国林业出版社前年出版了一本书，《中国林业事业的先驱和开拓者》，其中列举了6位先生的年谱，凌道扬、姚传法、韩安、李寅恭、陈嵘、梁希，他们中5位均在中央大学、金陵大学和后来的南林工作过，所以说，南林是中国林业高等教育的发源地），五脉分别带来了自己优秀的学术传统，交汇激励，盛况空前，五脉汇合构筑了我们学校的办学根基，逐步明确了"立足江苏、面向南方、辐射全国、迈向国际"的发展方向，肩负起"碧水青山"的光荣使命。

南林动人的故事还有很多很多，在南林，我深深地感到，"为了碧水青山"，是我们南林人的初心和使命，它融入到了每一位南林人的血液之中！南林是一所有使命的大学，也是一所有担当的大学，不忘初心，牢记使命，南林人的爱国是自觉地把国家林业事业的发展和生态文明建设作为自己的责任，记于心中，扛在肩上，身体力行，一代代南林人团结朴素、勤奋进取、追求卓越；他们勇于开拓、善于创新、求真务实、无私奉献，取得了丰硕的办学成果，为中国林业事业发展提供了有力的科技和人才支撑；他们书写着诚朴雄伟、树木树人的伟大篇章，树起了属于南林自己的不朽的精神丰碑！它孕育了一批批莘莘学子在这里成长成才，报效国家！

这是我们的历史，我们的优秀传统，我们要仔细体会，接力传承，我们认识过去，是为了更好地建设今天，谋划美好的明天！

（二）现实与愿景

以 1902 年创建的中央大学为起点，南林已走过 119 年的风雨历程，我经常在思考，这样一所拥有悠久的办学历史、深厚的文化底蕴、杰出的名师大家、端庄的治学传统、深沉的家国情怀的百年名校，它所孕育创造的无尽辉煌，赋予南林人最大的价值意义是什么？我个人觉得不仅仅是提振了我们师出名门的底气与自豪感，更大的意义在于激发了我们自觉自省自律地去对标更高层次的服务科学、国家和人类发展的责任感和使命感，以崇高的理想、远大的目标为思想的指引，在"追求卓越"的路上披荆斩棘、勇往无前、接续奋斗！

今日的南林，正奋进于新时代，继承并发扬着在近 120 年的沧桑历程中所砥砺形成的南林精神谱系，以舍我其谁的勇气和魄力在超越自我、追求卓越的路上阔步向前。自 2017 年，入选国家"双一流"建设高校以来，学校秉持"中国特色、世界一流"的宏伟目标，只争朝夕、不负韶华，勤奋实干，学校事业的发展势头迅猛，取得了一系列新进展、新突破、新成效。学校继续成功入选新一轮国家"双一流"建设高校名单，稳居"国家队"行列；成功入选江苏高水平大学建设高峰计划A类建设高校，跻身省属高校第一梯队；强势摘取全国"百强"硕果，综合办学实力和社会美誉度持续快速提升。

南林的历史和现实告诉我们，南林是一所好学校、是一所比你想象之中还要好的学校，是一所经过你们接续奋斗会一直好下去的学校！这既是属于我们南林人的文化自信，也是激励南林人奋发图强的精神源泉！希望我们的新同学从坚定南林文化自信开始，开启你们的大学之旅，开辟你们更为宏大的人生新境界！

1. 学校规模

专业与学科数量。学校现有本科招生专业 70 个；博士学位授权一级学科 8 个、二级学科 40 个，硕士学位授权一级学科 24 个、二级学科 101 个。

学生数量。设有 21 个学院（部），各类全日制在校学生 3 万余人，其中博士与硕士研究生、外国留学生 6200 余人。

教师数量。学校现有专任教师 1560 余人，博士生导师 263 人，高级职称 845 人。其中中国工程院院士 2 人，外聘院士 8 人，"长江学者奖励计划"特聘教授 2 人、青年学者 1 人，国家杰出青年基金获得者 1 人，国家青年"千人计划"人选 5 人，国家百千万人才工程 7 人，国家"万人计划"领军人才 5 人，国家优秀青年科学基金获得者 2 人，省部级以上有突出贡献的中青年专家 16 人，全国林业与草原教学名师 3 人。

校园规模。学校总占地面积 10725 亩，其中，新庄主校区 1257 亩，淮安校区 1327 亩，白马校区（含教学科研基地）3300 亩，句容下蜀教学实习基地 4800 亩，江宁工程培训中心等占地 41 亩。

2. 办学水平

首批国家"双一流"高校（国家队，139 所）、学科评估、大学排名、院士、科技创新等。

3. 近期目标

16 次党代会目标（已提前超额完成）。

4. 长期愿景

学校"十四五"规划和 2035 远景目标。

以一流学科建设为标杆，带动学校综合实力的全面提升，力争 2050 年建成特色鲜明的世界一流大学！根据党和国家的部署，到 2020 年，我国若干所大学和一批学科将进入世界一流行列，若干学科进入世界一流学科前列；到 2030 年，更多的大学和学科进入世界一流行列，若干所大学进入世界一流大学前列，一批学科进入世界一流学科前列；到本世纪中叶，一流大学和一流学科的数量和实力进入世界前列。双一流建设与"十九大"分两步走战略安排密切关联，是社会主义现代化建设的重要支撑，发展是第一要务，创新是第一动力，人才是第一资源。如果说 2050 建成社会主义现代化强国是我们的共同发展目标，是中国梦，那么第一动力和第一资源无疑需要我们高校提供强大的支撑，使命光荣、责任重大。

5. 四大战略

特色发展战略、人才强校战略、国际化战略、信息化战略。

6. 办学理念

以人为本、特色引领、协调发展、追求卓越。

7. 发展理念

健康、高质量、可持续。

8. 关键举措

以教学科研为中心，以师资队伍建设为核心，以标志性成果为导向，重点突破与整体提升相结合，持续深化改革学校管理体制机制，构建并运行了以绩效任务、政策支撑、资源配置、作风建设、年度考核等关键环节相互配套的目标管理体系，努力营造公平公正、开放高效、风清气正的干事创业氛围，形成了人人参与、奋勇争先、撸起袖子加油干的良好局面。

二、生态文明建设与南林使命（新时代南林有什么样的特殊使命？）

实现现代化作为人类文明发展与进步的显著标志，是世界近代以来各国孜孜以求的共同目标。1841 年，鸦片战争以后，旧中国被迫卷入现代世界体系，整整 180 年来，多少仁人志士，前赴后继，苦苦寻求中国现代化之路，晚清，如李鸿章，发出中国遭遇三千年未有之大变局的感叹，但洋务运动没有成功；孙中山领导的民主革命，也没有带领中国走向现代化。只有中国共产党，带领中国人民经过艰苦卓绝的英勇奋斗，中华民族迎来了从站起来、富起来到强起来的伟大飞跃，实现中华民族伟大复兴进入了不可逆转的历史进程！

现在，我国的经济总量早已成为世界第二，人均 GDP 达到 1 万美元，处于中等收入的上部，请同学们注意，这是一个非常关键的历史节点，世界上很多国家徘徊在这个节点上，没有能够成功跨越所谓的中等收入陷阱，如巴西、阿根廷、南非、墨西哥等。因此，这是关乎我国能否从发展中国家行列走向发达国家的重大命题。

在这种背景下，十九大报告明确指出，"经过长期努力，中国特色社会主义进入了新时代，这是我国发展新的历史方位。"正是站在这一新的更高的历史起点上，中央对新时代中国特色社会主义现代化建设作出新的顶层设计，提出从 2020 年到本世纪中叶，在全面建成小康社会的基础上，分两步走全面建成社会主义现代化强国。

第一阶段，从 2020 年到 2035 年，基本实现社会主义现代化。生态环境根本好转，美丽中国目标基本实现。

第二阶段，从 2035 到本世纪中叶，建成富强民主文明和谐美丽的社会主义现代化强国。

在这一伟大目标的建设过程中，我们南林应肩负起特殊的使命和责任！因为生态文明建设，被放到前所未有的高度！

为什么？

习近平总书记在 2018 年 5 月 18 日的全国生态环境保护大会上，有一段非常值得我们林业高校的同志们深刻领会的讲话，他指出，"随着经济社会发展和实践深入，从当年的两个文明到三位一体、四位一体，再到今天的五位一体，这是重大理论和实践创新，更带来了发展理念和发展方式的深刻转变。"

"人类进入工业文明时代以来，传统工业化迅猛发展，在创造巨大物质财富的同时也加速了对自然资源的攫取，打破了地球生态系统原有的循环和平衡，造成人与自然关系紧张。"

"在人类 200 多年的现代化进程中，实现工业化的国家不超过 30 个，人口不超过 10 亿。在我们这个 13 亿多人口的最大发展中国家推进生态文明建设，建成富强民主文明和谐美丽的社会主义现代化强国，其影响将是世界性的。"

在建党百年庆祝大会上，习近平总书记指出，中国式现代化有五大特征。中国式现代化是人口规模巨大的现代化，中国式现代化是全体人民共同富裕的现代化，中国式现代化是物质文明与精神文明相协调的现代化，中国式现代化是人与自然和谐共生的现代化，中国式现代化是走和平发展的道路的现代化。习近平总书记进一步指出，我们坚持和发展中国特色社会主义，推动物质文明、政治文明、精神文明、社会文明、生态文明协调发展，创造了中国式现代化新道路，创造了人类文明新形态。

仔细研读这些重要论述，我们可以体会到：历史和现实均告诉我们，在中国难以照搬西方的老办法老路子、走传统工业化的道路实现现代化，中国共产党必须带领 13 亿多中国人民走出一条与西方发达国家的传统工业化道路不一样的新路子，这必将是一项了不起的人类壮举，也是中国走向强起来的必由之路！

习近平总书记多次强调："绿水青山就是金山银山。山水林田湖草沙是一个生命共同体，人的命脉在田，田的命脉在水，水的命脉在山，山的命脉在土，土的命脉在树。"

中央明确提出："要把发展林业作为建设生态文明的首要任务"，赋予了林业前所未有的历史使命。

南林作为一所以林科为特色的国家"双一流"建设高校，我们必须担当起时代责任，发挥我们的聪明才智，既要顶天，也要立地，在国家生态文明建设中主动发挥引领作用。

绿色是我们南林的基色！

我们要积极主动为生态文明建设培养创新拔尖人才、提供科技支撑、引领经济社会绿色发展、传播生态文明理念。

如果说，过去重视林业、重视生态是我们林业人自觉的使命与担当，那么，今天，国家从更高的社会主义事业"五位一体"总体布局高度，从国家现代化的顶层设计上对生态文明有了更加高瞻远瞩战略安排，我们林业人理应走在时代的前列，从行业局部走进时代的主旋律！

所以说，同学们遇上了一个大有可为的时代，希望同学们好好学习，不负芳华！

三、不负时代、不负韶华，做一名有远大理想的优秀大学生

此时此刻，我们现场的同学和屏幕前的同学形成了一个集"线上线下"模式为一体的巨大课堂。今天，我们济济一堂，构成了一个非常特殊的场景，教育学里有个理论，叫"高峰体验"，说的是人在某种场景下经受特殊的心灵体验后而得到成长，今天此情此景，也说不定哪句话哪个瞬间场景拨动了你的

心弦，引起了你的共鸣，让你印象深刻。我相信，昨天晚上的"十佳"大学生评选活动，很多同学的心灵一定受到了极大的触动，榜样原来并不遥远，榜样就在身边，此所谓听一席言，胜十年书是也！

这种效果能否产生，在相当程度上取决于读者与作者，或者说老师与同学之间能否引起同频共振了，育人之难也就是难在这里。今天我一个人在这里慷慨激昂很卖力地说上一百分钟，当然希望同学们有所收获，但是我今天在这里说的话，同学们肯定不可能都记得，当然也没有必要全记得，大部分话，同学们听后很快就会忘了，这很正常，完全符合人的记忆与认知规律，但如果有那么一两句话或者某个观点某个思想，你们听了觉得有些启发，甚至，若干年后回想起来，觉得还有些价值并可能终生受益，那么我就感到无比欣慰了！作为一位老师，这是我的一种信念，也是我的一种追求！

今天，也不例外，事先我认真备了课，讲稿今年又认真作了修改，现在在这里慷慨陈词，希望不要浪费同学们的宝贵时间，希望同学们有所收获。

去年3月，习近平总书记在给北京大学援鄂医疗队全体"90后"党员的回信中强调："青年一代有理想、有本领、有担当，国家就有前途，民族就有希望。希望你们努力在为人民服务中茁壮成长、在艰苦奋斗中砥砺意志品质、在实践中增长工作本领，不惧风雨、勇挑重担，让青春在党和人民最需要的地方绽放绚丽之花。"

这是习近平总书记对广大青年人的殷殷嘱托，也是我们每一位同学要深刻思考的终身课题。你们生逢新时代，潮平岸阔、风帆正劲；你们肩负大使命，中华崛起、重任在身。在实现中华民族伟大复兴的伟大征程上，如何成长为新时代优秀大学生？我认为最关键的是要有远大理想！

大到一个国家、民族，小到一个单位、学校、家庭、个人，志向都是引领前行的不竭动力。古今中外很多名人智者对人生志向、人生理想问题有过许多精辟的论述。

同学们肯定也读过不少，有的可能引起了你的共鸣，对你的成长产生了积极的作用，更多的可能并没能引起你的重视，虽然入眼入耳，但实际上没有入脑入心。由于这个问题我个人认为太重要了，也许今天我说的还是老生常谈，但也请同学们耐心听之。为什么呢？

（一）明确志向，提高价值判断能力

关于人生志向，我常常思考和反问自己，为什么一个人的志向、理想、目标那么重要？我长期思考后的基本看法是：人生志向和目标，这个东西本身并不是与生俱来的，它不是先天的，而是后天慢慢养成的，它取决于我们自己想成为一个什么样的人！也就是说，你想拥有一个什么样的人生，主要取决于你自己养成了什么样的世界观、人生观和价值观！观念决定行动，世界观、人生观和价值观是我们思想的底色，这个底色会时时刻刻影响我们的行动方向，我们一定要把这个底色打好！

立志，首先要把价值取向认识清楚，志向志向，就是人生奋斗之方向也！只有方向正确了，本领越大，能力越强，对于社会的贡献也越大；反之，如果方向弄偏了，事倍功半；如果弄反了，反而会对社会造成很大危害！正所谓德者，才之帅也。爱因斯坦曾说过，一个人的价值并不在于他获得了怎样的财富、荣誉和地位，而在于他对社会作出了什么样的贡献！我的一位企业界朋友，江苏大峘集团董事长卢显忠，他不仅是一位非常优秀的企业家，也是一位具有很高道德修养的长者智者，我非常尊重他，去年8月27日专门请他给我们学校中层干部作了一次讲座，讲座中，他说这么两句话，让我深受启发。他说，小时候他妈妈跟他讲，你要做一个好人，做一个有用的人。小时候，他觉得妈妈的这个要求也太低了，现在，他已年近古稀，在他回顾自己的人生历程时却感慨：要做到做好这两句话，不容易啊！这一声感叹，不知蕴含着他多少经历了人生酸甜苦辣后的感悟与感发。我细细品味后，觉得这两句话看似朴素平实，通俗易懂，其背后却蕴藏着非常深刻的道理。

曾记得，英国作家狄更斯在《双城记》的开篇中写道：

这是一个最好的时代，也是一个最坏的时代；

这是一个智慧的年代，这是一个愚蠢的年代；

这是一个信任的时期，这是一个怀疑的时期；

这是一个光明的季节，这是一个黑暗的季节；

这是希望之春，这是失望之冬；

人们面前应有尽有，人们面前一无所有；

人们正踏上天堂之路，人们正走向地狱之门。

这是狄更斯在问，人生是向善，还是向恶？人生是踏上天堂之路，还是走向地狱之门？这也是我们每一个人自己要回答的问题，是一道必须做出选择的无法逃避的人生必答题！而且这道题不是选择一次就可以终身管用的，在漫长的人生道路上，有坦途，也有险阻，会碰到各种各样的利益问题、名誉问题、地位问题、情感问题等。人生时时刻刻要做出价值判断，让自己走在正道上，做出一次正确的回答也许并不难，难是难在一辈子都要回答正确！所以，中国儒家经典《大学》有云，"大学之道，在明明德，在亲民，在止于至善"！我以为明明德，也可以理解为就是要做一个好人，要择善固执，拳拳服膺；在亲民，可以理解为就是要做一个对社会有用的人，经世济民，亲民友善，服务社会，服务百姓；止于至善，就是要一辈子修身养性，高山仰止，景行行止，努力成就为一名内心光明、奉献社会、全心全意为人民服务的高尚完人。

因此，我个人认为，做一个好人，就是立德成人的逻辑起点，从立志做一个好人出发，向着人生更高的理想进发；做一个有用的人，这是自立成才的逻辑起点，进而去成为一个有本领敢担当的干才！一个人能力有大小，一辈子，只要沿着正确的人生方向努力奋斗，也许，对社会的贡献有大有小，但起码对社会均是"正能量"的，而不是"负能量"的，这就是一个人生方向的大问题。它是人生的基点，是我们道德的底线，儒家的另一部经典《中庸》告诉我们，"好学近乎知，力行近乎仁，知耻近乎勇"！我们每一个人都要在不断的学习修炼实践中提高自己的价值判断能力，确保自己走在向上向善的人生正道上。习近平总书记曾说，"思想认识问题一时解决了，不等于永远解决。就像房间需要经常打扫一样，思想上的灰尘也要经常打扫，镜子要经常照，衣冠要随时正"，明确志向、价值判断贯穿于人生的始终，不会一劳永逸，而应持之以恒，希望同学们细心体会之。

（二）志存高远，树立远大理想

我很欣赏著名作家毕淑敏在一篇文章中关于人生意义的论

述，她说，人生是没有意义的，但是——我们每一个人要为自己确立一个意义！

不单是中国的年轻人在目标这个问题上飘忽不定，就是在美国的著名学府哈佛大学，也有很多人在青年时代也大都未确立自己的目标。她说，我看到一则材料，说某年哈佛的毕业生临出校门的时候，校方对他们做了一个有关人生目标的调查，结果是27%的人完全没有目标，60%的人目标模糊，10%的人有近期目标，只有3%的人有着清晰长远的目标。

25年过去了，那3%的人不懈地朝着一个目标坚韧努力，成了社会的精英，而其余的人，成就要相差很多。

明朝大儒王阳明有一句话叫做：人生须立志，立志当高远。人生要有高远的大志向，"立鸿鹄志，做奋斗者"，它引领我们生命的航向。"吾，十有五而志于学"的孔子，成为我们中华民族的万世之师表；"为中华崛起而读书"的周恩来成为我们敬爱的周总理！我认为，今天，同学们生在新世纪，赶上新时代，要立志为中华民族的伟大复兴而读书！人生要有高山仰止，景行行止，虽不能至，然心向往之的胸怀和追求！

在中国共产党建党百年庆祝大会上，习近平总书记对新时代青年专门提出了殷切希望，他说："未来属于青年，希望寄予青年。一百年前，一群新青年高举马克思主义思想火炬，在风雨如晦的中国苦苦探寻民族复兴的前途。一百年来，在中国共产党的旗帜下，一代代中国青年把青春奋斗融入党和人民事业，成为实现中华民族伟大复兴的先锋力量。新时代的中国青年要以实现中华民族伟大复兴为己任，增强做中国人的志气、骨气、底气，不负时代，不负韶华，不负党和人民的殷切期望！"总书记的殷殷嘱托，为包括我们当代大学生在内的青

六朝松下　玄武湖畔

年朋友们指明了宏大的奋斗方向，要求我们树立远大理想，心系国之大者，积极向上、努力拼搏，努力成长为优秀的社会主义事业的建设者和接班人！我想，中华民族伟大复兴需要我们每一位中国人贡献自己的正能量，积涓涓细流，汇聚起滚滚洪流，形成建设中国特色社会主义现代化强国的磅礴力量，我们的目标一定能够达到！

（三）分解目标，千里之行始于足下

远大志向是追求人生价值的总纲、总牵引，但如果仅仅停留于空想而不力行之，再宏大的志向和美好的愿景终将失之于空虚和飘渺，成为空中楼阁、梦幻泡影！不积跬步无以至千里，不积小流无以成江海！为了远大志向得以实现，我们必须立足自身、立足当下，设定科学合理的阶段性目标并适时调整优化，通过坚持不懈的接续奋斗，通过各个阶段性目标的有效达成，一步一个脚印地推动远大志向得以实现。

同学们到大学来，从阶段性而言，大家均应问一下自己，我到南林来是来干什么的？考上好大学曾经是同学们初中、高中时的阶段目标，如今，你们已经迈入南林这所国家"双一流"建设百年名校，你的新的阶段性目标是什么呢？同学们，切不可以为四年很长，高考很累，进入好大学就可以松口气，歇歇脚了，甚至有的中学老师为了鼓励你们拼一下高考，错误地不负责任地跟你们讲，同学们上了大学就好啦！就不用那么累啦！言外之意，似乎大学很轻松，是个保险箱，是个滥发文凭的地方，如果真是这样，请问同学们，你们还会选择来南林吗？你们还要这张没有真才实学作为支撑的大学文凭吗？大学不是这样的！2020 学年，我校有 18 名学生因为学习困难退学，其中 14 名学生因为所修学分未达到学校规定的最低学分要求，受到学业警示后被强制退学。

"凡事预则立，不预则废。"19 世纪法国作家雨果曾经说过："有些人每天早上预订好一天的工作，然后照此实行，他们是有效地利用时间的人。而那些平时毫无计划，靠遇事现打主意过日子的人，只有混乱二字。"目标决定规划，大学求学阶段如何规划，请同学们认真思考认真规划，切不可浑浑噩噩虚度了这美好的大学生活！

在南林，在我们身边，有很多关于志向引领成功的真实案例，在这里分享给大家，供同学们参考体会。

一是，学校每年都会涌现出一批"学霸宿舍"。

2021 届毕业生中，生物与环境学院 9 栋 221 宿舍的 5 位男生全部考研成功，1 人考入南京大学，1 人考入华东师范大学，2 人考入南京理工大学，还有 1 位同学留校继续深造。宿舍中的成员都说是一致的目标助力他们走到了最后、走向了成功。因为目标一致，他们作息规律，早起晚归的复习从来没有人掉队；因为目标一致，他们互相扶持，不管谁遇到什么样的难题，大家都是一起讨论、协同解决；因为目标一致，他们无私互助，考研复试的时间很接近，压力大、任务重，但是他们还是抽出时间给舍友们做模拟面试，最终助力全体宿舍成员一起达成梦想、淬火成钢。

去年，2020 届毕业生中，机电学院 11 栋 607 宿舍的 6 位男生，他们入校之初，并非是什么所谓的学霸，他们也曾迷茫困惑、走过弯路，大一上学期期末考试，宿舍中甚至还曾有同学遇到过学业困难，但就是这样一个宿舍，在接下来的 3 年时间里面完成了逆袭。今年 6 月毕业的时候，宿舍 6 人，4 人留在我校继续攻读研究生，2人分别考取南京航空航天大学、江苏大学研究生。宿舍中的成员都说他们逆袭之路的开端源自大一下学期一个改变——他们在宿舍长张钰哲带领下开始给自己上了"紧箍咒"。宿舍6人一起制定了"只要上午没课，早上7∶30前离开宿舍一同去图书馆学习"的宿舍规章制度。同学们，这可不是说说的，接下来的3年时间里，他们一起讨论解题思路、一起锻炼身体、一起拓展兴趣爱好，始终坚持多学一点是一点，既收获了友谊，也成就了自我。

2020届毕业生，化工学院9栋605宿舍的5位男同学，入校之初就在宿舍长张宸睿的带领下制定了明确的大学生涯规划。大学4年，他们勤奋自律，同时间赛跑、对自己负责，除了学习成绩在专业内名列前茅外，宿舍成员还纷纷在全国大学生英语竞赛、全国大学生化工设计大赛等创新赛事中崭露头角。最终宿舍长张宸睿直博我校"一流学科"专业，另有3人考取浙江大学、南京大学、南京农业大学等知名高校研究生，1人赴英国爱丁堡大学继续深造。

生物与环境学院21栋216宿舍卫晨曦等4位女同学，4年大学期间共获得50多项校级以上荣誉，"三好学生""优秀学生干部"等荣誉称号，最终，宿舍4人以优异成绩全部获得保研资格，被分别保送到北京师范大学、华东理工大学、河海大学等高校攻读研究生。

我把这种现象称为"同群效应"。今年，学工处宿管科的同志们做过一个统计，2021届毕业的同学们一共有1319间宿舍，考研成功的宿舍数量有776间，同一宿舍中3人以上考研成功的数量有121间，宿舍全部读研深造的有14间之多，可见一个群体如果营造了一个良好的学习生活氛围，经过共同拼搏，就会出现共同生长成才的"同群效应"，这是非常值得我们深思和研究的好现象。记得有一位诺贝尔物理奖获得者说过，一个人能否成才，相当程度上取决于你周边的同学。请同学珍惜周边的一切，与其他同学一起营造一种良好的学习生活文化场景，共同成长，成就更好的自己。

上个世纪，社会学家布迪厄就曾提出"文化场域"的概念，同学们在同一个宿舍中要共同学习生活4年之久，你们共同构建的就是一个全新的文化场域。大家不要小看这种文化的力量，同学们的人生观、价值观和人生目标都会在这样的氛围中被慢慢形塑。所以，大家一定要尽快达成对大学阶段目标的基本共识，共同努力、相互激励，共同营造出一个良好的学习生活氛围，经过大学4年的发展，会让同学们变得非常优秀，赢得更好的发展，成为更好的自己。在今天日新月异的奋进新时代中，同学们要坚信："佛系""躺平"不是所谓的时尚，"勤奋进取"（校风后半句）才是实现人生价值的主流！

二是，学校也有很多以志向为牵引实现个人更大人生价值的真实案例。

经济管理学院15级学生张帅，新疆乌鲁木齐人，出生时身患脑瘫，无法行走，他克服的困难是我们四肢健全的人无法想象的。有一次，在同学的关心鼓励和陪伴注视下，用了足足两个多小时他在南林紫湖溪桥上独自跨出艰难一步。经过23年的精心治疗和刻苦锻炼，现在已经可以独立在大学中学习、生活。他的志向就是成为正常人或别人眼里的正常人。23年的治疗、锻炼，没有间断；大学期间，每天到健身房锻炼一个半小时，凌晨两点仍在学习。现在的张帅，爬过紫金山、游过玄武湖、独访扬州城、在"阳光家园"做志愿者，这就是信念的价值，意志的力量！张帅同学，2017 年被评为校"十佳大学生"，2018 年被评为"感动南林人物"。后来他考上了我们本校的研究生，同学们有时可能还会在校园里遇见他，榜样就在我们身边！

因此，请同学们切记，你一定要为自己确定一个人生的目标，既要志存高远，也要脚踏实地！

最后，我想用三句话来归结一下今天的内容：

第一句话是，同学们来到了一个好学校，一个比你预期还要好的大学，将来这个大学一定还会更好，你选择来南林是来对了！

第二句话是，同学们遇到了一个好时代，一个大有作为的时代，一个令人奋进、激情洋溢的时代，一个实现中华民族伟大复兴的新时代，同学们是生逢其时啊！你生对了！

第三句话是，同学们要不负时代、不负韶华，树立远大志向、学好专业本领，做新时代优秀大学生，发扬新时代南林人"追求卓越"的品质与毅力，秉持新时代青年"强国有我"的勇气与豪情，为未来能在实现中华民族伟大复兴的进程中贡献更大力量打下坚实的基础，做一名有远大理想的优秀大学生！

今天，你们以南林为荣；明天，南林必将以你们为荣！

"三感教育"，行业特色高校
人才培养的必要环节

　　每个行业特色高校的设立都有其独特的使命，为行业和国家培养合格建设者和可靠接班人是他们共同的责任。加强学生的"三感教育"，即使命感、责任感、荣誉感教育，对于培养行业和国家急需的高素质人才，提高高校人才培养水平都具有重要意义。

一、以"三感教育"服务行业和国家

　　"三感教育"内涵丰富，强调自省和内化，旨在发挥大学生在教育过程中的主体作用。在新时期，使命感主要指培养青年大学生作为社会主义事业的建设者和接班人而自觉树立明确的成才目标，不断激发报效祖国、服务社会的紧迫感与责任感。责任感包含自我责任感和社会责任感两个维度。自我责任感指大学生在处理自己的学习、健康、思想、行为等方面的自觉意识和情感体验；社会责任感指大学生在所处时代背景下逐渐形成的对国家、民族、集体、他人所承担的责任的自觉意识

本文刊载于《中国教育报》2014 年 10 月 27 日第 10 版。

和情感体验。荣誉感则为正面激发人的道德品质和自我潜能，是实现自我前进、自我完善的强大动力。

从个人与社会的辩证关系来看，加强"三感教育"，培养学生"三感"情操具有重要意义。个人是社会的个人，作为社会一员的个人必须认清自身与社会之间相互依赖、不可分割的关系，个人意志必须遵循社会发展规律，个人利益应服从社会整体利益。在此基础上，要实现个人价值的最大化，就必然要求每个人具备强烈的责任意识，具体到各行各业的个人则会自觉衍生出对本行业、本岗位的使命感，由此通过人与人之间的各种联系的建立，个人为实现社会、国家及集体利益最大化的荣誉感也就油然而生。这些积极的情感体验将更好地激发社会中的个人，主动担负起对他人、对社会的责任，反之也对个人的发展起到积极的推动作用。

二、以"三感教育"提升人才培养水平

培养学生的使命感，志存高远，提高学生学习的主动性、积极性和创造性。"三感教育"可以让学生常思使命之责，常励奋进之志，能够激发学生主体意识的觉醒，引导学生做到真学、真懂、会用，与时俱进，创新进取，主动作为。百学须先立志，理想的高度决定人生的高度。要引导学生志存高远，主动担负起振兴行业的神圣使命。

培养学生的责任感，务实创新，提高学生综合素质。提高学生综合素质是"三感教育"的最终落脚点。要引导学生把服务祖国、服务行业的使命和要求与大学生的社会角色、自身素质紧密结合起来，自觉投身于社会实践，把所学知识和本领奉

献给祖国和人民。要引导学生关心社会发展，关注民族未来，勤奋学习、乐于实践、勇于担当，努力增强学生的创新能力、实践能力和社会竞争力，努力培养行业急需的高素质专门人才和具有行业领军潜质的拔尖创新人才。

培养学生的荣誉感，同心同德，提高学生融入和服务行业的能力。每个行业特色高校在长期办学过程中都铸就了辉煌的历史，文化底蕴深厚，形成了鲜明的校风，这是一笔宝贵的精神财富。要引导学生传承学校优良的校风、弘扬学校的精神。要让学生增强对行业的关注，积极主动服务行业，从初步了解到最终热爱，在潜移默化中提升并固化对行业的认同感和归属感。

三、以多方合力加强"三感教育"

行业特色高校有责任、有义务为行业发展培养高素质人才，要把人才培养的"三感教育"落到实处，应瞄准行业需求，明确行业特色高校自身定位和服务面向，坚持面向行业和面向地方，拓展人才培养思路，以多种途径的教育，多方合力增强学生的使命感、责任感和荣誉感。

一是课堂主题教育。一方面要加强大学生思想政治教育，加强国情、行情、校情教育；另一方面要凝练、提升学校人才培养理念，分类定位，制订适合学生发展的分类人才培养目标，满足行业与地方对人才的多层次、多样化需求。

二是榜样示范教育。以理想信念、学风建设和榜样引导为抓手教育和引导学生，强化对自身责任和使命的认识。对在学习、创新、社会实践等方面表现突出的学生进行表彰和奖励，并广泛宣传立德树人的正能量，激励广大学生学习先进、崇尚先进、争当先进。遴选校园先进典型，以典型事件报道、青春故事访谈、微博热议话题等多种形式宣扬模范力量，鼓励学生以身边的先进人物为学习榜样，勇于担负时代重任。

三是典礼等实践教育。应当充分发挥开学典礼、毕业典礼等实践育人功能，通过开学典礼开展"第一课"、毕业典礼开展"最后一课"主题教育活动，挖掘教育内涵、凝练文化意蕴、注重寓教于情，引导学生从平凡岗位平凡事做起，立足岗位、勇于创新、敬业奉献。

四是行业共建基地教育。在行业特色高校共建体制下，依托行业资源，建设一批人才培养基地，是特色办学的条件保障，也是提升人才培养质量的重要基础。学校以共建为契机，加强行业共建人才培养基地建设，学生可到基地学习实习，提升融入和奉献行业的使命感、责任感和荣誉感，增强学生的学习能力、实践能力和创新能力。

南京信息工程大学气象楼

坚定使命感、责任感和荣誉感
做一名优秀的南信大学子

今天，我们在这里隆重举行 2015 级本科新生开学典礼，我谨代表南京信息工程大学（简称"南信大"）3 万多名师生员工向 6929 名新成员的到来表示最热烈的欢迎！

同学们，大学是人生的新起点。你们青春洋溢，你们满怀梦想，你们来到了美丽的龙王山脚下，你们来到了向往已久的南信大！南信大欢迎你们！

大学者，大人之学也！大学既要授业，更要传道！同学们在 4 年大学生活中将主修一个专业，掌握其基本知识和基本技能，成为社会的有用之才；同学们更要在大学这个熔炉里冶炼 4 年，百炼成钢，深深地打熔铸上南信大特殊的烙印和标记！成为高尚之人！那么，南信大的文化标识究竟是什么呢？我以为南信大办学 55 年，形成的"艰苦朴素、勤奋好学、追求真理、自强不息"的优良校风和"明德格物、立己达人"的校训，是我们可以赋予每位南信大人最宝贵的财富，希望同学们践行谨记。我还以为在南信大 55 年的办学历程中，培养了一大批具有强烈使命感、强烈责任感和强烈荣誉感的优秀校友，为国

本文为作者 2015 年 9 月 15 日在南京信息工程大学 2015 级本科新生开学典礼上的讲话。

家为社会发展做出了不可替代的贡献，这更是南信大人的骄傲和精神支柱！

今天，面对新成员，作为校长，有责任在这开学第一课阐述我对"三感"的认识，与同学们共勉！

一是使命感。 1960 年，作为新中国第一所气象类本科院校，南京气象学院在这里诞生。从其诞生之日起南信大就承载了中国气象事业发展的国家使命。经过五十余年的励精图治，今天的南信大已是一所拥有 50 多个本科专业的多科性高水平重点大学，形成了"以大气科学学科为高峰，以海洋、信息、环境、管理等学科为高原，以基础学科为高地"的学科生态圈，在气象科学研究和气象人才培养等方面为国家乃至世界做出了不可替代的贡献。这不仅是对学校办学成就的巨大肯定，同时也更加坚定了我们的信念，南信大必须肩负起为中国气象事业发展培养优秀人才的国家使命！

马克思曾经说过："作为一个确定的人，现实中的人，你就有规定，就有使命，就有任务，这个任务是由于你的需要及其与现存世界的真实联系而产生的。"随着中国经济社会现代化建设的高速发展，气象也越来越成为国民经济中一个十分重要行业，其综合性复杂性日益增加，气象行业的发展不仅需要大批气象专业人才，同时还需要大批信息类、环境类、管理类、人文社科类等各类专业人才和复合型人才的支撑。因此，同学们要主动承担起振兴中国气象事业发展的神圣使命，胸怀祖国、志存高远，立志成为国家和社会的栋梁之才。

二是责任感。 如果说使命感是我们内心的一种强大的信念和精神动力，那么责任感就是驱使我们更好地完成这种使命的一种担当。使命光荣，责任重大！如何更好地承担起国家和时代赋予我们的历史使命，取决于我们能否成为一个德才兼备的高素质人才。只有心中有强烈责任意识的人，才能够在日常学习生活中严格要求自己，把责任转化为日常行动，踏踏实实学习，认认真真做事，堂堂正正做人！我认为，把责任感融入到具体的大学生活中，应该努力践行三个"有为"。一是求学求知积极有为。同学们要坚持脚踏实地、勤奋刻苦地读书学习，除了认真学好专业课，还要广泛涉猎古今中外、文史哲艺的知识，用好书充盈生命，提升自己的人文修养。二是立德修身积极有为。"大学之道，在明明德，在亲民，在止于至善。"厚德方能致远，同学们要不断加强品德修养，完善自我人格，注重自身行为规范，努力使自己成为德才兼备的人。三是研学创新积极有为。进入大学，同学们要尽快实现从被动接受知识到主动研学创新的转变，自主学习、敢于质疑、勤于分析、善于判断，培养自己的独立思考能力和批判精神。通过三个"有为"让自己的大学生活充实而精彩！用一点一滴的努力让自己成长为一名勇于担当、勇于负责的好学生！

三是荣誉感。同学们，南信大建校五十多年来，已培养各类毕业生 7 万多人，校友遍布大江南北、世界各地，为中国乃至世界气象事业发展做出了杰出贡献。现在中国气象系统的业务骨干近 70% 来自南信大，中国气象系统的管理骨干一半以上来自南信大。学校也因此被美誉为"中国气象人才的摇篮"。我们 77 级的校友，现任中国气象局局长郑国光同志曾饱含深情地对我们说，"南信大一个学校支撑起了一个行业！"这既是对学校办学成就的充分肯定，也是对学校未来发展的殷切希望！因此，我们理应以校友们为荣！理应以他们为国家气象事业做出的杰出贡献为荣！

　　半个多世纪以来，几代南信大教师在此辛勤耕耘，默默奉献，教书育人，成就斐然，今天，南信大大师云集，人才辈出，学校正在向建设世界一流学科特色重点大学奋力前进，我们为有这样一批批一代代优秀园丁而感到无比自豪！学校也理应以他们为荣！

　　同学们，今天你以学校为荣，明天学校将以你们为荣！

　　希望同学们秉承学校优良校风，铭记校训，弘扬正能量，怀揣坚定的使命感、责任感和荣誉感，做一名优秀的南信大学子！

立德树人：
教育、培育、化育并举

　　"以立德树人为根本任务"，是党的十八大、十八届三中全会明确的我国教育工作发展的总方向，也是我国高等教育的根本使命。"立德树人"强调教育以树人为本、树人以立德为先，科学回答了我国高等教育培养什么人的根本问题。但是，立德树人不是一句抽象的口号，它要求高校处理好知识传授、能力培养和价值观塑造三者的关系。

　　"三育"，即教育、培育、化育。内涵具体，功能分明。教育，是指高校对学生进行以专业学科知识体系传授为主的行为，老师讲，学生听，课程设置上专业与通识兼顾，但以专业知识为主体，是大学人才培养的第一课堂。培育，是指高校营造人才成长良好生态，促进学生知识向能力的转化，养成自我发展、自我学习、自我管理的良好习惯。化育，是指学校创造良好的校园文化氛围，把学校的文化基因、血脉融入学生的精神世界和灵魂深处。著名教育家梅贻琦先生倡导的"从游论"，说的就是这个道理："学校犹水也，师生犹鱼也，其行动犹游泳也，大鱼前导，小鱼尾随，是从游也。从游既久，其濡染观

本文刊载于《光明日报》2015年7月21日第14版。

摩之效自不求而至，不为而成。"

"三育"并举，层层递进。教育是高校立德树人的种子，培育是立德树人的土壤，化育是立德树人的灵魂，是育人的最高境界和根本要义。从方向性维度看，三者间也呈现出由内到外，由个体到整体的发展向度。尤其在当下，对学生道德品质的塑造和正确价值观念的引导显得更为迫切，面向 90 后大学生的培养也更依赖于培育、化育等润物无声的方式。大学只有建立教育、培育、化育的完整过程，才能实现从制器到育人的飞跃。

一、高校人才培养中的几对关键关系

目前，我国高等教育已经进入后大众化时代，教育改革成效显著，但是在人才培养的质量、结构、绩效等方面存在与经济社会发展需要明显不适应的地方。坚持"三育"并举，有利于破解高校人才培养过程中长期存在的难题。

促进知识与能力的统一。一般而言，知识是能力的基础和前提，能力是知识的表征和体现。同时也要看到，知识与能力并不是天然一体、不可分割的。近年来，"钱学森之问"一直成为教育界讨论的话题，实质上反映出我国高等教育知识传授与创新能力培养之间的深层次矛盾。处理好教育与培育的关系，有利于理论知识与实践能力协同发展。

促进道德与才能的统一。宋代政治家、文学家司马光精辟地阐述了"德"与"才"的关系："才者，德之资也；德者，才之帅也。"以德帅才，才能造福社会；以才资德，才能德高望重。但是，德才常常分离："德胜才谓之'君子'，才胜德谓之'小人'。"近年来时有发生的专业知识丰富的名校生守不住基本的道德和人性底线的案例，让全社会猛然警醒。

促进真理与价值的统一。高校既是传播真理的知识殿堂，又是塑造人生价值的熔炉。价值来源于对真理的把握，又以必要的知识积累作为判断的前提，因此，真理和价值是内在统一的。哈佛大学的校训是"让真理与你为友"，耶鲁大学的校训是"真理和光明"。追求真规律，求得真学问，需要努力学习书本知识，借鉴人类的文明成果；同时，任何知识都来源于实践，又复归于实践，从而体现自身存在的意义。

促进教风与学风的统一。良好的教风和学风是一种无形的力量，具有强大的导向作用、凝聚作用和规范作用。近年来社会上对高校的教风与学风不正议论颇多，教师不安心教书，学生不安心学习。从辩证法的观点来看，教风在校风建设中起着基础性的重要作用，直接影响学风建设的好坏。"三育"并举，在内容上体现的就是教师与学生的高度一致，强调发挥教师的主导作用。

促进内化与外化的统一。把大学生培养成中国特色社会主义事业合格的建设人才，既需要把知识内化为自己的能力，也需要把外在大学文化固化为自己的精神之钙，在自己的灵魂深处打上深刻的价值"烙印"。通过提高课堂教学质量，激发学生学习的强烈兴趣，激活内生动力；通过文化氛围的营造，让良好的校园文化浸润、渗透学生的精神和行为，在潜移默化中影响到校园内每个个体的身心成长。

二、汇集高校立德树人的正能量

全面落实立德树人根本任务，努力办好人民满意的高等教育，高校必须立足学生全面发展，构筑教育、培育和化育工作的新常态，把知识传授、能力培养和文化熏陶进行统筹谋划，贯通在课堂育人、实践育人、科研育人等方方面面。

教育方面，优化教师知识传授的制度架构。针对高校普遍存在的重科研、轻教学的现象，必须切实提高课堂教学的吸引力，从根本上进行教师能力评价的制度再造。首先，高校要引导老师们形成"课比天大"的共识，强化自身的使命与担当。其次，优化大学的制度设计，在职称、评奖、评优等方面向一线教学倾斜。南京信息工程大学每年评选"十佳教师"，连续两次当选可以提前晋升一级工资；实行职称晋升教学质量一票否决制，凡是出现重大教学质量事故实行延缓申报。再次，强调科研反哺教学，促进教学内容的前沿性、国际化，培养学生的创新意识。

培育方面，创新学生实践育人的顶层设计。社会实践是培养学生独立健全人格、合作精神和奉献意识的重要渠道，同时要避免社会实践形式化、空洞化，南京信息工程大学进行了积极的探索，在顶层设计上做足文章。一是把社会实践纳入学生政治理论课考核内容，有效避免一张试卷定高低的弊端。二是出台学科竞赛奖励制度，同时发挥教师科研优势，让学生进入教师科研团队。

化育方面，打造特色校园文化差异化发展。要把校园文化内化为学生的基因血脉，外化为独特的精神气质，在遵循学术文化、行为文化、环境文化、制度文化等一般规律的基础上，充分体现出学校的历史积淀和发展的分类定位，切忌一刀切、一哄而上。如南信大作为气象行业特色院校，致力于加强"三感"（使命感、责任感、荣誉感）教育，激励一批批学子沉下心去、脚踏实地，到基层、到最艰苦的地方建功立业。

南信大强化"三感教育"：
荣光与梦想一路传承

今年初夏，江西省气象局副局长詹丰兴又一次回到南京信息工程大学（以下简称南信大）。

与学生时代不同，这次他站在报告厅深感压力，"从接到通知开始，足足思考了半年"。因为这并非是一场简单的报告会，而是南信大研究生院围绕"责任感、使命感、荣誉感"（"三感"）组织的专题报告。南信大校领导曾表示："责任感、使命感、荣誉感就是南信大'三感'，作为气象行业高校立德树人的具体化，既是对学校几十年办学历史的总结和传承，也是对气象行业优秀文化的挖掘和弘扬。我们在传授知识、培养能力的同时，也要帮助学生们树立好价值观，这是他们在校勤奋学习，以后爱岗敬业的原动力。"

一个半小时的报告获得了在场学生的共鸣。"我们的荣誉是每一日精准的预报结果，我们的荣光是每一个精确的预测结论。为之坚守，无闻一生，奇迹蕴含在一点一滴的奉献之中。"听完詹丰兴的报告，南信大大气科学学院 2015 级气象学研究生石晨说。

本文刊载于《中国气象报》2017 年 7 月 7 日第 3 版。

一、请一线人员讲述气象人自己的故事

从全国先进工作者、湖北省气象服务中心副主任陈正洪，到全国第三届道德模范提名奖获得者、陕西省渭南市气象局华山气象站副站长于进江，从全国先进工作者、安徽省气象局气候中心主任田红，到全国劳动模范、江西省气象局副局长詹丰兴，这些一线科研人员、业务骨干、管理中坚被邀请到南信大讲述气象人自己的故事。

据不完全统计，已有近千人次聆听了报告，有的同学连听4场，热度并不亚于名家大咖的学术报告。

受邀的主讲人也无不精心准备，从自己的从业经历中提炼升华出"三感"，使报告既有理论深度，又有生动事例。有研究生在听完报告后表示，这些行业先进典型的报告，就像一个开放课堂，让学生有机会近距离聆听气象行业先进人物的故事，对于气象行业有了更加直观的认识，对于自己肩负的使命和责任有了更加直观的了解，对于未来从事气象工作、服务中国气象事业充满了自豪与骄傲。

南信大研究生院常务副院长张建伟说："对于研究生而言，学业压力较大，到基层台站的机会较少，如何了解行业、热爱行业，这些报告不说教、不空洞，有现实、有质感，激发了研究生们的共鸣，使'三感'可感可知，入脑入心。"

二、让科研精神传承下去

2016年，南信大环境科学与工程学院研一学生刘再伦，作为第一作者在工程技术领域顶级期刊《Nano Energy》上发表论文。大气科学学院博士李欣欣在奥地利维也纳举行的欧洲地球物理协会年会上作报告，受到与会专家的一致肯定。而李欣欣的学长王超，则获得 2012 年日本气象学会 JMSJ Award 奖，成为日籍之外以第一作者身份获此殊荣的第一人。

常思使命之责，常励奋进之志，"三感教育"让研究生们由衷地认同行业、热爱行业，鞭策研究生们比肩前辈，激发潜能，刻苦钻研。

近年来，南信大研究生培养质量有了质的飞跃。2016 届博士毕业生发表 SCI 收录论文共计 92 篇，人均发表 SCI 收录论文 2.09 篇，学术型硕士毕业生发表核心及以上刊物论文 758 篇，研究生参加全国研究生数学建模竞赛获奖数也连年攀升，并斩获包括全国一等奖在内的数个奖项。

研究生院还在全校范围内倡议广大导师与毕业研究生进行临别谈话，对研究生的性格特征、学习、科研、人生规划等提出建议，上好"三感教育"的最后一课。

在人均至少发表一篇 SCI 论文的滕飞教授试验室，这名甘为人梯培养 researcher（研究者），而不是 worker（匠人）的教授说："我希望通过自己的努力，使一种好的科研精神传承下去。"

三、在广阔社会中践行"三感"

走进街道社区，发放气象科普手册，开展气象知识有奖问答，调查走访社区与群众；组建志愿服务队，对种植大户、水产养殖大户进行结对咨询服务；深入西藏山南地区、四川阿坝藏族羌族自治州、黑龙江漠河等地进行气象数据采集……在社会的广阔天地里，南信大研究生围绕气象科普、应对气候变化、防治大气污染，用自己的专业知识，通过自己的实际行动践行着"三感"。

据统计，该校每年参加社会实践的研究生达 500 人次，气象类社会实践约 350 人次。

2013 年夏季，四川地区发生了罕见的强降水，并引发洪灾。气候系统与气候变化专业的博士生陈阳主动请缨，参加中国气象科学研究院灾害天气国家重点实验室对过程的分析研讨。2016 年，海洋科学学院硕士生谢泽林搭乘韩国首艘破冰船 ARAON 号，与来自多个国家的近百位研究者一起，参加了北极科考项目。谢泽林的同学、国家奖学金获得者郑鹭飞，也先后随"东方红 2 号"科学考察船对黄海、渤海海域水体吸收散射特性开展科学考察，随"浙海科 1 号"科学考察船采集浙江沿岸水域的水文、生物光学数据。

南信大依托局校共建平台，开展"三感教育"，更好地服务行业，这项加强新时期研究生德育工作的重要举措和有益创新还将继续下去。据南信大研究生院介绍，目前已向各省级气象局去函，商请协助推荐行业优秀代表来校作报告，持续、深入地推进"三感教育"，并将之打造成局校共建的品牌课堂。此外，南信大还将通过局校共建平台，与省市气象局合作，在艰苦气象台站建立研究生校外"三感教育"实践基地，在请专家进校的同时，将研究生送出去，通过在基层艰苦气象台站的体验，感悟气象人的使命、责任和荣誉。

南京信息工程大学图书馆——钟楼（南京信息工程大学党委宣传部提供）

社会性与主体性的冲突与融合：行业高校大学生社会责任感培育的理论分析与实践探索

《国家中长期教育改革和发展规划纲要（2010—2020 年）》强调指出，在促进学生的全面发展中，要着力培养学生服务国家、服务人民的社会责任感。大学生社会责任感的培育是新时期立德树人这一教育根本任务的内在要求和具体体现。行业高校加强大学生责任感培育要基于马克思人本观和社会共同体思想，调适大学生思想政治教育主体性和社会性之间的冲突张力，实现责任感培育的社会性与主体性的融合，唤起学生主体意识和责任意识的双重觉醒，激发学生立足行业、奉献社会的内生动力，使学生的成长成才有明确的方向和目标，常思时代行业使命之责，立志成为国家和行业的栋梁之才，主动担负起奉献国家、振兴行业的神圣使命。

一、社会性与主体性：大学生责任感培育的理论分析

人是教育发展的根本前提和终极目标，教育本身就是通过

本文刊载于《闽江学刊》2017 年第 5 期。

有生命的个人的积极活动来实现人的生命质量的提高。人是社会发展进步的本质所在，尊重人和实现人的自由而全面的发展是马克思主义的价值内核和最高目标。"长期以来，我们对马克思的社会概念的理解存在诸多误区，诸如强调社会整体时忽略了与之相关联的现实个体。"马克思理想社会中的人能够自由自觉地创造、支配客体和全面占有自己的本质，批判地继承了历史上人本论思想的合理因素，并将人的本质、人的自由发展等置于历史唯物主义的范畴内加以思考，从而使得人本性与社会性的关系范畴建立在科学基础之上。

　　人本主义在西方文化长河中有着悠久而又深远的历史。早在古希腊文化中人本主义思想便萌芽了。智者派的代表人物普罗泰戈拉就提出了"人是万物的尺度"的命题。古希腊、罗马时期占据主导地位的哲学，例如伊壁鸠鲁主义、斯多亚学派等，都聚焦于如何使作为个体的人过上幸福美好而有德行的生活。中世纪宗教神学给人本主义带来了严重的遮蔽，启蒙运动和文艺复兴则把人本主义从神创主义的压制中解放出来，形成了人本主义在科学意义上的典型形态即人文主义。以法国哲学家爱尔维修为代表的唯物主义者，基于唯物主义经验论的立场，认为人的天性是自爱，人们所做的一切都是为了追求个人利益，在这个过程中彰显着人的本质，并由此作为社会发展进步的根本动力。爱尔维修主张通过教育制定完善的合理的法律，把社会整体利益作为基础，以公共理性来引导个人利益，化解个体与社会之间的矛盾。

　　古希腊时期，柏拉图在《理想国》中分析的社会形态的起源——"城邦"，是保障人们正常生活的共同体，个人必须依靠城邦才能生存，城邦高于一切。亚里士多德将城邦看作是高于个人的社会性存在。进入中世纪封建社会，国家成为政治社会统治的基本形式，个人完全屈从于国家的政治社会生活。近代资本主义社会，以霍布斯、洛克等为代表的西方学者把"社会"作为一种保障个体权利及具有公共性的多数人构建的共同体，在这种共同体内，人人自由平等。德国古典哲学创始人康德认为，自然有机体的各个部分是互为手段与目的，他把这一思维方式运用到人类社会领域，"思辨理性的本性，它包含着一个真实的构造，其中一切都是有机器官，也就是说，一切都是为了一个，而每一个个别的都是为了一切"。作为个体的人只有在社会共同体的相互联系中才能实现自己存在的价值。康德在提升人在自然面前的主体性地位的基础上，把人作为目的性的终极目标，从而走向至善至美的境界。

由此，实现个人与整体、人的主体性与社会性的内在统一，成为学者们孜孜探究的课题。马克思之前的学者始终没有认识到，作为实践主体的个人才是人类社会历史发展的真正动力，因此，都不能有效地解决这一难题。马克思人本观反对抽象人本主义学说，指出把握人的本质特征首先要从"现实的人""社会的人"出发。马克思强调要从"社会特质"来理解个人，个人在市民社会的具体活动中必然要涉及人与人之间的关系，个人只有在市民社会和国家的共同体中才能过上理想的现实生活。在马克思看来，社会是人的类本质的根本体现，社会与人可以实现内在统一。个体是社会存在物，人的个性特征和生产生活都离不开社会，只有在交往协作的社会性活动中，人们才能获得彰显自己本质的前提。通过实践活动，人们真正占有了自身的本质，个体性与社会性的融合统一得以实现。

人是社会发展最重要的衡量标准和价值皈依，未来真正的共同体是人和自然界之间、人和人之间的矛盾的真正解决。在真正的共同体内，个体以社会性作为自己存在的前提，当作为个体的人把自己理解和界定为具有社会性、主体性的人时，人的物质生产与精神生活的对立才被消解，人们才能真正把握主体性与社会性之间的融合，人的素质、人的道德与人的快乐、人的本质才能内在统一起来。这就阐明了在现实生活中，作为主体的个人既是社会发展的对象，也是社会发展的动力。每个公民承担起既定的社会责任不仅是社会发展的前提，也是个人生存的需要。只有承担起相应的社会责任，人才能够实现自己的"类"本质和社会属性。新时期高校大学生责任感教育要实现主体性与社会性的融合统一，必然要求以大学生的主体性为基础，将责任感培育与学生个体全面自由发展相结合，使大学生的责任感养成与立德树人的理念一致，以内在情感心理认同的驱动使受教育者逐渐达到自觉、自省、自悟的境界。

二、社会性与主体性的冲突：行业高校大学生责任感培育面临的主要挑战

行业高校大学生社会责任感，是指在特定的行业和时代背景下，大学生逐渐形成的对国家、社会、行业所承担的责任的自觉意识和情感体验，是在深层次的心理驱动和道德引领下体现出来的具体责任行为。党的十八大报告指出："着力提高教育质量，培养学生社会责任感、创新精神、实践能力。"高校对于大学生社会责任感的培养肩负着重大的历史使命。当前大学生社会责任感意识淡薄，奉献、踏实、爱岗、诚信等道德素养亟需补强。尤其是行业高校，更需要一大批爱岗敬业、扎根行

业、勇于奉献的学生。基于社会性与主体性相冲突的理论分析视角，当前行业高校大学生责任感培育所面临的主要挑战是：

（一）功利主义与人本主义相冲突，行业高校对大学生的责任感培育滞后于时代发展

在马克思看来，人是社会发展的本质所在，人的存在和人的本质之间存在着不断分离的趋势。马克思的人本主义与传统西方社会的人本主义有着根本性区别，马克思认为，人类要实现彻底解放，就要把人的主体关系还给人自身，真正克服社会性与主体性之间的矛盾与冲突。功利主义作为一种思潮不仅影响到学生的思想观念，也影响到了高校，冲击着以人为本的育人理念。目前，随着高校学科分类的日益细化，专业教育与素质教育的分离分化，以及我国高校"制器"高于"育人"的教育理念，导致高校对学生的培养更多地聚焦于专业知识和求职技能，学生品德教育成为专业教育的附属品，使得高校容易培养出社会责任感缺失的"精致的利己主义者"。爱尔维修曾言："利益在世界上是一个强有力的巫师，它在一切生灵的眼前改变了一切事物的形式。"现在评价高校综合实力水平的指标体系有一些问题和偏差，高校重科研、重数据、重指标，使高校逐渐偏离了"立德树人"的核心育人目标。

"大学的声誉及其学生的质量和数量才是体现大学价值的首要承载者"，但是，在功利主义思潮的影响下，行业高校在育人尤其是思想政治教育过程中存在一些偏差，尤其是在教育方式、教育内容和教育手段等方面明显没有做到以人为本，滞后于时代发展。行业高校虽然都开设了"两课"等课程，并经常开展大学生思想政治教育的主题活动，但是，责任意识教

育还是比较匮乏，有的甚至处于教育真空的状态。尤其是思想政治理论课程对大学生社会责任感培养的影响力非常有限，除了内容较少涉及责任感教育外，高校对课程的人性化安排也不够，没有把作为主体的、个性的人的培养放在第一位。责任感教育内容往往不能结合专业行业的特点，没有直面现实社会，缺乏对社会发展的观照。高校只是简单地提出口号式、高标准的要求，教育内容不能够与学生的学习生活实际紧密联系，脱离了学生的身心发展特点。形式化、理想化的教育方式容易导致大学生社会责任感教育出现知行脱节的问题。目前，大部分学生都认为自己应当承担服务国家、奉献社会、振兴行业的责任使命，但是，在具体落实到个人行动层面的时候，尤其是面对个人利益与集体利益相冲突的时候，往往不能正确面对。

（二）重视大学生责任感培育的社会性，轻视大学生责任感培育的主体性

马克思人本观的立足点是"社会中的个人"，马克思理想的社会不是充满着异化和工具理性的市民社会，而是以实践为根本途径，构建人与社会整体发展的合理性，从而把人自身发展与社会发展有机统一起来。这就启示我们，大学生责任感的培育要坚持以人为本的基本原则，不能把学生作为工具性的培养对象。目前，高校普遍都能意识到责任感培养的重要性，但是，由于受传统文化和自上而下行政教育模式的影响，高校尤其是行业高校在加强大学生社会责任感培养的过程中，往往只是强调责任感的整体性和社会性，单一强调学生"爱国家、爱行业、爱集体"，缺乏对大学生个体性和主体性地位的尊重，缺乏对学生作为一个真实存在的人的关爱，具有一定的强制性

和狭隘性。责任感教育往往局限于大而空的口号式灌输宣传，表达方式多采用命令式，很少关心学生个体的情感体验和实际需求，只是把责任的内容冠以社会、行业或者集体的名义传达给大学生，没有充分考虑大学生自我的心理感受和心理认同。责任感教育与学生的自我发展、自我成长二者之间没有有效融合起来，这就使得责任感培育悬浮于学生自我的真实体验之外。由于不能嵌入学生的内心，没有结合学生成长成才的发展需求，使得学生很难将责任感教育内化为自己的心理认同。

高校大学生责任感的培育是一个多方合力的过程，单靠高校或者某一个方面的作用是不够的。目前，我国高校对于大学生责任感意识的培育还没有形成有效的联动系统。高校除了学工、团建、宣传系统的管理人员，其他部门和专业教师参与大学生责任感培育工作的较少。全员育人、全过程育人和全方位育人在大学生责任感培育过程中发挥的引领带动作用不够明显。社会、行业和相关企业还没有主动参与到大学生责任感培养的各个环节过程。学生在学习、实习期间，接触社会、了解行业尤其是深入行业工作一线的机会较少，对社会责任的认识处于一种朦胧模糊的状态，对于责任感的认识不够深刻。

（三）主体性与社会性相脱离，自我利益冲淡了大学生的社会责任感

人的主体性是社会发展的本位，但是，这种本位在主体性与社会性不断脱离的过程中，存在着过分扩大甚至异化的倾向，超越了社会性的基本底线。目前，高校大学生就业形势依然严峻，社会对人才要求的标准越来越高，就业压力和自我发展是高校毕业生普遍面临的严峻形势。在这样的环境下，毕业

生在学习、求职期间的功利主义思想比较突出。尤其是在传统行业人才需求数量日益缩减的背景下，大学生在职业生涯规划和求职过程中会出现就业迷茫和不安的心态，当所学专业与就业岗位无法匹配，社会责任感和荣誉感就会急剧下降。有的学生把自我主体性地位的实现定位于个人财富的多少、社会地位的高低，这就容易使大学生把自我利益凌驾于社会责任之上。

全球化尤其是信息全球化的飞速发展，带来了多样化、复杂化的社会思潮，严重冲击着大学生的思想价值观念，对行业高校大学生社会责任感的培育带来了严峻的挑战。尤其是西方新自由主义宣扬个人主义，把个人看作高于甚至独立于社会的存在，忽视了人的社会性，把人的主体性与社会性割裂对立起来，全盘否定整体主义的存在价值。网络新媒体很容易把这些错误思潮传递给大学生，影响大学生形成正确的世界观、人生观和价值观。当前我国社会存在的诸如贪污腐败、两极分化、诚信缺失、道德绑架等负面现象，也冲击着大学生道德责任认知，导致大学生出现价值选择迷茫，患上缺乏理想信念精神之"钙"的"软骨病"。部分大学生片面强调自己的主体性或个体性，将个人主义、利己主义奉为人生信条，漠视整体的长远的利益。这种自我的功利性的道德价值取向，超越了大学生社会责任感的底线，使得大学生不再顾及社会责任的约束，不再积极主动地履行自己应尽的社会责任。

三、社会性与主体性的融合：行业高校大学生责任感培育的实践探索

调适行业高校大学生责任感培育的社会性与主体性之间的

冲突，培养既具有强烈社会责任感又能实现自我全面发展的大学生，是目前亟待解决的重要问题。实践是人类生存的基本形式，社会性与主体性的关系范畴以实践作为承载方式或表现形态，实践界定着二者之间的关系缘起和解决方式。这表明，所有的矛盾冲突都必须放在实践的范畴内才能有效解决。以笔者所在的南京信息工程大学为例，被誉为"中国气象人才摇篮"的南京信息工程大学是一所典型的行业特色高校，近年来，围绕"行业特色高校培养什么样的人"这一根本性问题，学校把"三感教育"理念贯穿于人才培养的全过程，加强学生"使命感、责任感和荣誉感"的教育，强化思想政治教育社会性与主体性的融合，开展了系统的全面的实践探索。通过"教育、培育和化育"环环相扣、层层递进的教育方式，使"三感教育"化作学校"立德树人"的内生动力，激发学生对行业的关注与热爱，强调自省和内化，使受教育者积极主动地树立强烈的社会责任感。

（一）以主体关怀激发行业高校大学生责任感培育的动力

《公民道德建设实施纲要》指出："坚持尊重个人合法权益与承担社会责任相统一，引导每个公民积极承担自己应尽的社会责任"，这就要求大学生为了促进国家、行业、公共利益的实现必须履行一定的责任和义务。在行业高校大学生责任感培育过程中，实现社会性与主体性的相融合，要坚持以人为本和自我教育的基本原则，以主体性关怀渗透社会性责任，从大学生主体性立场出发，使责任成为大学生主体性的自觉选择。社会责任感的培育只是途径和手段，不是最终的目的，要把大学生自我发展和行业社会发展有机统一起来。"责任意识的提升最终应落实到人生终极关怀的层面……关怀人生，以人的全面发展这一人生终极目标为基点，才能统一其他责任意识，确定其目的意义，正确处理其相互关系，衡量并修正自身行为。"大学生由内而外所体现出来的责任感属于学生自我真正的德性，要重视对大学生主体感、自我归属感的培养。主体化的责任观要充分考虑到作为单独个体的大学生的自我正常需求，不能以完全社会性的、功利性的标准来要求学生的道德修养。要尊重学生正当的利益诉求，在责任素养和人文关怀之间找到结合点，把道德责任要求转化为精神，内化为学生的理想信念和行为习惯。南京信息工程大学在办学过程中不断凝练、提升学校人才培养的理念，以学生主体性关怀和学生成长成才为立足点进行分类定位，制定适合学生发展的人才培养目标，以此激发学生"三感"的内生动力。学校择优选拔新生进入学校"长望基地班"，培养拔尖人才。经过十多年的积累，凝结着涂长望先生一生的"长望精神"成为激励学生报效祖国的强大动力。

（二）以校园文化建设引领行业高校大学生责任感培育

行业高校拥有特色鲜明、生动多样的校园文化，这种文化具有很强的人文关怀功能，对大学生的价值观念、道德情操和行为方式有着重要的影响，是大学生社会责任感培育的重要载体。行业高校不仅可以通过课堂教学来提升大学生服务国家、服务社会、服务行业的思想觉悟，也可以通过行业高校自身所特有的文化传统和校风校训来引领学生责任感的养成。校风校训、学风教风、各种典礼等隐性的校园文化，以及校园建筑、人文自然环境、校史馆等显性的校园文化，以或直观或生动的形式影响着大学生社会责任感的养成，使学生受到熏陶浸润。南京信息工程大学邀请行业专家学者举办"三感教育"主题报告会，提升学生融入和服务行业的人文情怀。校园内矗立起气象学家涂长望先生的雕塑，建造了纪念气象学家竺可桢先生的藕舫园，使气象文化融入学校的景观设计。利用校史馆建设平台，对校史资源进行全面、深入地挖掘和整理，针对学校历史上教育、践行"三感"的事迹开辟专门的场所进行集中陈列展示。根据一项调查结果显示，"各级各类协会自发组织的社会实践活动"位居校内影响大学生社会责任感培养效果的首位。

行业高校通过成立体现行业特色、行业文化的学生社团，在形式多样、丰富多彩的社团活动中培养学生的责任意识、职业素养、责任行为和职业习惯，提高行业文化的认同感。南京信息工程大学依托气象学等传统优势学科，成立了大学生气象科技协会、天文爱好者协会、蔚蓝海洋协会等体现行业、专业特色的学生社团，传播气象文化，培养学生对气象行业的兴趣和责任感。在课堂教学过程中，使学校教师努力成为国情、行情、校情的传播者，更好地承担起学生健康成长的指导者和引路人的责任。加强通识教育中的责任感渗透，在所有专业的新生中开设"大气科学概论"必修课程，构建"3510"课程体系。在通修课、选修课中倡导课程交叉，开设"气象科技史""气象经济""气象伦理""气象文学"等课程。开设的"气象与生活""大气污染——人类面临的挑战""气象史话"等课程入选国家级精品视频公开课，提高了"三感教育"的课堂效应。

此外，学校还以理想信念、学风建设和榜样引导为抓手，以典型事件报道、青春故事访谈、微博热议话题、开学典礼、毕业典礼等多种形式宣扬模范力量，激励学生学习先进、崇尚先进、争当先进，勇担行业社会重任。

（三）以实践育人搭建行业高校大学生责任感培育的重要平台

实践性是马克思主义的重要特征，实践哲学是马克思主义的理论支点。任何思想教育、道德伦理如果超越实践或者脱离现实，都不能解决时代的问题与困境。从实践的内涵来看，实践活动本身包括着如何处理人与社会以及人与自身之间的关系。实践哲学基础上的马克思主义能够消解个体与共同体、主体性与社会性之间的二元对立，从而实现人与社会在实践范畴内的共同发展。社会责任属于实践性范畴，实践是大学生形成强烈社会责任感的重要渠道。2004 年，《中共中央、国务院关于进一步加强和改进大学生思想政治教育的意见》中指出："社会实践是大学生思想政治教育的重要环节，对于促进大学生了解社会、了解国情、增长才干、奉献社会、锻炼毅力、培养品格，增强社会责任感具有不可替代的作用。"行业高校大学生社会责任感的培育，必须立足于社会实践，培养大学生良好的责任行为。习近平总书记在全国高校思想政治工作会议上指出，青年要成长为国家栋梁之材，既要读万卷书，又要行万里路。社会实践是大学生了解社情行情、实现自我价值、树立责任意识的关键。通过切身的实践体验和总结反思，大学生可以深化对社会、对行业的认识。行业高校要组织形式多样的主题社会实践活动，加强大学生与社会、行业、集体的联系，使大学生切身感受到行业文化的魅力，提升自己对责任的理性认知，明确自己的责任使命，进而升华为自身积极的实践行动。

南京信息工程大学以共建为契机，加强行业共建人才培养基地建设，引导学生深入到各级气象台站、各类气象业务部门学习或实习，提升融入和奉献行业的使命感、责任感和荣誉感，增强学习能力、实践能力和创新能力。学生通过采访校内外9名教授，集成4万余字《口述史中的气象人》材料。学校还组织学生深入全国各地气象台站一线开展"万千气象看人生"主题实践活动，学生因此而荣获全国"最佳实践团队"称号，并跻身全国"十强"。通过实践育人，广大学子在社会实践中能够充分体会"三感"，并在参与各种社会实践中积极向行业特色靠拢，提升融入和奉献行业的使命感、责任感和荣誉感。

（四）以构建协同培育共同体培养行业高校大学生责任感

在马克思看来，社会是一个统一的有机共同体，社会的各个要素、各个领域、各种结构之间是相互联系、相互制约、相互作用的，共同体内的人群形成了互帮互助的责任关系。共同体的各个要素在同一目标的指引下整合可以发挥更大的作用。行业高校大学生社会责任感的培育是一个多维的动态的过程，要形成学校、行业、企业、社会和家庭等主体多元参与的联动协同培育共同体，有效整合融合各种资源要素。"有效提升大学生社会责任感和实践能力所形成的各方面力量共同参与、共同发挥作用的结合体，是政府、高校、企业、社会各方面力量按照'目标共同、机制共建、资源共享、责任共担'原则建立的实践育人载体。"行业文化具有传承性、时代性和开放性的特征，是一种宝贵的思想政治教育资源，对于行业高校大学生社会责任感的培育具有极其重要的意义。行业文化所蕴含的责任内容、责任意识、责任情感等与大学生责任感培育具有高度契合性，能够深化大学生社会责任感的认同，引导大学生养成良好的责任行为习惯。行业高校要以行业文化为依托，按照大学生的主体性成长成才的一般规律，积极营造具有行业特色的文化氛围，使学生在专业学习的过程中从思想意识和心理认同层面加强责任感的培养。围绕毕业生在服务行业发展过程中所认同的责任、使命、精神和价值观等文化要素，形成具有传承价值的教育理念。以气象行业为例，相比较其他行业，气象行业对人才的职业素养、奉献精神和责任意识要求更高，需要广大员工长期坚守在业务一线，默默奉献，而这些往往都是大学生最欠缺的。南京信息工程大学积极拓宽气象行业资源参与高校育人工作的渠道，整合校友资源，发挥优秀校友在工作岗位上践行"三感"精神的成才示范和情感示范作用。利用校内外全媒体资源，对优秀校友的事迹进行宣传报道，分享学习工作经历和践行"三感"精神的感悟。设立校友基金会，引导校友在具备一定社会资源和能力后，通过捐赠科研与基础设施、设立奖助学金、赞助学生活动等方式回馈母校，在潜移默化中将感恩、责任、爱校等理念传递给学生。通过气象文化资源中的鲜活榜样人物和先进事迹对大学生进行责任感教育和熏陶，进一步强化学生在气象行业发展中的责任认知，把对中国气象事业发展的深刻反思和自己的学业结合起来，正确把握国家行业发展、社会责任与个体责任之间的关联，增强自己履行责任的积极性和主动性。

东南大学六朝松（东南大学党委宣传部提供）

大学教育的本质与创新能力的培养

一、教育的本质精神

首先，我要问个问题：上学的目的究竟是什么？也许大家会觉得好笑，这个问题还用问吗？我们当然要上学，还要上一个好学校。这似乎是一个很简单的事情，但恰恰这个很简单的问题里面有它不简单的地方。我们一直在反思，大学能给大家带来什么？从小学到中学、中学到大学，所有的家长、所有的学生，都在向着一个目标奋斗，这个奋斗目标就是：要上一个好学校。以现实社会对人才的需求来看，确实名牌学校毕业的学生，就业的机会大，发展的机会就比较多。社会对我们的整个要求是非常功利的，我们上学也多多少少地带着功利的性质。希望上一个好学校，希望多学一点知识，将来毕业的时候能找到一个好工作，这就是很多人上学的目的。不能说这个目的是错误的，因为平台比较高，起点比较好，因为能找到一个好工作，能为国家、为社会发展做出更大的贡献，这本身没有错，但是，这有悖于教育的本质精神。教育的本质精神并不是

本文刊载于《东南大学学报》2005 年第 956 期第 6 版。

说仅仅上一个好学校，多学到一些知识就可以了，还应该包括提高我们的智能水平，提升我们的精神境界。

中国的教育传统历史悠久，源远流长。从孔子开始，已经走过了两千五百年的漫长历程，人们对知识的推崇也是非常强烈的。《大学》一书中指出，大学是一种"成人"教育，这与现在我们的想法"要上一个好学校，找一份好工作"不是一回事，难道那样错了吗？经过反思，我认为"成人"教育相当于现在通常说的"育人"。从小学到大学一直在讲的，老师也一直在反复说的，就是"教书育人"，老师的责任就是教书育人。我个人认为，"育人"就是"成人"，"成人"不是指身体成长的"成人"，更是指成为一个有道德的人。中国传统教育的核心就是成为有道德的人。《大学》中又指出，"大学之道，在明明德，在亲民，在止于至善"。西方著名哲学家康德说过，"在我们的头顶上面，在我的内心当中有两件事情最使我内心感到震撼的。第一，就是我们头顶上的星空；第二，就是我们的道德。"我理解的"道德"就是我们的"成人"的内涵，而"星空"就是我们的"自然界"，就是说我们要敬畏自然，同时也要敬畏我们内心的道德，提升我们的精神境界。人之所以成为人就是因为人有道德，人正是由于有了伦理、道德规范的约束，才成为高尚的动物。所以说，大学的教育有这样两个层面的内容。但是很遗憾，多年来，我们并没有把这样的内容贯彻到位。

二、创新能力的培养

自 2002 年国家启动研究生教育创新计划以来，学校为加强高层次创造性人才培养、鼓励创新精神、提高我校研究生培养质量方面做了大量工作。那么博士生阶段如何培养读书或者做事的能力？我想强调一下：博士阶段不仅仅是来拿一个学位，学位仅仅是你完成学业的一个小小的标志，更为主要的是你具备从事某项工作的能力。作为博士生，要培养从事科学研究的能力，一定要由被动学习转化为主动做事。而恰恰这个做事的过程，东西方文化是有很大差异的。我国大学的教育过程从古至今一直强调的是"成人"教育，不太强调"做事"的教育，所以就会产生这样的现象：我们的学历越来越高，知识越来越丰富，但并不是能力越来越强。

我认为，要做好一个博士研究生，要做好学问，就应该具备四个方面的能力：思维能力、实验能力、分析能力及表达能力。

第一，培养思维能力。

我们大家都会"想"，都有想问题的能力，但问题并不是这么简单。有时候，我们会问这样一个问题，这个人怎么这样想？或者，对于精神不正常的人，他们怎么那么想？就是正常的人，想法也有区别。举个例子，美国的一所小学课堂上，老师问道，8 − 6 = 2，那么 8 + 6 能不能等于 2 呢？就我所知，在中国的小学里，不太可能会提这样的问题的，但在美国的小学就提出这样的一个问题，并且还恰恰有学生就回答 8 + 6 可能等于 2，8 点钟再加上 6 点就等于 2 点钟了。在数学中不可能的事情到生活中就变为可能，思维也就从数学转到生活中。这背后告诉我们，思维有一定的科学内涵在里面，人的思维方法的不同会有很大的影响。

更明显的例子是牛顿看到苹果从树上掉下来后就想苹果为

什么会掉下来。这就给我们一定的启发：为什么不同的人会有不同的想法，不同国家的人会有不同的想法，受过不同训练的人会有不同的想法？思维可不可以通过系统的教育达到科学化？这个问题是整个教育界都在探索的，是教育的最核心的东西。一个人成才有四个方面的因素：天资、个人努力、方法和态度。这里的方法关键就是思维，我们在大学里面学的就是这个"方法"，而不仅仅是来学知识的，知识越多也仅仅是你个人的"字典"越来越厚而已。人有思维能力、有判断能力，这个能力才是最重要的。那么，我们应该怎样培养我们的思维能力呢？在我国，从小学到中学，追求的只是让大家能上一个好学校，我国古代教育也基本上这样，就是"背"，背四书五经。应该说，从西方的角度来讲，科学训练的主要目的就是培养科学的思维，就是要训练一种"习惯思维"。从本质上讲，人的脑力劳动和体力劳动没有什么区别，体力劳动可以经过训练达到"条件反射"，比方说运动员的娴熟的动作就是经过大量的训练形成的一种"条件反射"，而对这种条件反射，经过训练的人和没有经过训练的人是不同的，训练过的人"条件反射"成为习惯动作。那么，脑力劳动能否成为习惯思维呢？显然可以。习惯思维可能是好事情，也可能是坏事情，如果养成科学的习惯思维，就可能有很好的想法，做出很大的成绩；但如果养成不好的习惯思维，就可能会影响人的一生。因此，大学教育主要是通过各种途径，反复训练，让大家养成一个良好的科学的习惯思维。

怎样训练我们的脑力具有良好的条件反射，培养一种科学的思维，在哲学上，它是一种方法论，是一种认识论，很多人在研究这个问题。说到这个，从小学、中学、大学一直到博士阶段，我们都开设有哲学的课程，可能很多同学认为我是搞工科的，不是搞哲学的，对这种问题不屑一顾，但我认为真正哲学上的这些问题恰恰是值得我们反思和深刻思考的。事实上，很多大科学家，都对这样的认知过程或是科学研究方法作过深刻的反思。如数学家笛卡尔，在他完成了《解析几何》这样的创举之后，写了一本薄薄的小册子叫做《谈谈方法》，就是将他怎样从事科学研究的方法解释了一下，这样对研究方法的体会就上升成为科学的方法论、认识论。美国的哲学家、教育家杜威，人们称他为"一切受教育者的教父"。他明确地提出"教育的目的就是为了训练一个人的科学思维"，他这种理念贯彻到美国几乎每一所小学、中学，直到大学的这样一个过程。当然，美国的教育中没有谈到"成人"的问题，这是中国和美国的不同之处。其实我们每个人都可以反思一下，你到现在经过十几年的学习，你学到了什么？你可能觉得学到了很多知识，懂得了很多东西，但是我认为仅仅这样是远远不够的，更重要的是你要怎样去创造，这在中国的教育里基本上是不教的，我认为，这是中国教育的弊端之一。所以到硕士、博士阶段，这种问题特别突出，很多人成绩非常好，但是做起研究很困难。

我国的教育有个传统："师者，所以传道、授业、解惑者也"。"传道"就是"做人"，"道"就是道理，传道就是教你"成人"；"授业"就是教你怎么做事，让你成为某一个方面的专家；"解惑"，你有什么问题，你问问老师，老师帮你解决。因此，老师好像总是要比学生要高，比学生要懂得多，如果学生的问题老师回答不上，好像老师就很没面子。中国传统教育中大家普遍都这么想，学生有什么问题就去问老师。我觉得这里缺乏一个很重要的方面。中国的学生是没有问题的，是没有疑问的，我上很多年的课，同学只听不问，老师说的、课本教的全盘接受。同学偶尔也会心生疑惑，疑惑也就这样过去，只要大纲不作要求的，考试不考的，就不需要去学了。因此有很多同学是不会问问题，也就是不会质疑，我认为应该"传道、授业、解惑、质疑"，应该加上"质疑"这个概念。

质疑在西方科学里被称为"反省思维"，这是我们所缺少的。反省思维就是思辨，中国传统的教育更多地强调"顿悟"。世界上很多人文学家研究认为，中国人和西方人的最大的区别就是中国人的认知过程讲究的是"顿悟"，而西方科学，特别以德国为代表，是以思辨为主的。东西方的认知过程各有优缺点，中国人更多地强调"悟性"——"只可意会，不可言传"，靠的是"意会"和"悟"。然而这里存在一定的问题，科学的东西是一定可以用语言表达清楚的。"悟"有其优点也有其局限性，"悟"是人类认知社会和自然界的重要途径。例如，元素周期表、苯环结构都是"悟"出来的。然而，"悟"是不能够教的，只能靠自己慢慢去领会，中国古时候授课就是只"背"不讲，时间长了，自然慢慢就领会了。从某种程度上讲，这就大大制约了中国人创造性的培养，也是制约中国科学发展的关键性因素。西方的"反省思维"，即"思辨思维"，其最本质的东西就是反问，"为什么这样"，追根究底，从而解决问题。"反省思维"可以分为三类：①求异。比如，我们知道了导体，那么，不导电的呢？就是绝缘体，然后进一步去考虑，还有半导体、超导体。这就是"求异"思维。②求同。反省在求异的同时又在寻找相同或者相似之处，一个科学原理可以在不同的对象上运用。例如，在建筑设计过程中，有很多仿生行为，人民大会堂的设计就借鉴了蜂窝的结构。飞机、火车的头部呈流线形，也是仿生学的结果。③求一。比如万有引力定律、爱因斯坦终身追求的"统一场论"，通过数学、物理或其他方法把不同的事物关联起来，统一在某个体系中，这就是求一的过程。

总之，思维能力是可以通过在日常的学习中系统的训练来培养的，大学学习主要就是掌握科学的思维方法，才能更好地进行创造性的工作。

第二，培养实验能力。

创造性思维有了，提出问题了，这对于解决问题是非常重要的，但是还需要有实践检验这样的一个过程。我们很多学生应试能力非常强，但是怕动手，或者说不愿意动手，或者是自己也知道自己动手能力差，但是到了研究生阶段，尤其是博士生阶段，你不得不动手。我认为如果到博士阶段还害怕动手做实验，就不能成为一个优秀的博士。

我说要做好实验，应该有这四个方面的要求：①树立实证意识。对于工科的学生，遇到任何事都要考虑可能实现的途径，搞文科的也是一样。②培养实验的基本技能。在博士生阶段以后，操作、记录、动手，养成良好的实验习惯。③科学设计实验方案。④能动设计实验设备。很多科学家都经历了这样的过程。

第三，培养分析能力。

做完实验后，会有大量的数据和很多的实验结果，怎么办？这就一定要对数据进行非常好的处理。可以这样说，博士论文的水平就体现在对于数据的处理和数据分析的水平上。如果说，我们硕士阶段的培养主要是基本技能的训练和基本能力的培养，那数据进行简单的分析就算是硕士论文的话，那么，到了博士阶段就不应该满足于这样做。为什么说我国的博士论文整体水平不如美国等发达国家，关键的原因就在这里。

博士生不只是论文厚的问题，关键是有内涵，即有理论水平的提高。在分析问题的过程中，我认为有两个能力是重要的。①建模的能力。如数学模型、物理模型、政治经济模式、社会模式等，各门学科各有不同。我们说孔夫子、孟夫子很了不起，他们提出了"大同社会"这个模式，仔细研究中国古代文化，会发现现在的行为道德规范就其精华就是孔孟提出的，如诚信、尊重、宽容、礼仪。建立一种模式是非常不容易的，但做这样的努力是很有必要的。马克思、恩格斯之所以伟大就是因为他们建立了这样的社会理论体系。我想，不管是文科的、理科的，还是工科的，都应该做这样的努力，尤其到了博士阶段，要努力上升到理论建模的高度。②养成系统分析的习惯。因为客观世界，尤其是工程世界，往往是十分复杂的，可能影响的参数有七八个，甚至更多，在这样繁杂的数据中，你怎样去发现哪些是关键问题，哪些是影响问题的核心，是主要矛盾，如果说没有系统分析的思维能力，看到大量数据时都不知从何入手。

第四，培养表达能力。

表达能力同样是非常重要的，而且这种能力也是可以训练的，但是很多人并没有很好的表达能力。我认为表达能力包括三个方面：①口头表达。就是口头语言，能把做的实验和分析很好地描述给大家，对不同的对象做好学术报告，是非常重要的。很多老师可能学问非常好，但是表达不出来，这种情况是很糟的。同学经常说"我不善于言辞"，就解脱了，但是现在的社会如果你连自己的意思都表达不清楚，哪有机会竞争呢？②书面表达。就是文字交流，我们很多的交流是通过文字来进行的，要学会读文章，也要学会写文章。我们从小学、中学直到大学，可能有些人文字功夫很好，但是我发现大多数的工科学生文字功底是很差的。写的东西很不通顺，表达的东西前后逻辑不连贯，如何让别人了解你的意思？③除了口头表达和书面表达以外，形体语言同样也很重要。任何一个人在任意场合，你的神态，你的表情，可能你还没开口，对方就已经决定对你的看法。开放社会，求职的重要环节是面试，面试看什么？不是你的长相好不好，也不是看你是否能说会道，可能看的是多方面的。你的形体语言直接告诉对方你的性格，所以孟子说"人恒过，然后能改；困于心，衡于虑而后作；征于色，发于声而后喻"，其中"征于色"就是形体语言，用恰当的形体语言去表达你的思想、观点。总之，表达能力是很关键的也是很重要的。

教育本身是一门科学，而思维本身也是一门科学。我认为对于思维科学、教育科学，作为每一个老师都应该探索，作为每一个生活在社会中的人都应该思考。

东南大学大礼堂（东南大学党委宣传部提供）

参加授课竞赛
提高教学水平

　　这是我们第 15 次青年教师授课竞赛动员会。今天，主要讲三个事情：第一授课竞赛产生的背景。第二，授课竞赛对我们自身的要求。第三，我们应该采取什么样的心态。

　　早在 90 年代初，东南大学就开始成立了督导组，督导组的老师可以拿着课表去听任何一个老师的授课情况。为了对青年教师进行培养，利用授课竞赛的方式来提高青年教师的授课能力和水平，在这件事情上，东南大学开了中国高校的先河，对东南大学本科教学的传承做出了非常大的贡献。老一辈的教师在授课前都有助教制，而目前的青年教师在授课前都没有助教制，读完了硕士或博士的人上了讲台并不一定能够把课讲好。原来的助教制还是有一定的合理性的，尽管我们已经读完了博士，很有学问了，但是上了讲台，把自己的学问讲出来，让学生听懂，差别是很大的。所以采取授课竞赛的方式可以让青年教师得到帮助和指导，加强老教师和青年教师之间的交流，从而提高东南大学的本科教学质量。授课竞赛在东南大学坚持了 18 年，受到了全国各高校的认可，甚至在 1996 年的

本文为作者 2007 年在东南大学第 15 次青年教师授课竞赛动员会作的报告，后刊载于 2008 年出版的《东南大学教学督导创新 18 年》。

第一次教学水平评估中，这就作为东南大学的特色在全国进行推广和宣传。我们现在很多的教学骨干教师都是通过青年教师授课竞赛而成长起来的。授课竞赛的宗旨就是希望老师们重视本科教学、重视教学质量和水平，并不断地提高自身的教学能力。

青年教师授课竞赛是提高我们青年教师自身修养的需要。这个需要有两个角度。

第一个角度，学生身份转变到教师身份，这个转变过程是非常大的。从做学生在台下听老师讲转变到在台上给学生讲，这是不一样的，上大课和上小课也是不一样的。要驾驭好一个很大的课堂是非常不容易的。怎样让课堂气氛活跃起来，怎样合理有效地安排整个课堂时间，等等这些问题，如何处理？在座的老师们肯定会碰到这样的问题，这和讲学术报告是不一样的，尽管很多老师讲学术报告讲得很好。有时候教师可能自己以为讲得很清楚了，但是下面的学生就是没有听清楚，这是因为教师不够重视和学生的互动。我们应该重视并研究学生这个群体，不是自己想怎么讲就怎么讲，想讲什么就讲什么。

第二个角度，教学本身是一门艺术。师范类院校毕业的学生都受到过系统专门的训练，比如教育学、教育心理学等。而我们在座的各位老师在这方面的训练都不足，更多的是搞科学研究的训练。在教学中，每个老师都应该结合自己的特点，采用适合自己的方式把课讲好。我们曾对去年我校最受学生欢迎的 10 个老师进行了研究，结果发现，这些老师除了都关心学生、爱护学生、讲课很有激情以外，每个老师的授课方式都是不一样的，正所谓"教无定法"。每个老师都有自己的教学和思维风格，学生正是在许多老师的众多思维风格中受益。所以希望各位老师发挥自己的特长、形成自己的风格，在教学的这个大舞台上做出大的贡献，把教学作为一门艺术去考虑。我的经验告诉我，教学比科研难，因为怎样用我们的口头语言和身体语言把信息传授给学生是非常灵活的，通过我们的教学，学生能懂吗？学生能懂多少？而相对教学来说，自然科学研究的大部分内容是相对死板的，因为其研究对象是固定的、自然的。而在教学中，我们面对的是学生，如果在教学中没有把课堂气氛调整好，那么教学效果肯定会很差。面向人的教育工作是非常复杂的，教育学是一个独立的学科，是非常复杂的。包括哈佛大学对教育学的研究，从18世纪到现在，老是在翻烧饼，这个理论、那个理论，没有一个理论可以把教学工作做好的。因为时代在改变，人也在改变，我们的教学对象是人，人是很复杂的，你的角度完全不一样，但是你以什么样的心态来面对很重要，不同的心态产生的效果肯定是不一样的，所以说教学是一门艺术，把课上好是非常不容易的。这是第二个需要。第三个需要，从我们自身来讲教学是一种奉献，可以通过教学工作给我们人格得到完善，这句话可以从三个角度来理解。

（1）教学和科研工作在西方解决得比较好，但是在中国目前解决得还不太好，我想在未来10年之内一定能解决好，奉献有助人格的升华，一个人只有作出奉献，对社会作出了贡献，才能在一个群体当中体现出价值。

（2）从职业道德的角度。大部分教师没结婚，当你结婚之后，你有了小孩，你小孩进了幼儿园、小学、中学，你一定会非常关心，他的老师是不是负责任。当一个老师不负责任时，你一定会认为这个学校是不负责任的。那么，同样的，我们大学生来东南大学学习的时候，你负责任吗？东南大学教师是负责任的吗？我想并非所有的老师都是这样的，有的是技术问题，有的是心态问题。那么如何调整好心态，使得自己的精神得到升华，从而提高我们自己的教学质量和效果呢？我相信，在座的各位，是能够做到的。

（3）从爱心的角度。人格升华后你才有爱心，才会遵守教学工作日常制度。你能从学生身上学到很多东西，正所谓"教学相长"。我们材料系有个老教师，叫孙扬善，去年是最受欢迎的老师之一，学生说这个老师很可爱，他经常到学生那里去交流，感觉蛮好，人很充实，学校到九龙湖后，他住到将军路了，然后有更多时间与学生交流。他从中深刻体会这种人生很好，是一种爱心的奉献。教学是给青年教师有帮助的，所以在这种背景下，作为一名教师也能进一步提高你的台阶，做好这个事情。在中国目前的环境下，教育部评估专家组负责人、原中山大学党委书记李延保书记听了那么多的课，不满意，东南大学这么多的课我听下来，满意的也不是很多，也有很好的老师。但是在西方社会，在美国、英国这样一些国家，也让学生来评价老师的课堂教学质量，它有几个东西是不变的：第一，所有的教授，包括院士都是上课的；第二，你必须有答疑时间，在办公室门上写上什么时间学生可以来办公室问，这个时间他一定在，学生有问题他一定要解答清楚；第三，学生有评价，设立很多很多指标，与他们交流的时候基本上跟我们差不多，评完了有什么用呢？有个教授跟我讲，美国的教授最难当，美国学生毫不留情讲你不好就是不好，然后就是排名。但是我们目前还没有这样做，但是我想这个时间不会太久远，会逐步逐步地得到完善。

第三个问题，我们的政策和心态。

东南大学出台这样一个政策和方法，我们怎样去看待这个问题？

（1）我们没有淘汰制，只能让大家提高，只有提高。所以希望大家把青年教师授课竞赛作为提高自身、提高教学水平的一次好的行动，毕竟有那么多好教师来听你的课、替你咨询、给你一些帮助，不管从哪个角度。而且通过这次活动，你也可以去观摩一些上课比较好的老师，我们的专任教师队伍只有1900多人，师资不足，所以东南大学师资队伍要逐步提高，淘汰本身不是目的。但是北京大学和南京大学已经这么做了。在总体上趋势是不会改变的，就是要引入国外的这种考核淘汰制。所以也希望大家珍惜这种机会，提高是件好事情。

（2）通过前面的十四届竞赛评审，我们有了一支好的师资队伍，并不断完善，总结出了相对完整的一套办法。我们设置了一等奖、二等奖、三等奖、提名奖，以前与职称晋升不挂钩的时候，一、二、三等奖获奖比例是45%左右，现在考虑到职称晋升，加上提名奖，总获奖比例60%左右。这个也不是固定不变的，参照网上评教情况、参考院系考核情况，等等，才能确定最后的评价结果。刚才讲了评价本身是一件非常困难的事情，但好在我们有一批有经验的老专家，那么多年的积累、完善，相对来讲评价还是有相当的可信度的，学校也非常看好这样一个制度，这是第二个方面。

（3）整个过程，都是专家决策。评审过程中也有人打招呼，我坦率地讲，我从来没帮一个人打过招呼，包括彭老师，你不能打招呼，为什么呢？一打招呼就有失公平，怎样才能不打招呼，怎样才能做到公平呢？在整个过程，我们是不去问听课情况的，不知道专家们的意见，直到最后评审结果，大家才知道评审结果，网上意见、专家意见和院系意见。没有这样的纪律是不行的。翻开东南大学教师手册，你调课必须有调课单，你没有调课单那就是教学事故，迟到早退都是教学事故，希望大家注意，注意到了就要严格执行。只有依靠专家，这种制度我们才能走到今天，如果没有一套完整的专家制校，只靠行政治校，是走不到今天的。专家治校就意味着学术至上，我认为东南大学应当是专家治校，而不是行政治校，是学术至上，是教学和科研两个至上，而谁来评判学术的好坏？是专家，不是行政人员，所以我们一定要相信专家，依靠专家们，把这个事情做好。在座的老师们以后也有可能是这方面的专家，要参与到这方面的工作，把这种制度和文化传承下来，东南大学才有希望，否则没有希望，所以，专家治校作为第一原则。

最后，提两点希望。

（1）竞赛将职称挂上钩，你是有压力的，希望大家把这个压力转化成动力，以一颗平常的心态去看待这件事。现在职称条例正在修改之中，新的东南大学职称晋升条例将把教学和科研并重，将来职称条例中不分教学为主型或科研为主型，东南大学青年教师应当教学和科研齐头并进，这个原则易校长在大会上多次讲过，东南大学老师没有只上课不搞科研，也没有只搞科研而不上课的老师，这两句话的意思就是研究型大学必须两者兼顾，这是西方所有的大学都必须具备的，所以希望把这一次机会作为提升教学水平的一个机遇。通过竞赛本身，你提高了，你一定会得到老师们的认可的，这一点是毫无疑问的。到目前为止，我们还没有发现对评价结果进行抱怨的情况。这说明我们的评价还是比较公正的。也有老师参加了两届、三届，更多的次数来参加，然后有提高，不断地在努力，把竞赛作为一个不断提高的过程，我想是非常必要的。

（2）希望我们的老师对我们的学生一定要有爱心。你只要有爱心，你才能把教学工作做好，要有爱心是不容易的。没有爱心，第一是因为我们太忙，应该说东南大学老师，尤其是青年教师的压力是非常大的，你要结婚成家，你要买房还贷款，你要升职称，你要把教学工作做好，你上面还有很多老教师，你现在还难以独挡一面，来解决所有的一切问题，对你的压力是非常大的。条件好一点的，原来学科组的老师比较多，可以帮上你一点忙，有的在东南大学单枪匹马，你的方向在哪里你还不知道，生活压力和工作压力方方面面，有时你会感到很无奈。在这样一种情况下，要求大家做好每一项工作，我们也觉得很难。但是两项工作一定要做好，一是本科教学，你走进教室，你一定要有爱心，你只有爱护学生之心有了，你才可以精神饱满全力去做好工作，学生是东南大学的未来，你今天在课堂上的一言一行，你一定在给学生留下非常长远的记忆。所以希望大家有颗爱心，在课堂上去做好每件事情，为东南大学的明天贡献自己的聪明才智。

以国际视野
拓展人生价值的宽度

　　蒋建清爽朗悦耳的嗓音，让人听起来非常舒适自在，中年人的成熟和稳重在他身上表现得淋漓尽致。他是那么和蔼、儒雅、坦诚，谈吐间流露出深厚的学识修养和广博、开阔的眼界。仿佛与我们这些学弟、学妹俨然成了相交多年的知己，蒋建清敞开心扉向我们述说着他的人生过往。

　　Question（以下简称"Q"）：您是 1979 年考入浙江大学的，是我们国家恢复高考后的前几届学生，能与我们分享一下您高中时的学习经历吗？

　　蒋建清：我是 1977 年上高中的，当时浙江的高中是两年制的，恢复高考这一政策让同学们看到了希望。所以，政策一出，学习氛围转变得非常快。尽管大学录取的名额不多，高考难度也很大，然而，遥远的梦想与现实交织在一起，大家在模糊的憧憬中努力学习。作为农村学生，隐约中感到，也许这是改变自己人生轨迹的最大机遇甚至是唯一机遇。现在回想起来，可以认为富阳中学是我学术生涯的起点，所以我特别认同改革开放，也十分感谢党和国家的培养。

本文为作者受母校浙江大学学生记者专访，刊载于《浙大校友》2012 年第 3 期（总第 60 期）。

Q：您当年为什么选择材料专业？大学教育给您带来了怎样的影响？

蒋建清：浙江大学材料系办于 1978 年，属国内首批，源于机械、化工等系科。虽然当时材料专业没有现在那么热门，但是我自己对理工科，尤其是化学比较感兴趣，当时自己隐约感觉材料专业与化学比较近一些吧，所以第一志愿选择了这个专业。

进入浙江大学的学生均是祖国五湖四海的优秀学子，每个人对国家兴亡都有一种很强的责任感，阳光而朝气蓬勃，学习也都很自觉，老师上课特认真，有一种很强烈的珍惜感、紧迫感和责任感，因此学习风气特别好。现在回想起来还特别怀念那个时代的氛围！同学之间关系很好，我当时住在玉泉校区，一个宿舍住 8 个同学，我们经常一起出去打打球，做做运动，也会以班级为单位参加比赛，比如参加西湖划船比赛等，不管结果如何，大家重在参与的踊跃精神给我留下了很深的印象。

浙江大学的本科教育非常注重厚基础，数理化基础课和专业基础课的要求均很高、很扎实，知识面也很宽。据说我们材料专业的培养方案是王启东先生亲自制定的，其间贯穿了王先生的教育思想。我在后来的工作中，才渐渐地体会到这种厚基础宽专业面的好处，它有后劲，适应性强，使我终身受益。因为当时中国的专业设置大都是仿照苏联模式的，专业划分很细，基本是以某一个工种甚至一个工位而设置，专业面太窄。浙江大学的专业培养模式改革起步早，改革得很成功，扎实的基础给学生未来发展提供了极大的空间。当然，学校对同学们学习的要求也很高，考试很难，自己感到真正学到了很多东西。

Q：1994 年，您博士毕业留在东南大学工作后，被国家选派到韩国机械与材料研究所（KIMM）做博士后研究工作，当时您选择的研究方向是什么？这一次的留学研究为您的学术生涯增添了怎样的视野？

蒋建清：我研究的还是材料，具体是钛基复合材料。KIMM 是一个国家工业研究院，更侧重于学术研究与工业领域的结合，对于工业发展中的关键共性技术特别重视，这一点深深地影响了我回国后的学术走向。我们是国家科技部派去韩国交流的第一批人员，中、韩方面对此事都很重视。韩国方面很热情，安排也很好。期间，韩国基金会（KOSEF）还安排我们参观了韩国的主要研究基地和一些大型企业，如现代、LG、浦项制铁等，让我们全方面了解韩国的政治、经济和文化。令我们惊讶和反思的是：在我们祖国的旁边，居然有一个发展如此快的国家！这次留学研究对我的帮助很大，进一步开拓了我的眼界。

Q：在博士后研究工作结束后，您又开始了英国的访问学习，并且获得了英国皇家学会奖学金。您能给我们介绍一下这是一种什么类型的奖学金吗？这次的留学经历又对您职业发展有怎样的影响呢？

蒋建清：英国皇家学会奖学金是英国皇家学会给优秀访问学者设立的奖学金，凡有意愿到英国大学或者研究机构开展研究工作的学者均可以向皇家学会提出申请，经严格评审后有选择性地予以资助。1995 年 6 月，我到伯明翰大学 IRC-in Materials 进行了半年的访问研究，期间，我还专门安排时间访问了牛津大学、剑桥大学和诺丁汉大学，这半年学到了很多东西，特别深化了对于基础研究的认识。英国是现代科学和工业的发源地，历史深厚，学术氛围很浓，有很多值得我们借鉴与学习的地方。他们中很多优秀学者选择的研究方向和内容是站在人类高度为出发点，是为了促进人类社会的发展，他们更加关注的是"求真"，希望更好地认识我们生于斯长于斯的这个自然世界。因此，对"科学"两字有着特别深刻的认识，甚至是一种敬畏态度，有一种特别深厚的学术精神和学术文化。

Q：当年您成为英国伯明翰大学的荣誉研究员，您有没有想过留在英国发展呢？

蒋建清：访问了英国和韩国，我特别想回国，一个是老牌发达国家，一个是新兴"亚洲四小龙"，他们走过的路程告诉我们，中国的现代化归根结底必须依靠中国人自己来建设！那么，我们这些改革开放后成长起来的年青人，受到了国家的良好培养，该何去何从呢？尽管英国基础研究的水平、能力、条件都比我们好，但是我们的工业发展非常需要我们自己去做。只要在推动中国工业现代化的过程中起到了哪怕只有点滴的贡献，人生就是有意义的了。相比于纯基础理论研究，我自己更乐于参加国内的具体建设，更何况中国正处于一个飞速发展的端口，国家发展正是用人之际，匹夫之责，应学有所用、学有所献！

Q：您还在美国威斯康辛大学麦迪逊分校做了为期三个月的访学，在这三个月中您学到了哪些经验？

蒋建清：常到国外看看，可拓展自己的国际视野，在比较与反思中深化认识，提升自己的综合素养。当时我在东南大学材料学院已担任了 5 年多的院长，有了一些实际工作经历，去美国前带了不少自己的疑惑和问题。特别关注美国的教育体制、管理体制、科技体制等宏观问题，以及教师选聘、流动、评价、课程等微观举措。心中总惦记着美国为什么如此发达？我们可以借鉴什么？我在威斯康辛大学麦迪逊分校访学了两个月，留了一个月的时间走访了哈佛大学、麻省理工大学、波士顿大学、宾夕法尼亚大学、德雷塞尔大学（Drexel University）、贝尔实验室、加州大学洛杉矶分校、加州大学圣巴巴拉分校等。对于美国大学的教师是怎样进行评价和聘任，大学是怎么引进新教师，以及新教师的流动过程等有了一些初步感性认识；对于美国的自然科学教育有了一些初步的理解。我觉得他们非常强调理解的重要性，并在此基础上激发学生的学习主动性，因此人家学得比较"活"，而国内学生学得也很辛苦，但相对比较"死记硬背"太多了一些，缺乏深度理解，这种差别的背后也许是中西方传统教育习惯的差异。

Q：您现在既是南京信息工程大学的党委常委、副校长，又是博士生导师，在东南大学也有研究团队。您是怎样分配时间来平衡这两份重要工作的呢？

蒋建清：我觉得行政与学术是有联系的。自己继续做学术研究，可以更好地理解一线教师的处境，做行政做管理的时候就能更好地担负起责任，多为老师们考虑。任何岗位，要做好都是不容易的，做个好老师不容易，做个好校长同样不容易。我个人更喜欢做研究，这么多年最开心的就是我们的科研成果与工业界合作后提高了产品竞争力，在国际上有了一席之地，得到工业界的认同，对社会做了点贡献。当然，做学校领导的岗位责任更大。

Q：您对我们这一辈浙江大学学生有哪些期望和寄语呢？

蒋建清：今天的中国仍在高速发展，急需人才，浙江大学的学生更是大有用武之地。不怨天尤人，脚踏实地，以"求是"为基，以"创新"为荣，抓住机遇，力作贡献。我认为一个人生活在世界上还是要做一点事情的，毕业的时候不论是选择继续深造还是工作，都不是最重要的，重要的是要学会不断提升个人的能力和人生境界。在这个过程中，慢慢地你会发现自己变得有能力承担社会责任，人的潜能就被激发出来了。人的一生要关注对社会的贡献，而不是对社会的索取，不要总是想"我能得到什么"，多想想"我能为这个社会做什么"。

克服“短板”制约
推动产学研合作深入长效开展

    产学研合作之说由来已久，相关工作也一直在开展，但是，就目前来说，还有相当多的问题需要解决。其中，非常突出的一个问题就是，产学研合作大都还流于浅表层面，以完成“点对点”的局部项目为主，有一些所谓的高校与企业的全面合作协议，看上去热热闹闹，实质上形式多于内容，有的甚至是为了利用国家优惠政策，校企双方共同谋取一己私利而已，合作的深度、广度和时间长度自然不在其考虑之内。就目前来看，全社会性质的产学研结合的技术创新体系的建立依然需要我们长时间、不间断的努力和探索。这种现象背后的原因是多方面的，长期以来，我国大学的科研工作与现实产业的发展之间是存在严重脱节的。大学的研究者们缺少对中国产业发展现状的直接认识，因而也很少能提出来自于产业一线现实发展急需的突破技术瓶颈的共性问题，更不知如何选择与中国产业发展相适应的研究课题，并与产业共进步！这些问题的解决固然受制于企业文化与大学文化的不同，也受制于企业价值观与大学考核指标的不同，还受制于两种社会组织本身功能的不同，

本文刊载于《中国高等教育》2009 年第 24 期。

但困扰高校研究者和企业家之间不能有效结合的重要原因更在于双方还没有找到很好的切入点。深度的产学研合作需要有现实的可操作性为前提，没有切入点就难有着力点，没有着力点就只能做些热闹的"虚功"了。从高校方来说，深入了解产业、企业，以探索补齐产业链中动态"短板"的制约为切入点，应该是进行深层次产学研合作的良好途径。

一、分析"短板"特性，确立产学研合作着力点

企业寻求高校技术支持的内部原始动力在于希望解决其产业链中制约产品性能提高或生产成本降低的关键节点，这些关键节点便是"短板"。"短板"是产学研合作的重要切入点之一，更是具有长期生命力的产学研合作着力点。置身于产业链中，"短板"呈现出制约性、隐藏性和动态性三个明显的特性。

制约性。产业链是一个大系统，上游、中游、下游的企业集群分别构成一个中系统，而企业自身的生产流程可以视为一个小系统。当然，作为大系统的这一产业还与其他相关产业或行业一同置身于更大的国民经济系统中。"短板"正是系统中的一个或几个要素，它或它们不是孤立存在的，与系统（企业的生产流程）、系统的其他要素（工业节点）以及系统所处的环境（更大的产业链）之间存在着千丝万缕的关联，影响并制约着其他要素功能的发挥以及产业链生产目标的实现。换言之，一个企业的产品不仅受到企业自身各生产环节的影响，也受到产业链上、中、下游其他各企业的影响。

隐藏性。存在于产业链上的"短板"并非是显在的，而是

隐藏于整个产业链中。因为现代工业生产体系具有鲜明的流程性和极高的自动化程度，在流水线快速运行中，各工业控制节点一闪而过，前后衔接的各工业节点、上下游关联的各企业的工艺参数必须相匹配才能保证整个产业链的流转畅通。因此，制约某个企业的"短板"既可能存在于该企业内部，也可能存在于产业链中其他企业，甚至可能在多处同时存在。故真正实际管理中的"短板"或者产业链上的技术"短板"是隐性的，是需要我们通过深入研究后才能发现的。例如，笔者最早的合作企业之一——沙钢集团生产出了与日本进口同等参数的钢材，但供应给其下游企业法尔胜集团时，却难以达到与使用进口原料同样的效果。经过分析，原因不仅仅在于沙钢产品本身，还在于沙钢产品之外——法尔胜集团的生产线与沙钢的产品不能很好地匹配，当通过协调将这两处"短板"调整后，达到了很好的匹配度，沙钢产品畅销，法尔胜集团也降低了生产成本并扩大了原料来源，提高了市场适应力。

动态性。动态性同样也是系统的重要特性之一。随着旧"短板"的不断加长和产业内外环境的变化，制约整个产业链发展的"短板"必然发生转移，从一个企业转移到另一个企业，或从一个企业内部转移到企业与企业之间的衔接，转移到上、中、下游之间的衔接，这时，就必须及时发现并克服新的"短板"，使整个产业链的水平不断得到提升。因其动态，对"短板"的改进便能持续地对企业的技术进步产生实质效果，成为具有极强生命力的产学研合作着力点。

在寻找产业链"短板"的过程中，要以行业龙头企业为主要合作对象。一方面，骨干和龙头企业的发展在行业内具有代表性，这些企业的技术创新具有引领国家产业进步的价值；另一方面，受我国目前整体工业水平和经济发展层次所限，企业在其他生产要素的成本很低时是很难去重视创新的，而行业骨干、龙头企业具备足够的改革创新的风险意识和宽容度，合作也更易达到较高的层次。不仅如此，产学研合作还要突破一般以单个项目或者单个产品为载体的"点对点"合作，延伸、拓展为与产业链上多个主干企业长期的全面的战略性技术合作。当然，对于行业内的一般企业，其存在与发展也是行业不可或缺的，我们可以通过短期咨询、技术指导等方式尽量满足其科技需求，这对我们进一步全面了解行业现状也大有帮助。

二、转变合作思路，准确锁定产业链"短板"

由于"短板"的隐藏性和动态性，准确锁定"短板"并非易事，对产业链较为熟悉的企业往往"熟视无睹"，而对产业发展现状，对生产部门的产品、工艺、设备以及市场需求缺乏足够了解的高校研究人员又难免"浅尝辄止"。同时，企业与高校的联姻多始于官方推动下的项目联合申报，为了顺利获得政策优惠及资金支持，加之企业自身发现问题、提炼问题的能力所限，所申报的项目或"想当然"地委托高校解决的未必是企业最急需技术创新的"短板"。甚至有时直接委托高校从零开始开发全新的产品，而这又恰恰不是高校科研人员的长处。要辨析隐藏的、动态的"短板"给我们造成的错觉，准确锁定"短板"，使产学研合作从一开始便步上正轨，就要综合利用以下几种分析方法：

逆向分析。逆向分析是人们重要的一种思维方式，它是对司空见惯的似乎已成定论的事物或观点反过来思考的一种思维方式，能够克服思维定势，破除由经验和习惯造成的僵化的认识模式。建立以企业为主体、市场为导向、产学研结合的国家技术创新体系，"以市场为导向"就是逆向分析的起点，这是市场经济的思维方式。而正向分析代表了从"我"出发，是计划经济商品短缺状况下的一种思维模式，是以"我"为核心、为主体的自我行为。高校研究人员长期身处"象牙塔"，就某个专业方向进行深入的研究，其组织形式、科研方式、思维方式是以正向思维为主的，擅长从"我"出发的正向分析，不少从实验室走出的所谓创新成果被市场无情否定就有这方面原因。因此，高校研究者在帮助企业寻找并锁定"短板"时，要克服原有正向思维的不足，突破自己想当然的认为某一个或某几个技术环节的重要性，调整为以市场为导向，以产品为对象，以最终用户的使用状况与改进要求为起点，沿着产业链进行逆向分析，找到制约产品性能与生产成本的关键节点。

技术分析。沿着产业链的逆向分析，就是对每个工业节点进行深入细致的技术"解剖"，不放过任何一个可能隐藏短板的节点。每个节点上的影响因素是什么，每个节点进行改进的工业途径和技术路径是什么等等都要一一分析清楚。从专业细分的角度来看，高校的一个专业或许只能解决相对应的一个节点上的问题，因此要对整个产业链进行技术分析，必须破除专业知识的细分界线，进行跨学科的组织与合作。笔者所率的材料专业的团队中就融合了力学等相关专业的教授，专门从事钢材拉丝损伤与模拟等研究。

统计分析。科技成果转化为现实的具体生产力，都会有一个漫长的过程。对于学术研究来说，做成原理性样品或样机便可视为成功，但对于企业来说，却必须将样品转化为产品并最终进入流通成为商品。实验室里"原理型"、"试验型"的科研成果与企业所需要的"技术型""生产型""市场型"商品成果还有巨大的差异。样品只是成功的个例,而产品要以一定的成品率为基础,是样品的重复化、批量化和系列化生产,商品则是生产成本控制在合理范围内并被市场所接受的产品。因此,产学研合作就要在技术分析的基础上进行统计分析,确保找到的"短板"是产业链上制约产品性能和生产成本的关键节点与关键要素。已有的科技研发统计资料表明,如果研发样品的投入为 1,构成产品的投入则为 10∶1,而塑造一个成功的商品投入将达到 100∶10∶1。笔者与所率团队曾在所合作的沙钢集团、法尔胜集团进行了两年多的生产线在线试验,解剖分析了 1000 多个采集于现场的样品,通过改进终于把断线次数从无穷大降低到与国外相同水平,并且优化了生产工艺,成本比国外同类产品降低 400 元 / 吨,而当时钢材的价格为 4000元 / 吨左右。

系统分析。 在以上 3 种分析的基础上,还必须进行系统分析,就是分析整个产业链系统的结构和功能,研究系统、要素、环境三者的相互关系和变动的规律性。产业链上每个节点之间既相互关联也相互影响,"短板"又是不断变动的,只有将产业链作为一个系统来条分缕析,才能真正了解整个产业链,锁定当下最迫切需要提升的"短板",也才能始终保持产业链的整体贯通,为产业链整体及后续发展提供持续的技术支持,为长期合作奠定基础。同时,系统分析也是将前文所述针对单个节点的逆向分析、技术分析、统计分析联动起来,在整个产业链上协同运作,与这一产业链上的企业共同研究并予以解决。

三、分步实施，助力企业技术创新

技术创新的主体在企业，企业直接面向市场需求，为了在市场竞争中生存和发展，有把技术成果转化为利润的天然动力，有直接洞悉市场变化的灵敏机制，有持续支持创新的资金优势。而高校研究人员往往对市场需求、企业运行等都少有感性认识，工程化能力弱。高校应该做、所能做的是帮助企业发挥在技术创新中的主体作用，而不是替代。在帮助企业补齐"短板"的过程中，需要经过理论研究、模拟研究和在线研究三个过程，当然，这三者也不是绝对割裂的。

理论研究。高校的教师擅长学术性理论研究，但面对复杂的生产过程往往感到无从下手，有点力不从心；企业的工程师擅长工艺实践，但往往因缺乏理论指导而盲目试验，难以找准突破点，事倍功半。当经过以上一系列的分析并锁定"短板"后，研究的对象和重点就具体而微地聚焦到"短板"上了，但这并不意味着研究工作就能轻易展开了，这里特别需要高校研究者们的抽象能力，将一个具体的、复杂的、现实性问题转化为抽象的、多因素的、理论性课题，而且这些多因素的可变量是相对独立的，然后，高校实验室里才能设计试验方案，开展单因素变量或者多因素变量之间的影响规律研究，以揭示影响"短板"提升的本质，为后续的模拟研究和在线研究打下扎实的基础。在这个研究阶段中，要特别注重"抽象"过程，防止出现"抽象"的异化。抽象往往是一种简化、一种提炼，是对事物本质要素的一种洞察，因此如若"抽象"得不正确，那么就难以找到改进"短板"的有效途径。

模拟研究。将上述理论研究的结果有效用于指导复杂的实际生产过程的技术创新，还要经过一个非常重要的研究环节，也即模拟研究阶段。现代化工业大生产有三大特征，一是复杂性，二是自动化，三是连续性。越是先进的生产线，其复杂程度和自动化程度就越高，由一个一个工业节点组成的产业链流程的连续性也就越高。因此，任何一个技术环节的缺陷都可能影响到整个产业链，任何一个工业节点上的停顿也都将造成巨大的损失，这使得直接用理论研究的结果去试验调整生产工艺参数的研究风险变得非常大。为了对后续的在线研究提供尽可能多的科学依据，减少盲目性，减少开发的成本，缩短技术创新的周期，可以将理论研究的成果建成物理模型、数学模型等，并通过计算机技术模拟实际生产中某个节点上的生产过程或整个产业链的生产流程，以尽可能仿真实际生产状态，实现计算机实验和虚拟制造，可最大限度地减少实际生产试验的次数，提高研究的效果和效率。

计算机模拟和仿真可以从两个维度展开，一是以"短板"为节点的横向维度，也即针对这一控制节点，模拟和仿真各种工艺参数的影响规律，以优化这一局部节点的最佳工艺条件；二是以生产线或者产业链为流向的纵向维度，模拟和仿真各个节点组合成前后相互配套的生产线后的匹配规律，以优化整个生产流程。因此，横向维度的模拟是纵向维度模拟研究的基础。计算机科学和系统科学的发展为所有其它学科的研究带来了新的研究思路、新的研究手段和新的研究方法，但它一定是以坚实的理论研究为前提的。当然，目前学术界还不可能对所有工业过程进行科学精确的模拟和仿真，但应努力而为之，从某种意义上看，计算机模拟和仿真的程度反映了该学科从经验到科学的成熟度。笔者曾在进行减少钢材拉丝断线次数的研究中，通过建立理论模型，计算机局部节点模拟等，厘清了多种工艺参数之间的影响关系，并构建了参数的影响等级等，大大提高了研究的效率。

在线研究。"线"即用于制造产品的生产线、产业链。在线研究是产学研合作帮助企业解决生产实际问题的关键步骤，也是企业作为技术创新主体性的集中体现。企业具有对生产线全天候、全方位的认识与了解，而高校对生产线和产业链的了解远不如企业，高校是通过产学研合作的形式而整合进入技术创新体系的社会资源之一。因此，高校要认清定位，到位而不越位，以便在建设"以企业为主体"的技术创新体系中发挥自己的作用，辅助企业提升"短板"。

如果说在理论研究阶段和模拟研究阶段，高校教师是研究主角的话，那么，在在线研究阶段，企业的工程师们就是主角，而高校的教师就转化为配角了。甘当配角，当好配角，是能否实现在线研究中技术创新的关键。因为理论研究和模拟研究结果给出的是一般规律，是抽象和简约化后的研究结果，它源于实践，但又不是实践本身，所以，理论研究和模拟研究是在线研究的基础，但这并不等于可以教条式地将理论研究的结果直接用于实际生产工艺参数的调整，工程师们必须将这些理论成果转化为生产线上可操作的具体量化的工艺参数，并结合自身条件设计出相应的在线研究方案。一切理论研究和模拟研究的结果均有待于实践的检验，同时，在线研究的结果又可以反馈回去指导理论研究和模拟研究的修正和完善，依次往返，不断提高。

然而，在线研究所追求的技术"补短"也并非越长越好，更非追求一步超越的"补长"，使"短板"一跃成为"长板"。

因为技术并非越新越好，只有适合企业发展的才是最好的。我国目前整体工业水平还较低，企业的发展层次也参差不齐，因此，较之以基础研究和高技术跟踪研究领域内前所未有的重大科学发现、技术发明、原理性主导技术等为主的原始创新，通过对各种现有技术的有效集成的集成创新和引进国内外先进技术后的消化吸收再创新更适用于中国的企业，这不仅可大大缩短创新时间，而且还可降低创新风险。2008 年名列全球专利申请量第一的华为公司总裁任正非就认为，"新开发量高于30%，不仅不叫创新，反而是浪费，它只会提高开发成本，增加产品的不稳定性"，在继承与创新之间，要以"市场需求"这个商业杠杆来达到"平衡"。尤其是对中国现有的大部分企业来说，自主品牌的出世必然以扎实的引进消化吸收为基础。

在线研究也为产学研合作迈入更高层次作了铺垫。随着"短板"高度的不断提升，企业的整体技术水平越来越高，对产业链的认识越来越深入，其提炼问题的能力也在提高，逐步能从自身的生产实际中抽象出共性问题，由高校转化为理论的学术问题，高校研究人员的工作重点就渐渐地从一般的工艺性合作研究转向共性理论基础性研究，合作层次则会显著提高，从而使产学研合作进入良性循环，有效、持久、深入地展开，推动企业持续、健康成长。

队伍建设

坚持以人为本 建强三支队伍

抓实机关作风建设
筑牢改革发展保障

今天我们在这里召开学校机关作风建设工作大会，回顾和总结 2018 年机关作风建设开展和考核情况，表彰先进单位，部署 2019 年机关作风建设任务。总体来看，南京林业大学（以下简称"南林"）的机关作风是好的，尤其是最近两年，大家任务重，人手紧，压力大，学校争先进位，机关贡献也很大，但是，面临学校双一流建设和高水平大学建设的历史机遇，要居安思危，要以更高的标准来衡量我们的工作，一流大学，不仅要有一流的师资、一流的学生，还必须有一流的管理和一流的机关作风，才能做出一流的育人与研究成就！因此，今天，我想着重谈三个方面的意见，一是为什么要加大机关作风建设？二是机关作风建设重点抓什么？三是如何抓好机关作风？

一、客观认识机关工作的职责定位，强化作风建设的使命担当

现代意义上的大学在西方已经有千年历史，如博洛尼亚大

本文为作者 2019 年 4 月 24 日在学校机关作风建设大会上的讲话（摘录）。

学、牛津大学等，中国办现代大学的历史也有了百余年，从中央大学、金陵大学算起，南林也是中国最早办学的大学之一。大学这样一种社会组织经久不衰，究其功能，千百年来，几经变迁，不断丰富，进入新世纪，大学在经济社会发展和创新型国家建设中的作用日显突出。

然而，万变不离其宗，无论是人才培养、科学研究还是服务社会、文化传承，寻根溯源，大学都与学术、学者、学生密切相关，大学的本质和源头是学术和学者的共同体，大学的根本任务是人才培养，学术是大学的根基，学者、学生是大学的主体。大学的行政机构是现代大学根据发展需要逐渐演进扩充而形成的，可以说它天生就是从属于学术的，天职就是服务师生。

学校机关管理人员是大学的公仆，为学者、学生管理学校日常事务，推动学校事业发展。曾记得，2008 年，我从学院院长转岗到东南大学教务处担任处长时，一位非常受师生尊敬的副处长，她在教务处工作二十多年，已退休，女同志，爱岗敬业，继续返聘在教务处帮忙，曾语重心长地跟我说，"机关是为老师学生服务的，大学如果没有了老师和学生，那还要我们这些机关人员干什么？！"这句话听起来很朴素平实，但道理却很深刻，我时时反省比照，成为我十几年来从事大学管理工作的"初心"。因此，我认为，服务师生的意识应该成为我们学校党政部门、机关工作人员的共同价值理念和追求，要自觉地践行，真正做到内化于心，外化于行。

这个看似并不深奥的道理，我们为什么还要那么强调，那么重视呢？

因为，事实上，我们常常错位！

在大学，行政部门一般被称作"党政管理机构"，它是学校这个组织能够顺畅运行的中枢系统，是沟通上下、协调左右、联系内外的桥梁纽带，是学校党政领导的参谋助手。不可否认，行政部门有代表学校制定、部署、落实、督促、指导相关工作的管理职能，无疑，这也赋予了其代表学校而行使管理职能的权威和权力。我们要正确理解管理与服务的关系，要特别防止以管理之名，让机关变成了衙门，把服务变得颐指气使。党的十八大以来，中央出台了八项规定、反四风、反官僚主义和形式主义等一系列强调作风建设的文件和措施，大家不要觉得大学不是国家党政部门，权力不大，与我无关。其实，官僚作风无处不在无时不在，正如 1960 年毛泽东同志在《反对官僚主义，克服五多五少》一文中曾指出的那样，机关衙门作风集中体现在五多五少上，会议多、联系群众少；文件报表多、经验总结少；人们蹲在机关多、认真调研少；事务多、学习少；一般号召多、细致地组织工作少。仔细对照一下，这些现象在我们大学机关中也是或多或少程度不同的存在着的，必须高度重视，不能松懈。

有些同志常常对"服务"一词带有偏见，提到服务总觉得矮人三分，所以一些同志不愿、不甘、不屑于服务，这个思想是要不得的，但凡有这类思想观念的同志其实是并不适合在机关部门岗位上工作。1978 年 3 月 18 日，在全国科学大会上，小平同志还向科学家们诚恳地表白："我愿意当大家的后勤部长。"这样的认识和境界令许多科技工作者热泪盈眶，倍感振奋，所以大家千万不要看轻了这个"服务"的重要性，要与时俱进不断改进机关作风。我们必须清醒地认识到，机关部门的服务也是学校事业发展不可替代的工作，机关作风是党风、政风、行风的集中体现，是校风学风的重要组成部分，也是构建全员全过程全方位育人格局的关键组成部分，因此，建设一流的服务型机关是双一流大学建设和高水平大学建设的应有之义。

二、科学把握作风建设的内涵，努力建设高效服务型机关

机关部门直接面向广大师生，为广大师生提供服务，代表着学校的形象。机关服务态度的好坏、办事效率的高低、工作质量的优劣，既是衡量一所学校是否具有较高办学治校能力、能否不断推进改革发展的重要标志，也是师生员工和社会各界评判一所学校是否值得信赖、能否办好校、治好学的重要依据，直接影响到教学、科研和管理工作的总体水平，影响到学校事业改革发展的总体进程。只有不断改进机关作风、提高服务水平，才能进一步密切党群关系、干群关系，凝心聚力地推动学校事业又好又快地发展。从 2019 年 1 月学校开展的作风建设满意度评价结果看，广大师生总体上对机关作风还是认可的。测评过程中也收集了一些意见建议，这些问题有深层的体制机制问题，也有表层对某项具体管理工作提出的意见，也有直接指出某个窗口某个员工的服务态度不够好等具体反映。机关党委已经分门别类对意见建议进行梳理，并反馈到相关部门和相关人员手中进行整改。作风建设既要突出问题意识，直面师生反映的问题，不断改进服务态度、服务质量，也要有主动意识，从全局、长远考虑。要科学分析和把握作风建设的内涵要义，我觉得关键是要在以下四个方面下功夫。

一要守纪律讲规范，依法依规开展工作。

机关各部门都是承担学校某项职能的具体单位，在该岗位上工作的员工其实就代表着学校在行使公权力。因此，机关作风建设的第一条就是要遵纪守法！古人云，没有规矩何以成方圆。任何一个社会组织都有自己的规章制度，党纪、国法，校规，都是保障一个社会组织健康运行与生存发展的基础，把权力关进制度的笼子，就是告诉我们权力是有边界的，不能突破权力的边界，越过了，就可能导致滥用公权力了。我们有些同志视规章制度监督约束为麻烦，不愿意主动接受监督约束，而是尽量想办法规避监督约束，这是很危险的思想。大家一定要清楚，绝对的权力必然导致绝对的腐败，一切运用公权力谋取私人利益的行为都是腐败！学校是国家事业单位，作为公职人员，工作纪律和规范绝不是个人的私事、私德，而是公权、公事、公德，必须时刻绷紧法律、纪律、政策、规则这根弦。要坚守法律底线，违法违纪的事，坚决不干；要坚守政治纪律，做政治上的明白人，遵守党内各项纪律要求；要坚持工作纪律，按原则、制度、流程办事，认真履行岗位职责；要遵守劳动纪律，如遵守作息时间、会议时间，不迟到不早退，工作时间不做与工作无关的事等。努力形成纪律严明、作风严谨、行为规范、廉洁高效、风清气正的工作体系。今年作风建设任务中也就机关工作纪律与规范从制度层面提出了要求，请各单位部门要按要求，扎实把工作纪律规范抓起来，落到实处。

二要以师生为本，在转变服务态度上下功夫。

机关部门员工要摆正位置，真正做到以师生为本。借用一句美国著名作家罗曼.W.皮尔的话，"态度决定一切"，这也是他写的一本书的书名，据说高踞畅销书榜十年之久，虽然与我这里强调的转变机关服务态度的内涵并不相同，但是，服务态度确实是非常重要的。俗话说得好：好话一句三冬暖，恶语伤人六月寒。对同一个问题的回复或处理，表达方式不同，效果也会截然不同，一句话可以让对方笑起来，也可以让对方跳起来。尤其是窗口服务单位，要善于沟通、换位思考，说好每一句话、接好每一个电话、办好每一件事、接待好每一位服务对象，让我们的管理服务工作变得更加温暖、更和谐、更融洽，真正把有温度的服务融入到工作的各个方面。南林在这方面的先进事例并不少，比如，去年学校感动南林人物的评选中，两位宿舍管理阿姨主动关心爱护学生的先进事迹就得到了大家的高度称赞。

三要加强学习研究，在提升服务能力上下功夫。

机关服务能力的提升取决于员工整体素质的提高。机关人员要加强理论学习和业务研究。善于学习、善于思考，通过学习、积累、研究，努力成为所在岗位上业务的行家里手、成为专家型管理者。要能沉下心研究工作，对政策依据充分了解、对部门业务流程精通熟悉，在具体的业务中做到问而知、办而顺、不犯错。要多出去看看，提升眼界，多与兄弟高校同行交流，更新观念、学习先进经验。要善于运用新技术手段，提升服务速度。要加大信息化力度，开通网上服务平台，努力实现让信息多跑路，师生少跑路。

我觉得，机关工作人员的能力素质大致有3种境界，一是能够完成岗位要求的基本职责，保障学校正常运行。通俗一点讲，就是做一天和尚撞一天钟，钟还是撞的。二是能够跨部门沟通与协调，解决处理一些比较复杂的事务与矛盾。这是因为大学机关部门是各有分工的，现代社会组织基本多是科层组织体系，分工很细，但世界上的事并不一定按照我们机关的分工而来的，现实事务往往是错综复杂的，需要多个部门的协调沟通并通力合作才能解决好，领悟与把握好分工与合作是我们机关工作人员很重要的一种能力，我认为这是第二种境界。三是提前预判，主动谋划，改革创新，创造性地开展工作，推动学校事业发展，为师生提供优质的服务。凡事预则立，不预则废。凡是现实的都是合理的；凡是合理的都是现实的！能够超前谋划，创造性高质量地完成好服务工作的为第三种境界。因此，我们要提倡建设学习型机关，不断提升自己的素质能力，路线方针确定后，干部是决定因素，干部的关键在于其素质和能力！

四要主动担当，在服务质量上下功夫。

服务质量是一个永无止境的概念，要有追求卓越的精神。在工作上不能满足于应付完成，应该有更高的质量、层次、品位追求。我觉得，服务质量可以从两个维度去评价。一是请服务对象评判，师生们满意不满意就是我们机关作风建设水平高低的一个重要指标。随着外界经济社会的发展，学校内部双一流大学建设和高水平大学建设不断推向深入，广大师生员工也一定会向往我们机关的服务质量能够更高更好一些。有的同志说，我去年也这么干，师生评价还不错，怎么今年也这么干，评价就不太好的呢？你以为"年年岁岁花相似"就可以了，须知"岁岁年年人不同"了哟！要与时俱进，不断提高服务水平和服务质量。二是在推动学校事业发展方面，看其贡献度，这方面我就不展开说了。其实，学校机关作风建设考评指标体系也基本上围绕这两个方面而构建起来的。

三、牢固树立一以贯之的工作态度，建立机关作风建设长效机制

我们党一贯重视作风建设，习近平总书记有一段话讲得很好很透彻，我们一起来学习一下，他说："作风建设是永恒的课题。加强机关作风建设必须形成长效机制，要标本兼治，经常抓、见常态，深入抓、见实效，持久抓、见长效。"他还说："作风建设关键是在抓常、抓细、抓长上下功夫。抓常，就是把作风时刻摆上位置，有机融入日常工作，做到管事就管人，管人就管思想、管作风。推动各项工作，都要落实作风建设的具体要求，形成抓作风促工作、抓工作强作风良性循环。抓细，就是要对干部群众特别是基层群众反映的作风问题一一回应、具体解决。要透过现象看本质，在解决个别具体问题的同时，着力解决面上的普遍问题。抓长，就是要反复抓，不能三天打鱼两天晒网，集中抓的时候雷霆万钧，平时放任自流。要认真落实作风建设的各项制度，做到有章必循、违规必究。要通过深化改革，从体制机制层面进一步破题，为作风建设形成长效化保障。"

仔细体会这段话，平实而深刻，具有很强的实践指导意义，为我们推进机关作风建设指明了方向。机关作风建设是我校发展的基础性工作，是一项长期、复杂的工作，不是一朝一夕能完成的任务。需要一个机制、一套制度和长期坚持、不断完善。

一是建立健全工作机制，抓实抓牢作风建设。

学校层面做好顶层设计。2018 年学校成立了书记、校长任组长，分管副书记任副组长的机关作风建设领导小组，小

组成员单位包括组织、人事、纪委机关、发展规划、机关党委等单位，负责对全校作风建设进行系统规划、推进落实。各单位部门是作风建设的主体，主要领导是作风建设的第一责任人，要切实担负起作风建设的主体责任，将本单位部门作风建设工作融入到各项行政工作中加以落实。领导干部要以身作则、以上率下，为单位员工树立标杆、放出样子，当好领头雁。还要在工作中进一步完善师生参与的评价监督机制。目前，日常监督和年底的集中测评平台都已经畅通了。今年还要进一步加大监督力度，组织有师生参与的每月一次的作风巡查工作，对上下班时间、服务态度、服务质量进行巡查。

二是建立健全制度体系，持续推进机关作风建设。

制度建设带有根本性、全局性、稳定性、长期性价值。要把制度建设贯穿作风建设始终。去年学校制定了机关作风建设考评办法，有考核才能传递压力，有激励才能激发动力，要充分完善和发挥考核的"指挥棒"作用，坚持以问题为导向，以制度为准绳，以考核为抓手，倒逼各单位加强作风建设。在去年的基础上，今年制定和完善了网上办公、首问负责、限时办结、同岗替代、劳动纪律等制度，为机关员工制定工作规范。制度要真正发挥作用关键看落实，各单位要在此基础上抓实抓细。

三是作风建设要驰而不息抓下去，绵绵用力、久久为功。

人性的特点决定作风建设有长期性、复杂性、反复性。作风建设要始终跟上时代的步伐，发展的脚步。事业发展到哪，作风建设跟到哪里。只有这样才能真正为学校营造一个积极向上、风清气正的发展的内部环境。

同志们，良好的机关工作作风是学校发展重要竞争力，可以凝聚全校师生创造力和战斗力。一流大学没有一流的教师、人才和成果是不行的，没有高水平的机关服务保障也是不行的。让我们切实把优良作风建设，始终贯穿于"双一流"高校和百强高校建设的全过程，共同推进学校各项事业健康、高质量、可持续发展！

筑牢教学科研"双基"
做新时代德才兼备的好老师

现代意义上的大学最早出现在欧洲，距今已有一千多年历史。特别是，1810 年德国柏林大学以人才培养与科学研究作为大学基本功能等理念深刻地影响与改变了近代世界高等教育的发展进程。中国创办现代大学的时间不长，一百年前，以蔡元培、梅贻琦等先生为代表的一批先辈们，积极探索中国的现代大学之道，蔡元培提出"大学乃研究高深学问之地方！"梅贻琦提出"大学者，大师之谓也，非大楼之谓也！"这是中国现代大学的基本理念，其核心都指向一个焦点，即一所大学的水平取决于它具有一支什么样的师资队伍！研究高深学问，不能固守已知，更要探索未知，要兼顾知识的传承与创新，并以高深学问的研究过程为载体，将人才培养与科学研究进行有机衔接，实现知识传授与知识创新有效统一，担负起人才培养和科学研究之大学主要职能。因此，大学本质上是一个以培养人才和探求真理为根本任务的学习共同体、学术共同体、学者共同体，是一个具有密切逻辑关系的以人为主体的系统性组织。

青年教师要想尽快成长为新时代好老师，需要具备很多基

本文为作者 2021 年 9 月 10 日在新进（青年）教师座谈会上的讲话（摘录），刊载于《南京林业大学学报》第 729 期。

本素养与能力，教师既要具有坚定的理想信念、崇高的道德品质、宽厚博大的仁爱之心，还需要具有深厚扎实的学识。一名好教师首先要过好思想关，要身正为范，同时还要过好业务能力关，要学高为师；既要做好经师，更要做好人师。

就业务能力而言，最迫切和最重要的是要过好教学和科研业务"双关"，具体而言，要分别练好两项基本功，即"教学双基"和"科研双基"。青年教师首先要从上好一门课、带好一名学生；写好一个本子、写好一篇论文开始，勤学苦练、如磋如切、如琢如磨、终身不懈，方能厚积薄发、超越自我、臻于化境。

上好一门课。课堂是老师最重要的舞台，上课是教师最基本的教学活动。走上三尺讲台，要有一种神圣感、敬畏感和责任感！因心感神圣而自诚，因心存敬畏而自律，因心怀责任而自勉。课堂教学看似平常，但真正上好一门课实则不易。教无定法，每位教师都会在长期的教学实践中慢慢形成自己独特的讲课风格，但公认的好课，大致会在以下三个层次中得到体现。

第一层次，知识传授。知识是人类进步的阶梯。每一位学生都必须掌握其所学专业的基本知识，为将来走进社会、服务社会做好最基本的知识与能力的准备。千百年来，课堂都是人类传授知识最直接最有效最传统的方式，教师水平高低，主要体现于如何简洁、明了、高效地将知识传授给学生。老师自己如果还没有掌握该课程的知识内容，无疑是不能走上讲台的，但即使教师自己以为懂了掌握了课程内容，也未必能把课讲好，未必能让学生听懂接受并掌握。虽然，学生掌握课程知识程度的情况通常由老师通过考试来评判，但从长远看，一门课是否真正能称之为好课，评判权应该交给学生，只有得到学生公认，才是真正的好课。榜样就在身边，南林讲授高等数学的蒋华松老师，三十年如一日，潜心钻研，用心教学，他的课得到了一届又一届学子的真心喜爱，他也因此而被评为学校首位教学专长型教授，把抽象高深的高等数学讲得让学生喜欢，最大程度地将知识传授给学生，是一件多么了不起的事！非常值得大家学习观摩体会。

第二层次，方法传授。大学分科而设，每一个学科都有其相对独立完整的知识体系，并依托相关课程分解为若干基本概念和知识点。知识虽为静态的客观存在，但讲授和获取知识的人是灵性而能动的，每个学者对于知识都应该有自己独特的认知，体现为个人的智慧与见解，在此基础上形成"方法"。上好一门课，要在完成知识讲授的同时，讲出自己对于该学科知识体系的独特理解与解读，既要"授人以鱼"，更要"授人以渔"，引导帮助学生掌握认识世界的科学方法，激发并提升学生举一反三、探索创新的能力。

第三层次，价值引导。教师从事教学工作时，必须保持积极主动、谦虚谨慎、探索求真的良好品格，将身正为范贯穿于教书育人全过程，在潜移默化中引导学生走上正确的人生方向。大学课程大致可以分为人文社会科学类和自然科学类两大类，其中，人文社会科学类课程的价值取向性较为明显，教师要用马克思主义立场观点方法进行分析与讲解，引导学生树立正确的世界观、人生观和价值观；自然科学类课程的价值取向性虽不明显，但教师对自然规律、学科知识的分析解读却可以具有价值取向，并且会影响以之为基础对人类社会发展的认知与研判。比如，牛顿是举世公认的科学家，是近代科学的奠基人，他建立的经典力学体系，很好地解释了行星运动规律，但他无法说明最原始的推动力来自何方，而无奈地将之归结于上帝之手！虽然牛顿研究的对象是客观世界，并且也极大地推动了人类对于客观世界的认识，但面对自己无法解释的客观世界运行现象，求助于上帝之手来解释自己对客观世界运动规律的认识，这是唯心世界观的反映，如若牛顿是一位坚定的唯物主义者，也许他会有别样的追问与发现，对于人类的贡献也许会更大。又如，当爱因斯坦得知原子弹爆炸带来的巨大杀伤力时，他痛心地表示，早知原子能会被用于制造大规模杀伤性武器的话，还不如不要揭示质能转化规律的好，这一态度反映了爱因斯坦的价值观，他希望科学与技术为人类带来和平与幸福，而不是战争与苦难。再如，如今正在蓬勃发展着的基因技术，克隆、基因编辑等正在深刻影响着生命科学的发展走向，其间的科学伦理问题已成为科学家与哲学家们高度关注的问题，这无疑与人生观、价值观、世界观密切相关联。这样的例子很多，需要教师用心去发现、去分析、去判断，课堂是引导学生树立正确"三观"的主阵地，老师要着力提升课程思政建设的意识与能力，不断增强学生的价值判断力，引导学生树立起正确世界观、人生观和价值观。

带好一名学生。指导学生从事科学研究是大学人才培养的重要环节，也是每一位教师都将从事的教学活动之一，无论是指导本科生的毕业设计或毕业论文，还是指导研究生的学位论文，都需要因材施教。通过文献阅读、选题、开题、实验研究、分析讨论、得出结论等系列环节，培养并逐步提升学生从事科学研究的能力，为创新性人才培养夯实基础。指导学生的过程是非常个性化的，老师与学生之间的交流没有固定模式可遵循，学生的基本素养和个性存在显著差异，其学习能力、动手能力、沟通能力、表达能力、思维活跃度、行事主动性等各个方面都不尽相同。因此，带好一名学生要以认识学生、了解学生为起点，有教无类、因材施教，针对学生的特点进行适宜的教学设计，在指导学生的过程中进行分类系统培养，扬长避短、激发潜力，使每一位学生的科学精神、科学态度、科研能力均能得到质的提升。因此，带好一名学生，要求老师用心设计方法、耐心抚育指导、潜心开展实践，用自己独特的方式促进学生的成长成才，并在实践中总结成功经验，培养出更多"三观"端正、科研能力强的创新型人才。

写好一个本子。大学是研究高深学问的地方，中国高校正在努力创建世界一流大学和世界一流学科，"中国特色、世界一流"的目标要求我们青年教师必须具备非常优秀的研究能力，而发现问题、提出问题是科学研究的基本前提，也是确定自己研究方向的重要阶段，因此，青年教师要在这一过程中学会聚焦寻找新时代国家、行业、区域经济社会发展的真问题，为解决真问题，发现社会发展的真需求，才能真正做出富含价值意义的真学问。青年教师要从写好一个本子（即立项申请书）开始，不断提升自己发现问题、提炼问题的能力和水平。应该说，国家自然科学基金的申请过程是目前最好的磨刀石，原因大致有三：一是国家自然科学基金是开放性的，大学老师人人都能够参与申请，没有特别的申报资格的限制；二是学术界公认国家自然科学基金的评审制度比较科学合理，经过三十多年的积累与不断完善，建立了比较严格公正的评审程序，在学术界具有良好声誉，其评审结果相对比较公正可信，能较为客观地评价教师寻找发现科学问题的能力；三是评审结果和评价意见均有反馈，便于了解自身不足，以便有针对性地改进提高。

写好一篇论文。青年教师首先要正视科研论文的价值和意义，科学研究的结果通过学术论文的形式发表是世界科学研究工作的通行做法，特别在基础研究方面，这是最重要的学术交流形式，也被全世界科学家所认同。因此，写好一篇学术论文，意味着把一名学者的学术水平放在了一个公共的学术交流平台供其他同行进行评判与参考，其学术水平的高低基本可以通过论文质量得以体现与反映，特别是，其论文发表前的审稿阶段，一名优秀的负责任的审稿人往往还能够给出非常有价值的审稿意见，这也是学术交流与学术水平提升的重要途径。写好一篇论文还要树立"顶天立地"的思想，既要重视基础研究，深入研究事物的本质和本源，也要注重提升科研论文的转化质效，把论文切实写在中国大地上，使之真正能为国家现代化建设、区域经济社会发展、人民生活水平提升服务。

作为新入职的青年教师，绝大部分同志正处于从学生身份到教师身份角色转换的关键期，我个人认为，不宜因教学科研工作量等原因同时承担多门课程的教学、多个学生的指导、多个项目的申请与研究、多个研究领域的论文撰写；而应尽可能集中精力，从上好一门课、带好一名学生、写好一个本子、写好一篇论文做起，扎实练好基本功，在此基础上，方有能力去承担更多的教学科研任务，进而才能上好每一门课、带好每一名学生、做好每一个项目、写好每一篇论文。总之，所谓教学科研"双基"，就教师个体而言，既是不断提升自己教学科研能力的基本功，也是不断反思自己审视自己学术水平的基本出发点，基本功的"功力"是否深厚，很大程度上要看其是否有体现自身教学科研学术水平的"代表作"。因此，我们要经常反问自己，到目前为止，能够代表自己教学水平的课程是什么？学生是谁？能够代表自己科研水平的项目是哪一个？论文是哪一篇？就学校宏观层面而言，"双基"是学校加强师资队伍建设，提高师资队伍教学科研能力，提升教师学术水平的基础工程。我个人认为，一项工作能否作为学校的基础工程来抓，主要取决于两个要素，一是这项工作是不是每一位教师都可以做而且都应该做的，二是这项工作本身是不是大学内涵建设的基本要求。上一门课，带一名学生，写一个项目申报书，写一篇学术论文，这四件事是我们每一位教师都在做、都能够做、都必须做的事，而且做了以后还会有意见反馈，可以用来帮助自己业务水平的不断提升。相关职能部门要下功夫研究如何将提升教师"双基"作为制度与政策制定的重要依据，并贯穿于教学科研管理的各个方面。

十年树木，百年树人，教育是明天的事业，决定着国家的未来。青年教师既是未来科技创新的生力军，也是培养中华民族伟大复兴中国梦事业接班人的"筑梦人"。作为新时代的大学青年教师，必须涵养"自闭桃源称太古，欲栽大木柱长天"师道精神，以德立身、以德立学、以德施教，做好学生成长成才的培育者和引路人；必须勤学苦练、学思践悟、久久为功，从上好一门课、带好一名学生、写好一个本子、写好一篇论文做起，筑牢筑实教学科研"双基"，努力成为新时代德才兼备的好老师。

真懂、真信、真情，
做一名优秀的思政课教师

作为学校党委书记，与大家一起研究探讨如何上好思政课是我的本职工作。从专业背景和业务知识的角度讲，在座各位老师都是专家里手，但本着交流学习的目的，我想从学校管理者的角度，谈一谈个人对于上好思政课的一些思考与体会，供同志们参考。

学校党委历来高度重视思想政治理论课建设和马克思主义学院（以下简称"马院"）建设，党委常委会也先后对马院的课程建设、学科建设、人才队伍建设等进行了多次专题研究，并持续加大了专项拨款力度。我个人也十分重视马院的建设，来南京林业大学工作后，第一个调研的教学单位就是马院，今天是我第三次来马院座谈交流。这次座谈会是马院新班子成立之后的首次座谈会，现在马院领导班子配备齐整、力量充沛，要进一步增强大局意识和责任意识，深化认识上好思政课的重大意义，努力承担好全校思政课教学工作，不断提升思政课的教学质量，落实好立德树人的根本任务。

本文为作者 2020 年 11 月 11 日在马克思主义学院思政课教师座谈会上的讲话（摘录），刊载于《南京林业大学学报》第 739 期，后经整理刊载于 2022 年 10 月 24 日《中国教育报》第 6 版。

去年 3 月 18 日，习近平总书记主持召开了思政课教师座谈会并发表了重要讲话，3 月 20 日我们在这里召开了座谈会，及时学习了总书记的重要讲话精神；现在这个讲话在《求是》杂志全文发表，今天我们再次会聚于此，进一步学习交流、深化认识。

过去这一年，发生了很多事，其中，我认为有三件事对中国的影响可能非常深远：

第一件大事是始于去年 5 月的香港修例风波。这个事件前前后后持续了一年多时间，一直到《中华人民共和国香港特别行政区维护国家安全法》出台，香港才恢复正常。开始我觉得很奇怪：香港已经回归 20 多年了，怎么还会闹这么大动静？谁在闹？为什么那些青年学生会走上街头？这些问题应该引起我们的深刻反思。

我想，这个事件在深层次所反映出的是非常严重的香港教育问题。我们总是说要培养下一代，那么，谁是下一代？谁是国家的未来？当然，下一代就是我们的未来！这就是"为党育人、为国育才"的真实体现。若干年以后，如果说下一代都是反对你的，那就说明我们的教育工作出了大问题，如果我们从这个角度，再去回顾重温总书记去年 3 月 18 日的重要讲话，就会有更深刻的体会。

第二件大事是今年发生的新冠疫情。中国现在实行常态化防控策略，通过与国外抗疫情况对比，充分反映出中外在道路、制度、文化、理论等各个方面的差异，充分体现了中国特色社会主义的优越性。我们更应该增强"四个自信"，并主动将疫情防控中涌现出来的大量真实鲜活优秀的案例充实到课堂教学的内容中去。

第三件大事是中美贸易摩擦。以美国为首的西方资本主义国家竭力遏制中国，特别是美国集一国之力，甚至组合西方多国力量，无所不用其极地打压中兴和华为等中国高科技企业；换一个角度思考，美国已经把中国的高科技企业当作头号竞争对手了。这一事件本身就足以反映出美国为首的西方资本主义国家对中国崛起的真实态度，这也让我们更加深刻地体会到习近平总书记作出"两个大局"重大判断的远见卓识和非凡意义。

以上三件大事，也反映出国际政治经济形势和中国经济社会都在深度的加速演进之中，结合对这些实际事例的思考和感悟，下面，我们一起重温总书记在思政教师座谈会上的部分讲话内容和精神。

比如总书记提到"青少年教育最重要的是教给他们正确的思想，引导他们走正路。思政课是落实立德树人根本任务的关键课程，思政课教师队伍任重道远。"在9月给新生上的"开学第一课"里，我也讲了人生方向问题，立德树人的核心主题就是教人做真人正人，树立正确的世界观、人生观、价值观。我说这是一个人的思想底色，因为观念决定行动，人的观念要是歪了、思想不正，那么你跟他讲什么道理都不起作用。香港这些闹事的年轻人就是思想歪了，思想一歪，说什么他都听不进去，这也说明了思想教育的极端重要性。

总书记还说，"办好思政课是我非常关心的一件事"。仔细体会这句话，我觉得作为学校党委书记，必须时刻思考琢磨如何办好思政课这件大事、关键事；当然，作为思政课老师，也要深感责任重大，精益求精，不断提升自己的授课质量。

总书记说，"要从维护国家意识形态安全、培养社会主义建设者和接班人的高度来抓"。我们培养人的目标是什么？一定要搞清楚！习总书记现在非常明确地、坚定地提出"办好思政课，最根本的是要全面贯彻党的教育方针，解决好培养什么人，怎样培养人，为谁培养人这个根本问题"，"当前形势下办好思政课要放在世界百年未有之大变局、党和国家事业发展的全局中来看待，要从坚持和发展中国特色社会主义，建设社会主义现代化强国，实现中华民族伟大复兴的高度来对待"，"要成为社会主义建设者和接班人，必须树立正确的世界观、人生观、价值观，把实现个人价值同党和国家前途命运紧紧联系在一起"。进而指出，教育要"四为"，即"为人民服务、为中国共产党治国理政服务、为巩固和发展中国特色社会主义制度服务、为改革开放和社会主义现代化建设服务。"我理解，习近平总书记就是要求我们社会主义大学必须旗帜鲜明讲政治。以前有段时间，老师上课时不太敢理直气壮讲政治，好像教育就是中性的，现在总书记非常明确地指出，教育其实并不是中性的。事实上，我们可以看到，我国香港、美国的教育从来都不是中性的，但是他们往往会以中性的幌子进行宣导，这是西方资本主义国家做意识形态工作的一种手法手段。现在，通过香港修例风波、中美贸易摩擦等事件，一下子揭开了这层遮羞布，撕开了迷惑的面纱，充分反映出以美国为首的西方帝国主义势力，赤裸裸、毫无底线、不择手段地以图遏制中国崛起的目的，让我们更加看清了西方那种严重双标的丑恶嘴脸。

现代意义上的大学诞生于西方，大学自诞生到现在，一直与经济社会密不可分，也一直是西方主控意识形态的主要阵地。因此，作为中国特色社会主义大学的思政课教师，一定要明白学校是意识形态工作的前沿阵地，切不可单纯地以为高校是一个象牙之塔，是一个桃花源。

思政课如此重要，那么，我们如何上好思政课呢？我想再谈三点认识，供同志们参考。

第一，要真懂。总书记说，"思政课教学涉及马克思主义哲学，涉及政治经济学、科学社会主义，涉及经济、政治、文化、社会、生态文明和党的建设，涉及改革发展稳定，涉及党史、国史改革开放史、社会主义发展史，涉及世界史，涉及国情党情"。我觉得这"六个涉及"几乎涵盖了人类经济社会发展的方方面面。所以思政课的政治性、思想性、学术性、专业性是紧密联系在一起的，其学术深度、高度、广度和学术含金量绝不亚于任何一门哲学社会科学。"六个涉及"要求我们思政课教师要具有非常宽广的知识面和扎实深厚的学养，要求我们沉下心来真做学问，要有真学问。

怎样才算真懂呢？孔子说过，知之为知之，不知为不知，是知也。学无止境，学海无涯，一个人穷其一生，也不可能掌握人类所有的知识，哪怕是面对自己从事的专业，也要勇于承认自己认识的不足，但这并不妨碍以我们有限的知识去教育引导学生。我个人觉得，一名教师有没有真学问，主要体现于两个方面，一方面要有比较扎实的专业理论功底，另一方面要有理论联系实际、具体问题具体分析的能力。就基础理论而言，马院的老师都受过这方面系统深入的专业培养，都具备了良好的理论基础，但大家仍要不断提升自己的理论水平，努力达到更高的理论境界，这应该是一名优秀学者永恒的追求；另一方面，理论联系实际，一切从实际出发，具体问题具体分析，是马克思主义活的灵魂，这个方面的能力，因教师的年龄、阅历、积淀等不同而存在巨大差异，每一位教师都要特别用心去体悟与提升这方面的能力。

我这个年龄的人，亲身经历了波澜壮阔的中国改革开放过程。习近平总书记说，改革开放是关键一招，短短四十年，中国经济社会发展取得的成就举世瞩目，中国大踏步全方位地赶上了世界发展的步伐，我们国家的各个行业都取得了巨大的进步，可歌可泣的奋斗故事比比皆是，华为仅仅是一个典型代表。我是学金属材料的，作为一名学者也曾参与并经历了中国钢铁工业由小到大、由大到强、正在由并跑走向领跑的伟大转变，深感自豪。我接触到、合作过的许多企业家、技术人员和工人们都给我留下了非常深刻的印象，如江苏的沙钢集团、兴澄特钢、大岠集团等，他们的创业发展历程，充分体现了中国人民"撸起袖子加油干"的实践创新精神，也深刻感受着"幸福是奋斗出来的"的真切与甜美。这样的例子很多很多，作为思政课教师，我希望大家要主动走出校门，走出书斋，真正走到中国社会里去，积极开展社会调查，用心用理用情地去发现、去感受、去体悟，去深入分析研究中国经济社会发展的内在逻辑与历史规律，这才是我们思政课老师应该做的真学问大学问，你也一定能够从中深切地体会到中国共产党的伟大，中国人民的伟大，中国道路的正确，中国制度的优越；才能真正理解中国共产党为什么能，马克思主义为什么行，中国特色社会主义为什么好；才能更好地与你们所掌握的理论知识相结合，把马克思主义的基本原理以及中国化的最新成果讲得深入浅出，讲得引人入胜，讲得令人信服，讲得入脑入心。我以为，这才算是学懂弄通了。否则，理论可能失之空泛，甚至陷入于空谈的缥缈状态，课堂也就不会那么生动，甚至枯燥而乏味。

　　刚才郭辉老师有一句话我觉得说得非常好，他说，我们的近代史，教科书里总计是 170 年，那我们机械地讲 170 年行不行？也可以，但那一定讲不好。的确，历史也要常学常新，意大利史学家哲学家克罗奇讲得好，一切历史都是当代史！历史都要在新的时代背景下去重新解读与认识，历史并不是冷冰冰的，你只有真正地走进且走近了历史场景，才能更深刻地理解其背后的发展逻辑，才有新的意义。举个例子，比如伟大的抗美援朝战争应该如何跟今天的学生们来讲述？1994 年，我曾有机会在韩国交流学习一年，2002 年留学美国期间，看过设立在华盛顿广场上的关于那场战争的纪念群雕；2006 年，又访问过朝鲜，我从南边的釜山、大田，到中部的汉城、仁川，到三八线板门店，再到开城，到平壤，一直到鸭绿江边，几乎走遍了整个朝鲜半岛，在三八线的南边看过北边，也曾从三八线的北边看过南边，虽然没有了当年的硝烟，但依稀仍然能够感受到当年抗美援朝的艰苦与卓绝。2013 年，中央电视台播放《不能忘却的伟大胜利》大型文献纪录片，我反复看了多遍，结合自己在朝鲜半岛的足迹，更加深刻地体会到抗美援朝、保家卫国的重大意义和深远影响，更加深刻地体会到志愿军战士不畏强敌和浴血奋战的英雄气概，更加深刻地体会到我们今天的和平环境与发展成就多么的来之不易！

所以，我觉得，无论是谈历史，还是面对现实社会，能否以问题为导向，一切从实际出发，理论联系实际，具体问题具体分析，是检验我们是否学懂弄通的试金石！马院的老师都有很好的理论基础，希望马院的老师要多多积累实践的案例，学校增加了经费拨款，也希望主要用于支持教师更多更深地走进中国人民波澜壮阔的伟大社会实践中去，发现并解剖更多的优秀事迹与案例，不断提升自己的学术和教学水平。

第二，要真信。总书记说，"办好思政课，最重要的是解决好信心问题"。试想，如果思政课教师自己都不信、不自信，怎么去教他的学生？怎么能够让学生信服呢？

今天，我特意把真懂放在了前面，是因为我觉得，对于知识分子而言，一般都是要真懂了才能真信。我们的教师都是具有深厚学识的知识分子，我们授课的对象是大学生研究生，大家都不是盲目迷信的群体，真懂了就一定会真信，如果还不深信，那就说明还没有真懂，当然真信了，就一定也会进一步努力地去深化学懂弄通它。

真信，既来自于理论的自信与力量，也建立在实践的结果之上，因为实践出真知，实践是检验真理的唯一标准。"四个自信"来源于中国五千年华夏文明的优秀精神文化传统，来源于中国共产党带领中国人民从站起来富起来到强起来的伟大实践，来源于马克思主义中国化的真理伟力。回望过去，我们坚信没有中国共产党，就没有新中国，展望未来，我们坚信只有中国共产党，才能真正地树立起远大理想与共同理想，才能真正带领中华民族走向伟大复兴！

古人云，诚者，天之道，诚之者，人之道也。是否真信、确信、坚信中国共产党的宗旨理想，是重大原则问题，是一个人最深层的思想内核，理想信念是共产党员的精神之钙，我们要时时警惕，常修常炼，确保精神之钙永不退失，决不做口是心非的两面人。作为思政课老师，只有自己具有坚定的理想信念和宗旨意识，才能够满怀热情地走上讲台，才能够充满自信地去讲好每一堂思政课。

第三，要真情。人是理性、意志、情感的统一体，如果说，真懂体现的是理性，那么，真信体现的即是意志，真情体现的就是情感。我认为，作为思政课教师，真情集中体现在爱国、爱党、爱学生三个方面。

2020年5月2日，习近平总书记与北大学生座谈时，有一段关于爱国的论述，我觉得特别好，跟大家一起分享一下。他说："爱国，是人世间最深层、最持久的情感，是一个人立德之源、立功之本。"我们常讲，做人要有气节、要有人格。气节也好，人格也好，爱国是第一位的。爱国，不能停留在口号上，而是要把自己的理想同祖国的前途、把自己的人生同民族的命运紧密联系在一起，扎根人民，奉献国家。家国情怀是中国优秀传统文化的基本内涵之一，家是最小的国，国是千万家，国泰才会家安，每个人的人生都与家国紧密相连、不可分割。爱国，也是我们南林精神、南林优秀传统中最鲜明的特征，老一辈南林学者们给我们树立了良好的榜样，我们要认真学习体会，让爱国主义扎根于我们每一位南林学子的灵魂深处！

真情，还必须体现在真心热爱与坚决拥护这个带领中华民族从站起来富起来到强起来的伟大组织——中国共产党。共产党一心为人民，自从有了中国共产党，积贫积弱的半封建半殖民地旧中国才迎来了新生，才真正走上了富起来强起来的康庄大道，这是近百年来，中国社会最重要最宝贵的历史经验，因此，我们一定要坚持和拥护党的领导，东西南北中，党是领导一切的。

真情，当然还体现在关心学生爱护学生。刚才杨老师也说，要把学生当作我们自己的小孩一样去培养。爱生如子是南林的优良传统，早在两江师范学堂时期，校长李瑞清先生不仅为学堂制定了"嚼得菜根，做得大事"的校训，而且始终秉持

"视教育若生命，学校若家庭，学生若子弟"的信条终生不渝，这一传统在后来的中央大学一直得以传承。今天，我们要继承与弘扬这一优良传统，用真情打动学生、感染学生、感化学生，构建良好的师生互动生态，教学相长，事半功倍，和谐共进。

习近平总书记说"讲好思政课不容易，因为这个课要求高"，这句话读起来觉得很平实，但仔细去体会，真的是不容易。希望我们每一位思政课教师都能做到真懂、真信、真情，用自己的真才实学与真情实感，把每一堂思政课都讲成"高峰体验"课，给学生心灵埋下真善美的种子，引导学生扣好人生第一粒扣子，让学生学有所获、心有所向，我们的工作也就真正有了价值和意义。

办好思政课永远在路上，是需要我们长期思考和坚持的事业。人生读万卷书，行万里路，做一件事。立德树人是大学的根本任务，作为教师，把教书育人这个事业做好，我觉得人生就有了价值与意义，这样的老师也一定能够受到学生的爱戴与尊重，以此，与同志们互励共勉，谢谢大家。

[1] [德] 卡尔·马克思.资本论（第一卷）[M].郭大力，王亚南，等译.北京：人民出版社，1975:822.

[2] [美] 彼得·圣吉.必要的革命 [M].李晨晔，等译.北京：中信出版社，2010:14.

[3] 巢清尘.全球气候治理的学理依据与中国面临的挑战和机遇 [J].阅江学刊.2020，（1）.

[4] 习近平.在庆祝中国成立 100 周年大会上的讲话 [J].求是，2021，（14）.

[5] 习近平关于科技创新论述摘编 [G].北京：中央文献出版社，2016:22-23.

[6] 习近平.在中国共产党第十九次全国代表大会上的报告 [M].北京：人民出版，2017:6，12-15，18.

[7] BP. Statistical Review of World Energy June 2020. http://www.bp.com/statisticalreview.2020-7-17.

[8] 中共中央关于党的百年奋斗重大成就和历史经验的决议 [N].人民日报，2021-11-16.

[9] 中共中央国务院关于完整准确全面贯彻新发展理念、做好碳达峰碳中和工作意见 [M].北京：人民出版社，2021:18.

[10] 决胜全面建成小康社会 夺取新时代中国特色社会主义伟大胜利——在中国共产党第十九次全国代表大会上的报告 [EB/OL].中国理论网.https://www.ccpph.com.cn/sxllrdyd/qggbxxpxjc/qggbxxpxjb/201901/t20190110_256823.htm.2017-10-18.

[11] 习近平在全国生态环境保护大会上强调：坚决打好污染防治攻坚战 推动生态文明建设迈上新台阶 [N].人民日报，2018-05-20.

[12] 顾仲阳.提升新时代林业现代化建设水平——访国家林业和草原局局长张建龙 [N].人民日报，2018-04-10.

[13] 翟明普，尹伟伦.我国林学学科发展概览 [J].西南林业大学学报，2011，31（1）.

[14] 李大健，史佩瑶.少数民族地区建设生态文明的学理思考——基于马克思主义生态观维度 [J].新疆大学学报（哲学·人文社会科学版），2020，48（5）.

[15] 白强.大学知识生产模式变革与学科建设创新 [J].大学教育科学，

2020(3):31-38.

[16] 闫涛、曹明福、刘玉靖．"双一流"背景下学科治理的困境与思路 [J]. 中国高校科技，2021(6):25-29.

[17] 阎光才．学科的内涵、分类机制及其依据 [J]. 大学与学科，2020（1）：58-71.

[18] 中国林业教育学会发布《新林科共识》[N]. 中国绿色时报，2021-08-17．

[19] 中国新农科建设宣言——《安吉共识》[EB/OL].(2019-06-28)[2021-08-17]. http://edu.people.com.cn/n1/2019/0628/c1006-31202615.html.

[20] 王晓玲，张德祥．试论学科知识生产的三种模式 [J]. 复旦教育论坛，2020，18（2）：12-17.

[21] 殷忠勇．从学科走出学科：知识生产与知识政策视域下学科群建设的逻辑、困境与策略 [J]. 江苏高教，2020（10）：49-54.

[22] 胡壮麟．超学科研究与学科发展 [J]. 中国外语，2012，9（6）：1，16-22.

[23] 李枭鹰，牛宏伟．论一流学科建设的知识逻辑 [J]. 研究生教育研究，2020（10）：74-80.

[24] 李万，常静，王敏杰，等．创新3.0与创新生态系统 [J]. 科学学研究，2014(12):3-12.

[25] 李成茂．科学把握习近平生态文明思想的时代内涵 [EB/OL].(2019-08-20)[2021-08-17].http://m.gmw.cn/2019-08/20/content_33121103.htm.

[26] 张琳，王永和．重新思考马克思语境中的社会概念——历史渊源、文本考察及现实价值 [J]. 哲学动态，2016（5）：33.

[27] [德] 黑格尔．纯粹理性批判 [M]. 李秋零，译．北京：中国人民大学出版社，2004：22.

[28] 北京大学哲学系外国哲学史教研室．十八世纪法国哲学 [M]. 北京大学哲学系外国哲学史教研室译．北京：商务印书馆，1979：460.

[29] [英] W. 约翰·摩根．伦理学、经济学与高等教育——作为一种公共物品的大学 [J]. 北京大学教育评论，2013（2）：31.

[30] 肖振波．经济转型时期的责任意识 [J]. 吉林大学社会科学报，1995（4）：14.

[31] 熊超．高校在大学生社会责任感培养中的作用及途径研究 [J]. 广西社会科学，2017（3）：201.

[32] 教育部思想政治工作司．加强和改进大学生思想政治教育重要文献选编（1978—2008）[M]. 北京：中国人民大学出版社，2008：379.

[33] 北京化工大学全国大学生思想政治教育发展研究中心组．中国大学生思想政治教育年度质量报告2015 [M]，北京：光明日报出版社，2016：150.

后记

本文集整理收录了近 20 年来我在大学管理、生态文明建设、人才培养、科学研究、产学研合作等方面的 34 篇文章与报道，这些文稿是在不同时间场合演讲、从不同角度撰写的，相对独立成篇，记录与反映了我作为大学管理者一些比较有代表性的实践活动和思考体悟。

我所学的专业是金属材料，在该领域接受过比较系统的教育，也多年在大学里从事材料领域具体而微的教学科研工作，原以为自己读懂了大学，但事实上，伴随工作岗位的变化调整，特别是在从事大学的管理工作以后，越发深刻地体会到大学系统的复杂性。今天的大学，学生数万，教职员工数千，承载着人才培养、科学研究、社会服务、文化传承、国际交流等多项与人类社会发展进步休戚相关的重要职能。随着"人才是第一资源，科技是第一动力"理念不断深入人心与实践发展，大学在经济社会发展中的重要性越来越彰显，对于大学管理者的要求也越来越高。越是不断探索拓展自己对于大学的认识边界，越深感自己的认识理解仍只是"沧海一粟"，也时常会有"不识庐山真面目，只缘身在此山中"的感觉。

在国家的培养下，我的学习工作经历较为丰富，对高等教育的认识、思考与感悟也逐步深化，这为今天能够有机会将个人尚未完全成熟的心得体会、思想观点整理成文打下了基础。我曾在浙江大学学习 7 年，在东南大学学习 4 年并工作了 18 年，期间又得到了赴韩国国立机械与金属研究院、英国伯明翰大学高性能材料交叉研究中心、美国威斯康星大学麦迪逊分校访学的机会，交流访问过英国剑桥大学、牛津大学，美国哈佛大学、麻省理工学院、贝尔实验室，加拿大麦克马斯特大学，荷兰代尔夫特大学等 20 多所世界知名高校与研究机构。近 20 多年来，一直与江苏沙钢集团、兴澄特钢、宝钢金属、天工国际、常铝铝业等十多家国内金属材料行业的大型骨干企业有着密切深厚的产学研合作关系。我的高校管理工作经历始于东南大学，1996年，东大培养我担任材料系系主任（材料学院院长），在这一岗位上一干就是 10 年。2006 年夏，我被调任至教务处处长岗位，开始从事范围更广的教育管理工作。2008 年 12 月起，我先后任南京信息工程大学副校长、党委副书记、纪委书记、校长等职，分管过教学、科研、人事、财务、后勤、保卫、信息、设备、纪检监察等专项工作，后主持学校行政全面工作。2017年7月，组织调任我为南京林业大学党委书记，主持党委全面工作。

这些宝贵的人生经历，勾勒形成了我个人的独特生命足迹。1986年12月，我从杭州来到南京，此后，在东南大学连续学习工作了22年，四牌楼校区是原国立中央大学的主校址，那里承载着深厚的历史文化，据考，六朝松乃千年古柏，为梁武帝亲手栽种，它见证了古都南京的历史变迁，见证了《昭明文选》的编撰，也见证了两江师范学堂、中央大学、南京工学院、东南大学的百年变迁。以六朝松为核心的六朝苑，那里有著名教育家、东南大学百年基业的奠基者与开拓者之一、两江师范学堂的监督（校长）李瑞清的铜像，周边是百年老建筑体育馆、梅庵和工艺实习场。英国哲学家罗素、美国教育家杜威、印度诗人泰戈尔等均曾在体育馆开坛讲演。六朝松顽强而不屈，经久而弥新，是南京现存最古老的名树，时至今日，六朝松更是成为东大师生心目中的"精神图腾"。在东南大学时，我所学习工作的实验室离六朝松近在咫尺，约百步之遥，学习工作间隙，常常去六朝苑中闲步，站在这千年古柏之下，不由得让人心静神安，穿古越今，冥思遐想，思绪缥缈，感念天地之悠悠，畅发幽幽之古思。我常常追问，大学是什么？

我们应该干什么？能干什么？干了什么？干成了什么？这样一些并没有答案的问题。后来因工作关系，我离开了东南大学四牌楼。我在现实工作中的很多想法与做法无不与东南大学对我的培养与熏陶密切相关，此情此景，时常浮现在脑海中，心底总有一份特别的依恋留恋和感动感激。

在南京信息工程大学工作的 8 年多时间里，我先后分管不同领域，跨度很大，涉及办学治校和事业发展的方方面面，从人才培养、科学研究、国际合作，到师资队伍、条件保障、党的建设，这些经历对我全面深化认识大学的运行规律大有裨益。此外，身处气象特色高校，让我有机会思考感悟行业高校的办学特征与发展规律。特别是有机会深入了解和深度参与有关全球气候变化方面的研究讨论，这为我持续深化学习理解感悟习近平生态文明思想，提供了非常独特的重要视角。

在南京林业大学工作期间，正值学校进入首轮国家"双一流"学科建设高校行列之际，作为学校党委书记，在具体实践中，常常需要就事关学校事业发展的很多重大问题，做出分析研判与艰难选择，而做出这些研判与选择的深层逻辑，是与我们如何认识今天大学的使命、责任、内涵等重大命题密切相关。因此，如何全面准确认识和把握国家"双一流"建设的重大意义与深刻内涵？如何深刻理解和深入践行党委领导下的校长负责制？如何正确认识与把握行业高校特色引领与整体发展的关系？如何正确认识生态文明建设及"双碳"目标与林业发展的关系？如何正确认识南林的使命精神与今日南林的关系？如何正确处理学校改革发展与稳定之间的关系？这些都是我这位新南林人的必修课。欣慰的是，学校这5年总体上得到了较好的发展，也为后续实现更为高远的发展目标奠定了一定的基础。以这些实践经历为载体，通过反思反省，初步形成了我对于大学的一些独特感知与认识，但局限于自己没有受过系统的高等教育专业方面的培养，理论积淀不够系统深厚，这些思考可能缺乏系统性和学术性，如同盲人摸象，感知、认识的只是大学这头"巨象"的某个局部或者某个侧面，因此，把自己这些有限的心得体会汇编在一起，仅反映了我个人在实践中形成的一些心得、观点，并借整理、汇编之机，进一步回顾、反省与检视自己多年从事大学教育管理工作的不足与经验。余虽不敏，然余诚也，虽然文中有些观点不尽成熟，也难免存在不恰当不全面不深刻甚至不正确之处，但确愿野叟献暴，敬请读者海涵并不吝批评指正。文中这些思想观点的形成也受益于很多师长、领导、同仁的启发与帮助，虽然不在这里一一具名致谢，但这份感激与友情，我将永远珍藏于心！中国高等教育学会副会长、秘书长姜恩来拨冗作序，中国绿色时报陈永生主任审读书稿，中国林业出版社总编辑邵权熙编审、林业和草原分社社长于界芬编审为成书谋划出力，在此一并致谢！

机缘巧合，我到南京的首站是东南大学，它坐落在玄武湖之西畔，出东南大学成贤街门，过古鸡鸣寺，就可由解放门入玄武湖了；我在南京工作的最后一站又回到了玄武湖畔，只不过绕了半圈，来到了玄武湖之东畔的南京林业大学。南林人称玄武湖为自己的后花园，玄武湖山水城林，古今交融；苍松翠柏，碧波荡漾；四时花香，晨夕鸟鸣；曲径通幽，流连忘返；倘佯其间，可陶冶性情，可健步强身，可启迪心智，可沉思遐想，玄武湖也见证了我在南林的所思所感所悟所行。于我而言，东大南林，起点终点，同宗同源，一脉相承，均源自前国立中央大学，今年都将迎来120周年华诞。因此，特将自己这些心得体会的汇编取名为《六朝松下，玄武湖畔》，以示纪念。

2022 年 6 月于玄武湖畔